唐太宗与贞观盛世

Emperor Taizong of Tang and Zhenguan Period

杨希义 刘思怡 著

西安出版社

「古都西安」

图书在版编目（CIP）数据

唐太宗与贞观盛世/杨希义，刘思怡著．—西安：西安出版社，2009.1
（古都西安丛书）
ISBN 978－7－80712－393－4

Ⅰ.唐… Ⅱ.①杨… ②刘… Ⅲ.李世民（599～649）—生平事迹 Ⅳ.K827＝421

中国版本图书馆CIP数据核字（2008）第178636号

古都西安·唐太宗与贞观盛世

著　　者：刘希义　刘思怡
出版发行：西安出版社
社　　址：西安市长安北路56号
电　　话：（029）85253740　85234426
邮政编码：710061
印　　刷：西安新华印务有限公司
开　　本：850mm×1168mm　1/32
印　　张：10
字　　数：239千
版　　次：2009年1月第1版
　　　　　　2009年1月第1次印刷
ISBN 978－7－80712－393－4/K·28
定　　价：30.00元

《古都西安》丛书编纂委员会

序

崔林涛

西安是享誉国内外的历史文化名城，有着深厚的经济社会根基、丰富的文化底蕴和久远的文明传承。在中华民族发展的历史长河中，古都西安处于极为重要的地位，发挥了重大的历史作用，拓印下无比瑰丽的史诗和波澜壮阔的画卷。

“八川分流绕长安，秦中自古帝王州”。西安古称长安，是中华民族的重要发祥地和文化发源地之一。远古时代，“蓝田猿人”就在这里繁衍生息，六千多年前，半坡先民在这里种植狩猎，开掘出了别具特色的“半坡文化”。自公元前12世纪，周文王在此建立丰京，揭开了西安作为帝王京师历经千年，雄踞华夏，成为统一的多民族国家的政治、经济、文化中心的辉煌历史。西安成为与雅典、罗马、伊斯坦布尔等城市齐名的世界历史古都。直至今天，西安城中的塔与碑，城外的陵与墓，连绵的城垣与宫殿遗址，保存的大量珍贵文物以及周乐秦声、汉风唐韵等文化艺术，仍在昭示着这里曾经呈现过的尊贵和豪华、开放和风流。

“一座城市的历史就是一个民族的历史”。古都西安就像一部活的史书，一幕幕、一页页记录下中华民族的沧桑巨变，见证了“文景之治”“贞观之治”“开元盛世”的鼎盛辉煌，然而，往日这个帝王们希冀长治久安、长久平安的长安城随着朝代更迭，数遭兵燹，令人扼腕地一度衰落了。

衰落的根源值得研究汲取，怎样重新激起奋发向上的精神更应当总结和发扬。英国著名历史学家汤因比曾精辟地分析，任何文明都有其生长和衰亡的过程，而能否勇敢地接受各种挑战决定着这种文明的前途。

我们在研究文明生长的时候，发现它的过程是一连串的挑战和应战。应战不仅解决了挑战所提出来的问题，而且还在它每次胜利地解决了一个挑战问题以后，又提出了新的挑战。这样，文明生长的性质的最核心的成分便是一种新的活力、不断的创新。历史在前进，文明在曲折中发展。

西安，曾经创造过昔日的辉煌，西安也曾经历过衰落，西安又迈向创造新的文明的征途。江泽民同志在分析古希腊文明、拜占庭文明盛极而衰时说过，不能紧跟世界发展的潮流，就必将落后。他在西安论述中国实施西部大开发战略时还说过，中国曾有过盛唐时期的辉煌，但安史之乱后衰落了。现在我们的任务是要实现中华民族的伟大复兴。因此，他多次强调我们的各级领导干部和年轻一代要多学习和了解一点历史，从历史中汲取文化的养分。尤其是在改革开放和现代化建设取得巨大成就的今天，面对世界多极化、经济全球化和科学技术迅猛发展，要使中华民族在全球范围内的竞争中不断发展、走向繁荣，就要审视自己的历史和文化传统，继承和发扬民族优秀传统文化，增强民族凝聚力，学习借鉴世界文化优秀成果，始终代表先进文化的前进方向，才能与时俱进，战胜前进道路上的各种艰难险阻，立于不败之地。

先进文化是现代人集古今中外之大成、并且面向未来的创造，是传统与现代、继承与创新的产物。我们有责任大力弘扬先进文化，因为这是永葆历史文化名城活力的根本所在。研究历史，分析现状，面向未来，西安要走向世界，让世界更加了解西安，在社会主义的先进文化中保持优良的文化传统，增强民族的认同感，提高自信心，为经济发展和社会进步提供精神动力与智力支持，成功地应对前进中的每一次挑战。我想这是每一个西安人和关注西安发展的人们不断思索的命题。工作和生活在古都西安的人们要有一种气概，重开现代丝绸之路，重振汉唐雄风，把西安建设成既葆有古都风貌，又具现代文明和时代精神的大都市。

编著《古都西安》这套大型丛书，正是想让人们对西安有更深刻的了解，能够触摸到西安的历史脉络和文化特征，感受到它的灵魂，让西安走向世界，再架起一座中西文化交流的桥梁。丛书按照从古至今、全面系统的原则分篇编排。每篇或按时序，或分类论述，但总的体例大致划一，以求系统、准确、全面而又有重点地介绍西安。丛书在保证学术水准的前提下，尽可能为更广泛的读者所接受，使史学走向大众，更具有严谨的科学性、渊博的知识性和艺术感召力。

有关古都西安的著述很多，但系统地编著一部大型丛书，立体全景地展现西安历史，却是首次。我有幸在西安工作十多年，西安的文化积淀实在是丰厚，这座城市最大的魅力在于它的历史文化。在两个文明建设的实践中，我们深切地感受到，弘扬优秀传统文化，建设社会主义精神文明，有必要也有责任组织和推动一批专家、学者，编撰一部详尽介绍古都西安的大型丛书。为此，我曾多次与史念海先生等专家交流，共同策划。从制定规划、内容、体例讨论论证、专题编著分工、编审等，工作展开已近五年时间，现在要陆续出版了。本丛书的宗旨是崇尚征实，弃绝浮言，全面系统，提倡寓新颖观点于详密材料的治学风格。参与编著丛书的每位作者都在理论阐释和材料整理方面，做出了很大的努力，都有全新的开拓。这是全体作者的心血，更是史念海老先生留给世界、留给当代与后人的一份呕心沥血的遗嘱。这套由他主要审定的丛书陆续与读者见面了，而史先生却已无法全部看到。鲁迅先生曾说过，拿着故人的遗稿，就像手里攥着一把火。这套丛书的问世正是史先生传承给我们的希望之火，也是对他最好的纪念。

望着雄伟壮观的古城墙和高楼林立、华厦争辉、桥涵飞虹、通衢溢彩、万车竞速的西安，感受到汉唐雄风开阔的底蕴，体味着这方水土赋予西安人开拓创新的激情，我们有理由相信，有着强大自我更新能力、包容进取精神的西安人，在中国共产党的领导下，坚定地走有中国特色的社会主义道路，乘着西部大开发的东风，一定能够在这片土地上再创造出新的历史奇迹！

2007 年 5 月 4 日于西安

目　录

第一章

李世民的少年时代

第一节　李世民的童年时代与隋文帝开皇盛世的终结

一、李世民降生武功别馆

隋文帝开皇十八年（598 年）十二月二十日，陇州（治今陕西陇县）刺史李渊之妻窦氏在李氏家族旧宅武功别馆生下了他们的第二个儿子，初称“二郎”。二郎四岁时，李渊已调任岐州（治今陕西凤翔）刺史，传说有位相面先生谒见李渊，声称李渊是位“贵人”，且有“贵子”。李渊派人领出二郎，相面先生端详许久，说道：“龙凤之姿，天日之表，年将二十，必能济世安民。”于是李渊便取“济世安民”之义，将二郎取名“世民”，李世民之名由此而来。不久，李渊又怕此名的寓意一旦泄漏，会招来不测之祸，便想杀人灭口，但瞬息之间，相面先生“忽失所在”①。这个传说故事是否真实，现已无从考证，但李世民之名取“济世安民”之义，却是毋庸置疑。

李世民出生的武功别馆位于今陕西武功西南渭河北岸。李

① 《旧唐书》卷二《太宗本纪上》

渊建唐称帝后不久，改武功别馆为武功宫，后又更名庆善宫。李世民称帝以后，还曾驾幸庆善宫，大宴群臣，赏赐父老。但到宋元以后，由于受到渭水冲刷，河道北移，李世民的出生地即被渭河河道吞没，故址已不可寻觅。

二、生于安乐而长于忧患

李世民降生之时，正值隋文帝开皇晚年，经过将近二十年的苦心经营和休养生息，当时的经济繁荣，政局稳定，百姓安居乐业，国家仓库充实，出现了一片欣欣向荣的兴盛局面，有人甚至将其誉为“开皇之治”。关于开皇盛世的主要表现大致有如下几点：

首先，就是隋文帝在开皇二年（582 年）六月到开皇三年三月，前后用了约 9 个月时间，征发关中和潼关以东广大地区的数百万民夫，营建了一座规模空前而又布局规整的崭新都城，取名大兴。

众所周知，自从秦朝灭亡以后，先后在关中建都的西汉、新莽、前赵、前秦、后秦和西魏、北周等王朝，均以汉高祖刘邦兴建的汉长安城（位于今陕西西安西北 10 公里处）为都，前后历经 700 多年。那么，隋文帝立国以后，为何要迁徙都城，别建新都？

这是因为汉长安城久经战乱，早已残破不堪，不但“宫宇朽蠹”，而且北临渭水，一直受到渭水南侵的威胁；“制度狭小，不称皇居”，已不适应新的大一统王朝的立都需要。唐人刘悚在《隋唐嘉话》一书中曾说：“隋文帝梦洪水没城，意恶之，乃移都大兴。”说的也是这个意思。还有一个原因，就是汉长安城久为帝都，年深日久，地下水受到严重污染，水质

"咸卤，不甚宜人。"[①] 于是，隋文帝称帝以后，便开始酝酿迁都之事。经过宰相高颎和大臣宇文恺等人的认真勘察，隋文帝最终将新都城址选在汉长安城东南龙首原上。因为这里北高南低，地形开阔，高敞平坦，既无渭水侵蚀冲刷之忧，又有广袤优越的地理位置可以利用。于是隋文帝便开始了迁都之举，并在营建新都的诏书中说："龙首山川原秀丽，卉物滋阜，卜食相土，宜建都邑，定鼎之基永固，无穷之业在斯。"接着，遂命左仆射高颎为营新都大监，宇文恺为副监，并负责新都的设计和规划以及民夫的征发等事宜。经过不到一年时间，一座新的都城拔地而起。不久，隋文帝便移居新都，并以自己在北周时的封爵"大兴公"命名。

隋文帝所建新都大兴城，位于今陕西西安市区，全城由宫城、皇城和外郭城三个部分组成，四周筑有城墙。宫城初名大兴宫，唐朝改名太极宫。宫中有太极殿、两仪殿、甘露殿、武德殿、凌烟阁、彩丝院、归真观、望云亭等殿、亭、院、阁等三四十所建筑及多处风景园林。宫城为皇帝的起居和听政之处，是全城的政治中心。皇城位于宫城之南，是中央官署衙门所在地，又称"南衙"或"南司"。宫城和皇城以外部分为外郭城，外郭城位于宫城和皇城东西两侧及以南地区。郭城之内有东西向 14 条大街，南北向 11 条大街。由于 25 条大街纵横交错，又将郭城分割为 108 个坊里。坊里筑有私人住宅、寺院道观等。坊里之间有短墙相隔，四面墙各开一门，定时启闭。郭城之内还有东、西两个商业市场，为大兴城内商品买卖的场所，设有管理商品贸易的官方机构。街衢宽敞笔直，坊里星罗棋布。城周所筑四面城墙为夯土板筑，高一丈八尺。南北二墙长约 8651.7 米，东西二墙长约 9721 米，平面形制为东西略

① 《资治通鉴》卷一百七十五，文帝开皇二年六月。

长、南北较宽的横长方形。每面墙各开三门，共十二座城门。南墙正中为明德门，东为启夏门，西为安化门；东墙正中为春明门，北为通化门，南为延兴门；西墙正中为金光门，北为开远门，南为延平门；北墙正中为景曜门，东为芳林门，西为光化门。四面城墙周长约36，744米，全城总面积约为 84 平方公里。

隋代大兴城的修建成功，在中国古代都城发展史上具有重大意义。这是因为大兴城不仅城池宽广，规模恢弘，气势博大，是当时世界上面积最大的一座国家级都城，比公元 477 年修建的东罗马帝国都城拜占庭和修建于公元 800 年的阿拉伯帝国首都巴格达，都要大 6 倍有余。隋大兴城也是我国二千多年古代社会数十个王朝中规模最大的都城，比汉长安城大 2.4 倍，比北魏洛阳城大 1.2 倍，比明清北京城大 1.4 倍。充分体现了隋代都城的宏大气魄，反映了杨隋王朝气势如虹的浩大精神，也是隋文帝开皇盛世的生动写照。

不仅如此，隋代大兴城的布局规整，结构严密，在我国古代都城建筑史上独树一帜，不但充分发挥了古代都城的政治和军事作用，而且开创了一代都城建筑的崭新制度，对后代的都城建筑产生了深远影响。例如大兴城改变了我国自先秦以来宫城必在郭城以西或西南的传统模式，将宫城置于全城的北部中心，不仅体现了封建皇帝踞北而坐，面南而治的儒家传统思想，凸显了封建皇帝至高无上的权力和地位，而且在地形上又巧妙地凭借了龙首原高屋建瓴的有利地势，确保了皇室的安全和宫城的防卫。大兴城还改变了从西汉到两晋南北朝时期都城中市民百姓的私第混杂于宫阙之间的现象，将宫城、皇城与坊里严格分开，收到了“公私有便，风俗齐肃”[①] 的社会效果。

---

① 宋敏求：《长安志》卷七《唐皇城》。

所以，这一都城建筑为以后历代王朝所沿袭。另外，大兴城采取外郭城内建筑左右对称的布局设计，全城以南北中央朱雀大街为中轴线，街东与街西市内面积基本相等，东、西各有55坊及一商市。城内的25条大街又相互交错，将郭城划分为网格式形状，排列有序，严密规整，浑然天成。正如后来唐代大诗人白居易在《登观音台望城》诗中所描绘的那样："百千家似围棋局，十二街如种菜畦。"宋人吕大防也称赞说："畦分棋布，闾巷皆中绳墨"，"亦一代之精制也"①。

总之，隋都大兴城的修建成功并付诸使用，当是隋文帝杨坚开创的开皇盛世的重要表现。后来，李渊、李世民父子虽夺取隋祚，建立大唐，但都城却一仍其旧，只是将大兴之名改称长安而已。这也成为"唐承隋制"之说的重要内容。

其次，隋初开皇盛世的另一标志就是隋文帝在全面总结并汲取魏晋南北朝以来对国家官制、选官制度、法律和军事制度等政治体制方面的诸多改革举措，对秦汉时期实行的一整套政治体制进行了自上而下的大胆改进，使国家各项政治制度都能充分发挥极大的行政效率，从而大大强化了以君主为中心的专制统治，对政局的稳定和社会经济的繁荣都起到了极大的促进作用。

隋文帝对中央官制的最大改革就是进一步完善和改进了三省六部制度。三省六部的名称、长官、职能及其性质大致如下：内史省②，长官内史令，该省的职能是为皇帝起草政令，属决策机构。门下省，长官纳言，负责对政令的审议封驳，属监察机关。尚书省，长官尚书令和左右仆射，负责执行政令，属执行机关。尚书省由于事务繁杂，故下设吏、民、礼、兵、刑、工

① 《长安志图》卷上。

② 内史省：原名中书省，隋文帝因避其父杨忠之讳而改名。唐时又复称中书省。该省长官名称的改易原因，亦同此。

六部，各部长官为尚书，分别执行由尚书省下发的各类政令。这样，秦和两汉时期一直实行的三公制遂被三省六部制所代替，原来由三公执掌的中央行政、军事和司法权，交由负责决策、审议和执行的三省掌管，且三省之间相互牵制，相互制约，不但减少和杜绝了国家政令的失误和纰漏，而且也保证了以皇帝为中心的专制统治的加强，削弱了君权和相权之间的矛盾，在一定程度上保持了统治者高层内部的统一和协调，防止了因相权过大而导致的皇权旁落，以及由此而引发的政局动荡。

在进行官制改革的同时，隋文帝还罢废了自曹魏以来实行了300多年的选官制度——九品中正制（亦称九品官人法），又在开皇十八年，即李世民降生的那一年，以“志行修谨、清平干济”二科举人，用分科考试的方法，为国家选拔官吏，打破了九品中正制时门阀士族把持选官权力的状况，扩大了选官范围，为很多寒门庶族子弟打开了入仕之途，促进了中央集权专制统治的巩固和加强，而且也开了后来隋炀帝“创设进士科”以及李唐王朝创立和完善科举制的先河。

开皇初年，隋文帝还多次组织人力，修订律、令、格、式，完善法律制度。到开皇三年（583年），终于修成了《开皇律》。该律对魏晋南北朝以来的刑律进行了大力删简，其全部律文仅有500余条，刑名也仅有笞、杖、徒、流、死5种20等，废除了宫、鞭、枭首、轘裂以及“孥戮相坐”等酷刑。

开皇十年（590年），隋文帝又对西魏、北周时期宇文泰创立的府兵制度进行整顿，诏令“凡是军人，可悉属州县，垦田计账，一与民同。”① 意思是说军队士兵及其家属都隶属州县，耕种土地和承担赋役都和均田农民无异。经此改革，府兵兵士及其家属都被编为农户，有了固定居处，可以从事农业生

① 《隋书》卷二《高祖纪下》。

产，按规定承担赋役负担。同时，士兵本身仍旧保留军籍，属于军府统领。从此，府兵制完全摆脱了职业军人的性质，变成了兵农合一和寓兵于农的军事制度。不但减轻了国家的军费负担，而且也增强了国家的军事力量。在此前后，隋文帝还完善府兵的组织机构，中央设十二卫，诸卫均置大将军，为府兵的最高领导机构。各卫之下设骠骑府，为府兵的基层组织。

总之，经过隋文帝对国家官制、选官制度、法律制度和府兵制度的上述改革，更加激发了封建体制的统治活力，促进了吏治的清明和政局的稳定，当是开皇盛世在政治方面的重要表现。

再次，隋文帝在对政治体制进行改革的同时，又大力改进经济体制，从而极大地促进了社会经济的快速发展，迅速地增强了国家实力。

开皇元年（581 年），隋文帝在即位之初，即颁布诏令：继续推行北魏孝文帝以来实行的均田制度，并给贵族官僚、普通百姓、奴婢及其耕牛，都规定了不同数量的占田数量，并将所占之田分为桑麻田和露田两种，又颁布了对两种均田的买卖规定。鼓励农民垦荒占田，努力本业；限制官僚地主利用权势对土地强买强卖，进行兼并。遂使垦田数量大为增加，广大百姓的生产积极性有所提高，促进了农业生产的恢复和发展。

与此同时，隋文帝还颁布了新的赋税制度。规定成年夫妇每年给国家纳租粟二石，调帛二丈、绵三两，或调麻布二丈五尺、麻三斤。每个成年男子为国家服役二十天。年满五十岁以上的丁男如不愿服役，每天折纳绢帛三尺或麻布三尺七寸五，是为“输庸代役”。这套新的租庸调制度使魏晋南北朝以来混乱不堪和轻重不一的赋税制度整齐划一，使部分农民有了更多时间从事农业生产。不但保持了国家对赋役征收的相对稳定，而且也减少了地方官吏对百姓的肆意盘剥。

经过以上对经济体制的种种改革，使隋朝的社会经济得到了迅速发展。全国的耕地面积大为增加，户口逐年上升，国家的赋税收入与日俱增，仓库充实。“比至末年，计天下储积，得供五六十年。”[①] 社会秩序也相对稳定，出现了“君子咸乐其生，小人各安其业，强无凌弱，众不暴寡，人物殷阜，朝野欢乐”的升平气象。李世民就在这样的兴盛繁荣的时代背景下，欢乐地度过了自己的童年生活。

但是就在开皇治世表面繁荣的背后却隐藏着严重的政治危机，整个社会正处在由盛转衰的激变时期。隋文帝在灭亡陈朝和统一全国以后，私欲膨胀，封建帝王的劣根性与日俱增，导致他在处理许多重大问题上举措失当。大致有以下表现：

制造冤狱，大杀功臣。隋文帝是用篡夺周鼎的方法取得政权的，因此他十分害怕大臣用同样的方法取代自己的皇帝宝座。于是在平陈以后，到了“狡兔死，走狗烹”之际，便“恒恐群臣内怀不服，不肯信任百司，每事皆自决断”[②]，甚至不惜罗织罪名，制造冤狱，对大臣横加黜免和杀戮。他用这种方法，先后诛杀了王世积、虞庆则、史万岁，黜免了贺若弼、李德林、苏威等一大批文臣武将。其中最大的冤案当属罢免宰相高颎。高颎是一位精明干炼的政治家、军事家和实干家，在隋文帝代周建隋和平陈统一全国以及巩固政权、振兴纲纪等方面都建立了不可磨灭的丰功伟绩，“当朝二十年，朝野推服，物无异议”。最后竟在皇后独孤氏的谗毁下，被隋文帝削职为民，后又被隋炀帝下诏诛杀。“及其被诛，天下莫不伤惜，至今称冤不已。”[③] 对功臣由虚心纳谏变为刻意沉猜，以致“恩不终于有功，罚每深于无罪”，是隋文帝由一位开明君主变为独裁

① 《贞观政要》卷一《政体》。
② 《贞观政要》卷一《政体》。
③ 《隋书》卷四十一《高颎传》。

暴君的首要表现。

听信谗言，重用奸佞。隋文帝时的宰相杨素和皇后独孤氏是两个专事谗毁、妒贤嫉能和极端残忍的奸佞之人。但隋文帝却“每事唯妇言是用”，又褒奖杨素“怀佐时之略，包经国之术”，“非唯廊庙之器，实是社稷之臣”。于是独孤氏和杨素等一群奸佞之人，狐假虎威，助纣为虐，导致了开皇后期政局的日益混乱。

由俭变奢，好大喜功。隋文帝在代周建隋前后，躬行节俭。曾颁布诏书说：“犬马服玩，不得献上”[1]；曾对用布袋进干姜、用毡囊献香料的官吏，“大加谴责”，“因笞有司”[2]。但随着时间的推移，他的奢侈欲却与日俱增，愈演愈烈。开皇十三年（593 年），他命杨素在岐州（治今陕西凤翔）筑仁寿宫，“雕饰离宫”，富丽堂皇，规模宏伟。后来责令州牧“多贡珍玩”，并“大悦女色”。上有所好，下必甚焉。隋文帝的几个儿子后来也竞相效尤，或“盛治宫室，穷极侈丽”；或“车马被服，拟于天子。”[3]其百官大臣也都肆意聚敛，追求财富，唯恐落于人后。于是吏治大坏，以致文帝末年用严刑禁贪污而愈禁愈滥，用峻法止酷吏而“苛又甚之”。

废立太子，悔之晚矣。隋文帝在登极称帝之初，即按照“立嫡而惟长”的宗法制度，将嫡长子杨勇立为太子。但因皇后独孤氏偏爱次子杨广，她勾结杨素，诬告太子图谋不轨。隋文帝在不作任何调查的情况下，在“废非其罪”和“不允天下之情”的时刻，草率地实行废立，将杨勇罢为庶人，立杨广为储君。致使在数年之后，当他卧病仁寿宫，垂死弥留之际，抵

① 《隋书》卷一《高祖纪上》。
② 《隋书》卷二十四《食货志》。
③ 《隋书》卷四十五《文四子传》。

床大呼："畜生何足付大事，独孤误我！"[1] 这说明隋文帝最终已经觉悟，但已既成事实，悔之晚矣。

总之，由于隋文帝的专制暴虐和独断专行，在当时社会表面繁荣的背后，已隐藏了极大的社会危机。这种治乱并存的社会现象已被当时不少具有政治头脑的明智之士所窥破。例如，在李世民降生的开皇十八年，时已弱冠的魏徵就在他后来主编的《隋书·高祖纪》后所加评语中说："迹其衰怠之源，稽其乱亡之非，起自高祖，成于炀帝，所由来远矣，非一朝一夕。"年长魏徵两岁的房玄龄甚至还在孩提和"天下宁晏"之时，就"避左右告父曰：'隋帝本无功德，但诳惑黔黎，不为后嗣长计，混诸嫡庶，使相倾夺，储后藩枝，竞崇淫侈，终当内相诛夷，不足保全家国。今虽清平，其亡可翘足而待。'"[2]

综上所述，李世民降生后的童年时代，是在安乐和忧患并存、繁荣和危机兼有的特殊背景下度过的。从这时开始，时势已在呼唤英雄，历史也在选择杰出人物。李世民正是凭借了自己显赫的家世和过人的聪明智慧以及在后来的斗争实践中所增长的非凡才能，终于代隋建唐，开创了贞观盛世，当是他顺应了时代召唤和历史发展需要的结果。

第二节　高贵显赫的家族门第与少年李世民的尚武好侠精神

一、高贵显赫的家族门第

关于李世民的先祖及其后来的繁衍传承，由于李氏家谱的

① 《资治通鉴》卷一百八〇，隋文帝仁寿四年七月。
② 《旧唐书》卷六十六《房玄龄传》。

记载本来就存有疏漏，再加之李渊建唐前后，李氏家族中人和有些史家对李氏先世又进行了诸多杜撰，致使李氏先世被搞得扑朔迷离，真假难辨。甚至连李氏先世是汉人还是胡族，李氏的籍贯是在陇西还是在赵郡，在今天的史学界都存有极大争议，使人莫衷一是。例如有人根据史籍的有关记载，如时人单雄信曾将李世民之弟元吉呼为“胡儿”，李氏家族中有人“状貌类胡”，李唐皇室多次出现“乱伦”之事，和胡人习俗如出一辙等，从而确认李氏出自鲜卑拓拔氏①。但也有人却坚持认为“李唐氏族若仅就其男系说，固一纯粹之汉人也。”②又如《旧唐书》卷一《高祖本纪》所载李渊籍贯为“陇西狄道”，即今甘肃临洮；《新唐书》卷一《高祖纪》则载李渊祖籍为“陇西成纪”，即今甘肃秦安西北。但唐史泰斗陈寅恪却依据《唐光业寺碑》及李世民曾祖父李虎曾受封赵郡王等史料，认为李唐祖籍“或为赵郡李氏徙居柏仁（今河北隆尧西南尧山镇）之‘破落户’，或为邻邑广阿（今河北隆尧东）庶姓李氏之‘假冒牌’”，“适李虎入关，东西分立之局既定，始改赵郡之姓望为陇西。”③ 所有这些学术争论，现在学界仍有歧异，并未达成共识。

但是李世民家世从其曾祖父李虎开始飞黄腾达，一跃而成为最高统治者上层集团的主要成员，李氏家族的地位由此逐渐高贵显达，却是不争的事实。

---

① 参看刘盼遂：《李唐为蕃姓考》，载《女师大学术季刊》第1卷第4期等。

② 陈寅恪：《李唐氏族之推测后记》，载《金明馆丛稿二编》，三联书店2001年版，第344页。

③ 陈寅恪：《唐代政治史述论稿》，上海古籍出版社1997年版，第11页。

李虎生于北魏宣武帝正始三年（506年），弱冠之年“起家征授仪同三司，兼除秦州清水本郡太守”[①]，步入仕宦行列。北魏孝明帝正光四年（523年），北魏六镇镇兵起义，战火迅速燃及关陇、河北和山东等地。李虎又以宁朔将军、屯骑校尉之职随将军贺拔岳进入关中，征讨关陇镇兵首领万俟丑奴部。不久，又随贺拔岳之兄贺拔胜移镇荆州。贺拔岳被另一北魏将领侯莫陈悦攻杀后，其部将宇文泰被推为首领。这时，李虎又被北魏孝武帝派往关中，被宇文泰拜为将军。李虎遂协助宇文泰攻灭了侯莫陈悦，独占关陇。不久，李虎又在参加对付东魏的沙苑之战以及平定关中的叛乱中，屡立战功，受到宇文泰的褒奖：“公之名虎，信不虚也。”并被“徙封陇西公，进拜太尉。”[②]西魏大统十一年（550年），西魏执政宇文泰采取鲜卑拓跋氏早期八部组织旧制，正式组建府兵制，设立八柱国大将军，作为府兵的最高军事统帅，李虎与当时“功参佐命，望实俱全”的著名将领侯莫陈崇、独孤信、赵贵、于瑾、李弼以及宇文泰、元欣等同为八柱国大将军。由于宇文泰此前已为柱国大将军、都督中外诸军事，执掌府兵大权，西魏宗室元欣仅挂虚名，没有实权，实际领兵的只有六柱国大将军，故“当时荣盛，莫与为比”。直到唐朝建立以后，“称门阀者，咸推八柱国家。”[③]北周建立以后，李虎又被“追封唐国公，谥曰襄。”[④]

李虎之子即李世民的祖父李昞在北周历任鄜州刺史、安州总管、柱国大将军等，并袭爵唐国公，“为政清简，甚获当时

---

① 参看《李虎墓志》，转引自《乾陵文化研究》创刊号，三秦出版社2005年版，第155页。

② 《册府元龟》卷一《帝王部·帝系门》。

③ 《北史》卷六〇《王雄传末论曰》。

④ 《旧唐书》卷一《高祖纪》。

之誉。”[1]李昞虽无赫赫战功，但却与北周的第二代皇帝周明帝及后来代周建隋的隋文帝杨坚先后娶柱国大将军独孤信长女、四女和七女为妻，于是李世民家族又成了北周和杨隋王朝的皇室外戚。

李昞之子即李世民之父李渊以北周武帝天和元年（566年）生于都城长安，七岁时袭爵唐国公。隋朝建立以后，由于和文帝与孤独皇后为姨侄关系，“由是特见亲爱，累转谯、陇、岐三州刺史”。隋炀帝大业初年，又“为荥阳、楼烦二郡太守，征为殿内少监。（大业）九年，迁卫尉少卿。”[2]这时李世民年已十五，成长为一名翩翩少年。

由此可知，从李世民的曾祖父李虎开始，李氏家族即已显贵，门第也日益显赫，不但权高位重，而且相继与北周和隋朝联姻，成为皇亲国戚。李世民生长在这样的显贵之家，过着衣食无忧的生活，这就为他的习文弄武提供了十分优越的条件。

二、少年李世民的尚武好侠精神

少年时代的李世民虽然生活在衣食无忧的显贵之家，但他却并未埋头书卷，苦读圣贤，用心于笔砚之间，寻求刀笔之禄，而是尚武好侠，迷上了弓马之事，甚至染上了赌钱博弈之习。因此，从小就养成了豪放刚烈的性格和强悍骁勇的体魄。正如他在登极称帝以后回忆少年时代的生活习俗时所说：“朕少尚威武，不精学业，先王之道，茫若涉海”[3]；“朕少好弓

---

① 《册府元龟》卷一《帝王部·帝系门》。

② 《旧唐书》卷一《高祖纪》。

③ 唐太宗：《答魏徵〈群书治要〉手诏》，载《全唐文》卷九。

矢，自谓能尽其妙”[①]；“朕少不学问，唯好弓马”[②]；“朕少在太原，喜群聚博戏，虽暑往寒来，将三十年矣。”[③]所有这些都说明李世民在少年时代就养成了尚武和好侠之风，也为他后来在隋末大乱和唐初的统一战争中能够建立赫赫战功，直至登极称帝，创造了不可或缺的有利契机。

少年李世民为什么能够走上弃文尚武的人生道路？这大概是由以下原因决定的：

首先，就是时代遗风的影响。因为李世民虽然出生于隋文帝开皇末年，但上距魏晋南北朝的纷争时代却为时不久，而这一时期王朝代兴，干戈屡动，四海鼎沸，动乱不已。当东汉末年黄巾军起义的硝烟尚未散尽之时，接踵而来的便是更大规模的军阀混战。不久便形成了魏、蜀、吴三国鼎立之势。西晋代魏灭吴以后，虽然维持了一段统一局面，但好景不长，接着又出现了“五胡乱华”，晋室被迫南迁，北中国遂出现了十六国割据的混乱局面。439 年，崛起于代北的鲜卑拓跋族用武力统一了黄河流域，与割据江南的南朝政权形成对峙之势。534 年，北魏又告分裂，东魏、北齐和西魏、北周又东西抗争，交战不已。正所谓一顶顶王冠落地，一辈辈武将横行。战火此起彼伏，百姓居无宁日。一代枭雄曹操创作的诗句“铠甲生虮虱，百姓以死亡。白骨露于野，千里无鸡鸣。”当是对这一时代特点的生动写照。与此同时，多数勋贤和贵胄子弟竞相弃文习武，投笔从戎，企图以武功求仕进，以鞍马取功名。并世代相传，浸以成风，于是便形成了尚武之俗。李世民出生以后，虽然天下大定，南北统一，干戈暂息，但尚武之风犹存。史载

① 《贞观政要》卷一《政体》。
② 《大唐新语》卷九《著述》
③ 《旧唐书》卷三《太宗纪下》。

北周和隋时公卿，“类多武将”[1]，“贵游子弟咸以（尚武）相矜”[2]。因此，李世民少年时代的尚武精神，当是魏晋南北朝和隋初社会尚武风气影响的结果。

其次，少年李世民的尚武精神也是李氏家族亲属家风耳濡目染的结果。

如前所述，李氏家族从李世民的曾祖父李虎开始，都是武功起家，平步青云，扶摇直上的。史载李虎“少倜傥，有大志，好读书而不存章句，尤善骑射”，“跨蹑行阵，按剑盱衡，乘机振檄，规谟抵掌。”[3]后来，他正是凭借赫赫战功，才一跃而成为宇文泰组建府兵制时的最高军事将领的。

李世民之父李渊从少年时代也是“倜傥豁达，任性真率，宽仁容众，无贵贱咸得其欢心。”当时隋定州总管、神武公窦毅有女长成，才貌俱佳，为了给爱女选“求贤夫”，便于大门两侧各画一孔雀，有贵公子前来求婚者，便交给硬弓一把，箭矢两枝，如两箭均能射中孔雀眼目，方可许婚。前来求婚的公子接踵而至，但皆“莫能中”。李渊“后至，两发各中一目”，窦毅大喜，便将爱女许配李渊[4]。这证明李渊弓马娴熟，骑射俱佳。同时说明李世民的外祖父窦毅也喜爱武事，否则，何以用箭射孔雀之目的方法，为他选求佳婿。

隋炀帝大业九年（613 年），时年 16 岁的李世民和右骁卫大将军长孙晟之女长孙氏结婚。世民岳父长孙晟也有尚武家风。史载长孙晟“性通敏，略涉书记，善弹工射，趫捷过人”，不但娴熟弓马，而且还身怀轻功绝技。北周时曾奉命出使突

① 《隋书》卷四十六《张煚传》。

② 《隋书》卷五十一《长孙览附晟传》

③ 《册府元龟》卷一《帝王部·帝系门》。

④ 参看《旧唐书》卷五十一《后妃上·高祖太穆皇后窦氏传》。

厥，在可汗摄图牙帐之前，一箭射中双雕，而且“每共骑射，时辈皆出其下。”[①]另外，有人还认为李世民家族从李虎以降，大多与胡族联姻，这些胡姓亲属的“尚武”风气，不能不对李世民发生潜移默化的感染作用。由此可知，少年李世民的尚武好侠精神，是受当时时代风尚和家庭亲属家风影响的必然结果。

三、雁门勤王与李世民杰出才能的头角崭露

隋炀帝杨广即位以后，大兴土木，督役过急，又兴师动众，四处巡游，加之对高丽大肆用兵，遂使开皇年间隐藏的社会矛盾迅速激化，天下大乱，烽烟四起。少年李世民的尚武好侠精神也终于有了用武之地。

大业七年（611 年），山东邹平人王薄在长白山（今山东章丘县境内）聚众起义，又作《无向辽东浪死歌》以相号召，揭开了隋末农民大起义的序幕。大业九年，当隋炀帝第二次用兵辽东时，大贵族杨素之子、礼部尚书杨玄感又在黎阳（今河南浚县东南）起兵，进攻东都洛阳。统治集团内部出现了分崩之势。农民起义也随之席卷全国。

大业十一年（615 年），当隋炀帝第三次北巡突厥时，被突厥始毕可汗率重兵围困在雁门（今山西代县）城中，形势异常危急。

突厥是公元 6 世纪兴起于蒙古高原的游牧民族，曾一度统一漠北，势力甚盛。隋朝初年，突厥因内部纷争，终于分裂为东、西二部。东突厥仍留居蒙古草原，西突厥则远徙阿尔泰山以西。东突厥启民可汗在位时曾和隋保持友好关系，故隋炀帝在大业三年和四年两次北巡，来到突厥启民可汗牙帐，握手言欢，情好日密，双方的经济文化交流也更为频繁。大业五年，

① 《隋书》卷五十一《长孙览附晟传》。

启民可汗死，其子始毕可汗继立。始毕可汗是个野心勃勃而又贪得无厌之人，他为了用武力向隋掠夺财富和扩张领土，便以隋炀帝派人在突厥内部进行策反为名，开始对隋采取敌对态度。隋炀帝对始毕可汗的态度转变，一概不知，遂于大业十一年八月初，第三次北巡突厥。当行至雁门郡境内以后，突然遭遇到始毕可汗所率数十万突厥骑兵的袭击。面对强大的突厥骑兵突然到来，隋炀帝大惊失色，手足无措，只得逃入雁门郡城躲避。始毕可汗一面率部将雁门城团团包围，一面又分兵攻陷了雁门郡内的 39 座城池，形势危如累卵。雁门城内共有兵民 15 万之众，城中存粮仅能供 20 天之用，故城内上至炀帝，下至兵众，都人心惶惶，一日三警。最后炀帝采纳了民部尚书樊子盖等人的建议，一面亲自慰问和赏赐守城将士，一面把号令天下兵民勤王的诏书系在木棍之上，“投汾水而下，募兵赴援。”① 与此同时，又派人从间道北上突厥牙帐，向和亲启民可汗的义成公主求救。募兵勤王的诏书传出以后，河东地区的军民纷纷开赴雁门。

这时年已 18 岁的李世民正随担任山西、河东抚慰大使的父亲李渊居住河东（今山西永济西南），听到募兵勤王的消息后，欢呼雀跃，兴奋不已，便毅然告别李渊及其家人，当即应募入伍，投靠在屯卫将军云定兴麾下，并向云将军提出了以下建议：

> 始毕敢举兵围天子，必谓我仓促不能赴援故也。宜昼则引旌旗数十里不绝，夜则钲鼓相应。虏必谓救兵大至，望风遁去。不然，彼众我寡，若悉军来战，必不能支。②

---

① 《旧唐书》卷二《太宗纪上》。

② 《资治通鉴》卷一百八十二，炀帝大业十一年八月。

云定兴采纳了世民所献之策，果然引起了始毕可汗的狐疑。适逢东都和各地勤王援军此时已陆续赶至忻口（今山西原平南），齐王杨暕率部也正从崞县（今山西原平北）北进。加之义成公主派人向始毕奏告“北边有急”。于是始毕无心恋战，遂于九月十五日撤兵北归，雁门围解。隋炀帝被突厥围攻雁门33天以后，终于躲过了一劫，车驾返回洛阳。这次雁门勤王，李世民所献之策，虽然并没有起到至关重要的作用，但毕竟是初生之犊的身手初试，也使李世民受到了极大的鼓舞。后来，他在称帝以后，曾对大臣夸耀说：“朕年十八，便经纶王业。”[1] 即指此事。

---

① 《贞观政要》卷十《论灾异》。

第二章

晋阳密谋起兵与长安唐室初建

第一节 晋阳起兵与霍邑、河东之战

一、晋阳密谋起兵

大业十二年（616 年）七月，隋炀帝在第三次巡幸江都（今江苏扬州）前夕，将李渊调任太原留守，李世民随父抵达晋阳（今山西太原），世民之兄建成及其弟元吉、智云等亲属仍居留河东（今山西永济西南）。

当李渊和李世民父子来到晋阳以后，河东地区的农民起义已席卷三晋大地。其中号称历山飞的魏刀儿部已拥众十万，北连突厥，东及燕赵，南至晋、汾，声势浩大，所向披靡。不久，魏刀儿又派部将甄翟儿率两万余众，进攻太原。太原留守李渊和副留守王威当即率部五六千人迎战，李世民也随父出征。双方在西河郡（今山西临汾）雀鼠谷（位于今山西灵台与霍县之间汾河河谷）遭遇。面对优势农民军的挑战，李渊“以羸兵居中，多张旗帜，尽以辎重继后，从旌旗鼓角”，名曰“大阵”，派王威率领；又“以麾下精兵数百骑，分置左右队”，名曰“小阵”[1]，李渊亲自率领。甄翟儿所率兵士多为未经战阵的贫苦百姓，纪律涣散。看到隋军辎重以后，争抢不已，阵角大乱。李渊率精骑杀入阵中。但由于农民军人多势众，李渊陷入阵内，左冲右突，急切不能脱身。这时，李世民以轻骑冲出重围，搭弓射箭，农民军将应声倒地，“拔高祖于万众之中”[2]，将李渊救出重围。这时，李渊所率步兵适时赶到，终于将农民军击溃。在这场对抗农民军的战斗中，使青年李世民的军事才能得到了再次显露，而且也让他初步领悟到了农民暴动的巨大威力，进而产生了反隋和夺取天下之心，并促使他由一名应募勤王的兵卒，逐渐变成了一名反对隋炀帝暴政的年轻英雄。因此，这也是他人生道路上的一个重大转折。

大业十三年（617 年）年初，即李渊担任太原留守不久，全国的政治形势又发生了急剧变化。农民起义的熊熊烈火，正以燎原之势，席卷全国。他们有的拥众数万、数十万，“自称天子”，成了同杨隋政权分庭抗礼的政治集团；有的拥兵数百、数千，聚集于山林川泽，灵活机动地出击隋军，愈战愈强。尤其是翟让、李密领导的河南瓦岗军、窦建德领导的河北起义军和杜伏威、辅公祏领导的江淮起义军已逐渐成为隋末农民起义的三支主力部队。南巡江都的隋炀帝被困扬州，不能东返。另外，各地拥兵自重的官僚军阀又正在招兵买马，扩充地盘，跃跃欲试，企图火中取栗，坐收渔利。

就在杨隋政权分崩离析、天下鼎沸之际，年已弱冠的李世民的反隋之心已经萌生，夺取天下的意志更加坚定。接着，他

① 《大唐创业起居注》卷一。

② 《旧唐书》卷二《太宗本纪上》。

便“推财养士，结纳豪杰”[1]，“群盗大侠，莫不愿效死力。”[2]据有关史书记载，在此前后，李世民相继结识的豪杰、游侠有“避辽东之役，亡命太原”的世民之妻长孙氏的族叔长孙顺德，有“盗马”、“屠牛”的“亡命”之徒刘弘基，有隋太原鹰扬府司马刘政会，有嗜爱博弈的赌徒高斌廉等。特别是晋阳县令刘文静与世民结识后，不但成了忘年之交，而且也成了密谋晋阳起兵的主要决策人物。

据新旧《唐书》和《资治通鉴》等史书记载，李渊和李世民父子发动的晋阳起兵酝酿策划的过程大致如下：

大业十三年四月，李世民的密友晋阳县令刘文静因与河南瓦岗军首领李密有“连姻”之嫌，炀帝下令将其逮捕，关押在晋阳的监狱之中。李世民在入狱探视之际，便向文静说出了“与君图举大计，请善筹其事”之意。于是文静便与世民当即分析了天下形势：“今李密长围洛阳，主上（指隋炀帝）流播淮南，大贼连州郡，小盗阻山泽者万数矣，但须真主驱驾取之。诚能应天顺人，举旗大呼，则四海不足定也。”并对晋阳一带的局势也作了一番精辟分析：“今太原百姓避盗贼者，皆入此城。文静为令数年，知其豪杰一朝啸集，可得十万。尊公（指世民之父李渊）所领之兵复且数万，君言出口，谁敢不从？”文静并胸有成竹地对世民说：“乘虚入关，号令天下，不盈半岁，帝业可成。”世民闻言大喜，笑而答道：“君言正合人意。”[3] 于是，募兵晋阳，“鼓而入关”，定鼎长安，成就“帝业”的起兵计划，就此拟定。

但世民和文静深知，这个起兵计划如果得不到太原留守李

---

① 《旧唐书》卷二《太宗本纪上》。

② 《新唐书》卷二《太宗本纪上》。

③ 《旧唐书》卷五十七《刘文静传》。

渊的支持和参加，是决然不会成功的。世民也想到要面见父亲李渊，告以起兵之事，但又“惧不见听”，反而会把事情弄得更糟。文静也觉察到了世民的内心困惑，便又心生一计，把同李渊过从甚密的晋阳宫监裴寂引荐给了世民，要世民通过裴寂把起兵计划转达李渊。不久，世民便拿出了自己的私钱数百万，让他的密友高斌廉与裴寂博弈赌钱为戏，“渐以输之”。裴寂由此与世民结识，且关系日益亲密。在两相无猜之时，世民便把与刘文静在狱中商议的起兵计划告知裴寂，裴寂心领神会，当即答应转达李渊。

第二天，裴寂便照例邀李渊到晋阳宫饮酒，并让宫女侍酒。李渊喝得酩酊大醉以后，裴寂又让宫女“侍寝”。李渊酒醒以后，看到“侍寝”宫女，自知犯了“不敬”之罪，心中大惧。这时，裴寂便把李世民的起兵计划转告李渊，并说这是“二郎”指示他“以宫人奉公，恐事发及诛，急为此耳。”最后还郑重地对李渊说道：“今天下大乱，城门之外，皆是盗贼。若守小节，旦夕死亡；若举义兵，必得天位。众情已协，公意如何？”李渊当即附和，并说：“吾儿诚有此谋，事已如此，当复奈何，正须从之耳。”①

不久，突厥始毕可汗率兵进犯马邑郡（治今山西朔州）界，隋炀帝下令太原留守李渊和马邑太守王仁恭率兵抵抗。但由于王仁恭等人违背了李渊“指纵”，隋军为突厥所败。消息传到江都，炀帝大怒，遂以“不时讨捕，纵为边患”为名，派使者驰驿晋阳，准备囚捕李渊，诛杀仁恭。这时李世民和裴寂等人便劝告李渊说：“代王（此指隋炀帝之孙长安留守杨侑）幼冲，关中豪杰并起，未知所附。公若鼓行而西，抚而有之，如探囊中之物耳。奈何受单使之囚，坐取夷灭乎？”李渊点头

① 《资治通鉴》卷一百八十三，隋恭帝义宁元年四月。

称是，便秘密整顿部众，准备起事。但时隔数日，炀帝又派人赦免了李渊、仁恭，于是起兵之事亦被搁置。

数天以后，马邑军人刘武周杀了太守王守恭，聚众造反，并北连突厥，打败了隋雁门郡丞陈孝意和虎贲郎将王智辩部的进攻。接着，又率众南下，攻破楼烦关（在今山西神池东南），进据汾阳宫，大有南下攻击晋阳之势。在此危急之时，李渊当即决定实施李世民早已拟定的起兵计划，并精心安排了具体措施和行动方案：

首先，李渊命令刘文静假借炀帝名义，草拟了一道征兵诏书，定于年底前要齐集涿郡（治今北京西南），由此开赴辽东前线，“由是人情大扰，思乱者益众。”[①] 这就为李渊的起兵反隋创造了一个有利的社会环境。

其次，李渊又对炀帝心腹、太原副留守王威和高君雅二人严加防范。他先是对二人历述了晋阳目前的严峻形势，主动向他们询问对策。王、高二人觉得无计可施，只得请求李渊采取果断措施。李渊看到王、高二人已经就范，便下令李世民、刘文静、长孙顺德、刘弘基等人张贴露布，招募军队。结果，十天之内，就有一万多人应募而至。加上原来李渊所领数万官兵，晋阳城内的总兵力已逾三万。

最后，李渊又秘密派人急驰河东和长安两地，召建成、元吉、智云以及女婿柴绍携眷属齐集晋阳。

正当李渊在紧锣密鼓地施行起兵计划之时，引起了副留守王威和高君雅的猜忌和怀疑。他们企图拘捕长孙顺德和刘弘基二人，想从他们口中得知李渊“异志”。李渊遂决意除掉这两个心腹之患。

大业十三年五月十四日晚，李渊设计以王、高二人“潜引

---

① 《旧唐书》卷五十七《刘文静传》。

突厥入寇”为名，将他们逮捕入狱。三天以后，突厥数万兵马果然南侵晋阳。晋阳城中军民都认为突厥的这次南侵，是王威和高君雅的勾引所致，李渊在众怒之下，便把他们斩首以徇。接着，又设置疑兵之计，迫使突厥北撤。

大业十三年五月三十日，李建成、李元吉和柴绍等人携眷属到达晋阳，李渊十分高兴。接着，李渊又接受了裴寂和李世民等人的建议，派人驰报突厥始毕可汗，表达了起兵代隋之意，始毕当即派遣部将康鞘利等送马千匹，前来太原交易，并答应出兵相助。

六月十四日，李渊创建大将军府，自号大将军，以裴寂为长史，刘文静为司马。又以长子李建成为左领军大都督，统左三统军；次子李世民为右领军大都督，统右三统军。其余文武，随才授任。

七月四日，李渊以第四子李元吉为镇兵大将军、太原郡守，驻守晋阳，凡留后事宜均委以处理。次日，李渊遂亲率三万大军，齐集军门，庄严誓师。接着，便从晋阳挥军南下。晋阳起兵至此正式拉开了帷幕。

由上述事实可以看出，最早提出晋阳起兵计划的当是李世民和刘文静二人。但李渊在起兵计划实施以后也起到了主导作用。但古代有些史家在评价晋阳起兵时，却一味地赞扬李世民而贬低李渊。如《新唐书》作者欧阳修就在《太宗本纪》中说：“高祖起兵太原，非其本意，而事出太宗。”《资治通鉴》的作者司马光也说：“（高祖）起兵太原也，皆秦王世民之谋。”[①]有些现代史学家也沿袭这一观点，认为李渊起兵晋阳，建立唐朝，主要依靠了唐太宗李世民的谋略和武功，他本人并

① 《资治通鉴》卷一百九十，高祖武德五年十一月

无创业的才干，甚至连做个守成的中等君主也是不成的[①]。其实，这些观点都有失偏颇。因为两《唐书》和《资治通鉴》等所载晋阳起兵之事，主要取自在唐太宗贞观年间史官们修撰的实录和国史，而这些国史、实录有夸大李世民的作用，肆意贬低李渊之嫌，以此为李世民在后来玄武门之变中的杀兄逼父，升储登极，夺取帝位进行辩护。因而，不惜捏造事实，篡改历史。后世的修史者对此未加详审，遂以讹传讹，并使上述观点流传至今。直到上世纪80年代，海内外不少学者对此提出异议，并根据时人温大雅编撰的《大唐创业起居注》一书和其他有关史传，对晋阳起兵的内幕进行了重新考订，他们不约而同地认为：李渊并非平庸之辈，而是一个才兼文武、历试中外、宦海深沉和世事练达的创业之君。

例如，早在大业九年（613年），即隋炀帝二伐高丽之时，李渊督运于怀远镇，途经涿郡之时，曾与密友宇文士及"夜中密论时事"。所以唐朝建立以后，李渊曾对宰相裴寂等人说："此人与我言天下事，至今已六七年矣，公辈皆在其后。"[②]其中所谓议论"时事"和"天下事"，当为反隋之事。大业十一年四月，李渊任山西、河东黜陟讨捕使时，其副使夏侯端曾对他说："金玉床摇动，此帝座不安。参墟得岁，必有人起于实沈之次。天下方乱，能安之者，其在明公。"李渊听后，"深然其言"[③]。上述这些事实说明，李渊早在大业九年就已萌生反隋之心，这比李世民和刘文静策划晋阳起兵之时，要早四五年。他在大业十三年五月晋阳起兵前后，之所以犹豫不决，是因为他的长子建成、四子元吉及众多眷属尚在河东，担心一旦

① 《中国通史》第五册，人民出版社1965年版，第115页。
② 《旧唐书》卷六十三《宇文士及传》。
③ 《旧唐书》卷一百八十七上《忠义·夏侯端传》。

起兵，家属遭“受孥戮，家破身亡，为英雄所笑。”①

根据上述史实，现在多数治唐史者都认为晋阳起兵的真正主谋当属李渊。虽然如此，李世民见事机敏和睿智果断的精神及性格，也为晋阳起兵的适时发动起到了巨大的推动和促进作用，显示了他杰出的政治才能，这一点是不可否认的。如果没有李世民和刘文静的从中周旋，晋阳起兵当不可能那么快发动。

二、霍邑之战

大业十三年（617年）七月五日，李渊率晋阳之兵南下以后，经数日行军，于七月十四日进入雀鼠谷，经灵石县（今属山西），抵达贾胡堡，南距霍邑（今山西霍县）约50余里。霍邑位于汾水东岸，在雀鼠谷南端谷口，西邻汾水，东据霍山，地势险要，易守难攻。也是晋阳大军南下进入关中的必经之地。当李渊南下晋阳的消息传到长安以后，隋西京留守、代王杨侑即派虎牙郎将宋老生率精兵2万，屯驻霍邑，和驻守河东郡城的隋左武侯大将军屈突通形成犄角之势，阻击李渊。这时，天空突然乌云密布，天降霖雨，道路泥泞，交通阻断。李渊只得下令兵士在贾胡堡休整，又派人带领老弱之兵，返回太原，增运一月军粮。但直至七月二十日，霖雨已历6日，仍淅沥不止。北使突厥的刘文静迟迟不归，突厥援兵不见踪影。军中又有流言说，突厥欲与刘武周联兵南下，将要偷袭太原。这时，李渊便向大将军府长史裴寂问计。裴寂等人认为：宋老生和屈突通犄角据险，短时间难以克敌制胜；突厥唯利是图，刘武周凶狠暴戾，一旦二者相互勾结，将对太原构成巨大威胁。而南下士兵的家属多在太原，太原一旦有失，则军心动摇。因

① 《大唐创业起居注》卷一。

而主张“还救根本，更图后举。”李渊听了这个建议，觉得不无道理，便下令李建成所率左军先行北返。由于他深知此举关系重大，心存疑虑，便向李世民和李建成问计。李世民当即回答说：眼下秋稼遍野，粮饷无忧。宋老生轻浮暴躁，不堪一击。刘武周与突厥虽表面勾结，实则内相猜忌，如果武周南下太原，必会担心突厥趁机攻占马邑。因此，主张“当先入咸阳，号令天下。今遇小敌，遽已班师，恐从义之徒一朝解体，还守太原一城之地为贼耳，何以自全！”李建成也表示了和世民相同的意见。但李渊仍心怀犹豫，未作断决。当晚，世民和建成又向李渊建言说：“今兵以义动，进战则克，退还则散。众散于前，敌乘于后，死亡无日，何得不悲！”① 世民说话期间，由于心情激动，已不觉声泪俱下。这时，李渊才恍然大悟，当即下令追回已经北返的部分左军，并兴奋地说：“尔谋得之，吾其决矣。三占从二，何籍舆言！懦夫之徒，几败乃公事耳。”②

七月二十七日，返回太原运粮的车队抵达贾胡堡。八月一日，云收雨霁，天气转晴。次日，李渊下令兵士休整一天。八日四日，麾军南下，很快便抵达霍邑城东，安营扎寨。李渊偕建成、世民察看地形以后，为了吸引宋老生离城出战，便假装在城周部署部队，并与建成率部分兵力，佯装攻城。与此同时，又令世民率主力埋伏阵后。霍邑守将宋老生见李渊所率兵力单弱，遂统领 2 万守城官兵从南门和东门冲出城外。双方刚一接触，李渊即麾军后撤，老生引兵紧追。这时，李世民所率晋阳主力从阵后杀出，隋军大败，老生被杀。此战仅用了一个时辰，李渊即占领霍邑，取得了晋阳起兵后的第一次重大胜

① 《资治通鉴》卷一百八十四，恭帝义宁元年七月。

② 《大唐创业起居注》卷二。

利，为后来的攻克长安和建立唐朝举行了一次成功的奠基礼。

三、围攻河东

晋阳之兵攻克霍邑以后，只休整了一天，遂继续南下，所经临汾（郡治今山西临汾）、绛郡（治今山西新绛）、龙门（今山西河津）、汾阳（今山西万荣）等地，隋朝地方官员有的弃城逃跑，有的率部归附，故兵不血刃，连连告捷。

大业十三年九月十日，李渊率部抵达河东城下，并麾军攻城。但由于河东城池坚固，隋将屈突通率部拼死抵抗，故久攻不克，战事呈胶着态势，且攻城之军时有伤亡。

这时，冯翊（郡治今陕西大荔）太守萧造、华阴（今属陕西）县令李孝常及京兆万年（今陕西西安）、醴泉（今陕西礼泉北）等地的隋地方官员及关中地区最大的农民起义军领袖孙华等相继归附，每天约有千人。他们都一致请求李渊渡河入关，挺进长安。

对此，李渊犹豫不定，遂集众商议。裴寂等人认为：屈突通手握精兵，盘踞河东坚城，如果逾此入关，一旦隋都长安也久攻不下，迁延时月，我军就会腹背受敌，毫无退路。因此主张先克河东，然后入关，实为稳妥之策。但李世民的意见却与此正相反。他认为兵贵神速，应乘士气旺盛之时，西入关中。长安隋军闻此必震骇恐惧，等不到他们施展智勇，就会像秋风扫落叶一样，唾手可得。如果久攻河东，将大军滞留于坚城之下，就会使长安守军得到喘息之机。到时就要坐费时日。一旦将士离心，宏图大业将会化为泡影。况且关中地区接踵而起的将士，不知归属，应尽快招抚怀柔。否则，这些可以争取的起义之师，就会作鸟兽散，难以收附。而守卫河东的隋将屈突通只不过是一个“自守虏”而已，“不足为虑”[1]。最后，李渊同时采纳了裴寂和李世民的两种不同意见，决定留少数兵力继续围攻河东，牵制屈突通；而自己亲率主力部队，从黄河东岸的龙门和西岸韩城之间的龙门山与梁山之间渡过黄河，挺进关中。从后来战事发展的实践来看，李世民建议进攻霍邑和渡河入关的建议都是正确无误的，这充分显示了他的政治和军事才能，而且也为后来唐朝的顺利建立，树立了赫赫战功。

第二节　攻占长安与唐朝建立

一、攻占长安

大业十三年（617年）九月十六日，李渊率主力渡过黄河以后，坐镇朝邑（今陕西大荔东）长春宫，当即派长子李建成和刘文静率王长谐等部数万人，屯驻永丰仓[2]，防卫潼关和河东隋军。又派次子李世民率刘弘基、殷开山诸部数万人，沿渭河北岸，向长安挺进。

这时，先后在鄠县（今陕西户县）起兵的李渊堂兄弟李神通、小女李氏及在盩厔（今陕西周至）起兵的西域胡商后裔何潘仁等，听到李渊渡河的消息后，都纷纷派人到朝邑迎接。

九月二十七日，李世民率部抵达泾阳（今属陕西）。沿途隋朝地方官吏及小股农民起义军“归之如流”，故兵众骤增至9万余人。李渊小女、世民之妹与其夫柴绍亦相继攻占了盩厔、武功（今陕西武功西北）、始平（今陕西兴平）和鄠县等

①《资治通鉴》卷一百八十四，恭帝义宁元年九月。

② 永丰仓：隋代粮仓。原名广通仓，隋文帝开皇二年置，后改永丰仓。位于今陕西大荔境内。

地，兵力也发展到了7万多人。李氏夫妇率部至泾阳迎接，世民令其“各置幕府”。因为其妹李氏幕府之内多为女兵，故号称“娘子军”[①]。攻克长安以后，李氏以功受封为平阳公主。可惜这位女英雄英年早逝，年仅20多岁。

李世民与平阳公主在泾阳会师以后，遂令刘弘基、殷开山率众6万经略扶风（郡治今陕西凤翔），然后南渡渭水，向东挺进，屯驻于汉长安故城（今陕西西安西北10公里处）。世民亲率主力，从泾阳南下，进抵鄠县司竹园，对隋都长安形成合围之势。接着，世民当即派人急驰长春宫，请求李渊约期诸路大军，会攻长安。李渊这时认为屈突通在义军渡河入关以后，由河东移驻潼关，已被刘文静遏制，被困孤城之中，既不能东逃，又不能西归，“不可为虞”[②]，遂派李建成率屯驻永丰仓的部分精兵，沿新丰（今陕西临潼）西趋汉长乐宫（位于今陕西西安东）。接着，又令李世民率部由阿城（今陕西西安西）北趋汉长安故城，与刘弘基等部会合，对长安城构成东西夹击之势。

大业十三年九月二十八日，李渊率后续部队从长春宫西行。十月四日，抵达隋都长安春明门外。李建成和李世民等也都率部相继到达指定地点。李渊麾下总兵力约20万众，长安城已陷入重围之中。李渊在向长安城内隋军多次发出劝降指令无果以后，遂于十月十四日发布了攻城命令。李世民、李建成兄弟同时麾军从长安城东西两侧发起进攻。长安外郭城很快陷落，隋朝守军被迫收缩在皇城和宫城守卫。

十月二十七日，李渊向所率诸部下达了向隋朝守军发起最后攻击的命令。攻城将士贾勇有余，争先恐后攀登城垣。关中

---

① 《旧唐书》卷五十八《柴绍附妻平阳公主传》。
② 《大唐创业起居注》卷二。

最大的农民起义军首领孙华捷足先登，第一个爬上墙顶，却被流矢射中身亡。故攻城将士被迫退却，未能得手。

十一月九日，李渊又移大将军府于皇城东面的景风门外，亲自指挥攻城战斗。第二天黎明，军头雷永吉首先率部登上皇城城楼，杀退守城官军。其余诸军相继登城。守城隋军眼看大势已去，只得缴械投降。长安终于被李渊占领。

二、唐朝建立

李渊率部进入长安以后，选择了十一月十五日为良辰吉日，备好羽仪法驾，把年仅 13 岁的代王杨侑扶立为帝，在长安宫城大兴殿（即唐时太极殿）登极，并遥尊隋炀帝为太上皇。李渊自称假黄钺、使持节、大都督内外诸军事、大丞相，进封唐王，并移居宫城内之武德殿，处理政务。又将隋炀帝大业十三年改为义宁元年。

义宁二年（618 年）五月二十日，隋炀帝在江都被宇文化及弑杀的消息，传到长安以后，李渊遂废掉杨侑，在太极殿登极，建国号唐，又改隋义宁二年为武德元年。以长子李建成为太子，次子李世民为秦王，拜尚书令，四子李元吉为齐王，仍坐镇太原。其余官员均按功授职。唐王朝宣告成立，以隋大兴城为京师，并改名长安。

由上述事实可知，在晋阳起兵以后，直至唐朝建立期间，李世民协助其父，在多次关键时刻，都提出了正确的作战方针，对战局的顺利进展，起到了举足轻重的作用，其政治和军事才能是当时任何人都不能比拟的。所有这些，都为他在后来平定天下、升储登极以致创造贞观盛世奠定了坚实的基础。而这一年李世民年仅 21 岁。

第三章

长安保卫战与平定天下

第一节 浅水原之战与薛举父子的覆灭

一、唐朝建立后的天下形势与先西后东战略方针的制订

唐朝建立以后，虽然关中大部分地区和巴蜀一带的叛乱被很快平定，李密率领的河南瓦岗军也随之被洛阳的王世充击灭，但全国总的形势仍很复杂严峻：马邑军阀刘武周和朔方（治今陕西靖边白城子）军阀梁师都连结突厥，割据晋陕北部，对三晋和关陇地区虎视眈眈；隋将王世充盘踞洛阳，占有中原广袤之地，时刻梦想东山再起，卷土重来；河北窦建德领导的农民起义军也在不断扩充地盘，日益强盛；占有金城（治今甘肃兰州）的地方军阀薛举和薛仁杲父子也秣兵厉马，企图东进关中，抢占长安。总计唐王朝所能控制的地域尚不及全国面积的三分之一，统一全国的任务还十分艰巨。如果弄得不好，高祖李渊取得的帝位还有得而复失的危险。但是，统一全国的战争应该首先从何处着手？对此，唐高祖李渊曾集众商议。当时朝臣在讨论中大致出现了三种不同意见：一种意见认为盘踞洛阳的王世充势力最强，影响最大。所以，唐军应首先东出潼

关，进攻洛阳。如果世充被灭，洛阳光复，其余势力当会望风瓦解，不战而降。由于坚持这一意见的大臣较多，所以李渊便当即表示赞同，“欲大发兵讨王世充”。但以司农卿韦云起为代表的第二种意见认为，马邑刘武周和朔方梁师都连结突厥，当是国家的心腹之患。如果“舍此不图，而窥兵函、洛，若出师之后，内盗乘虚，一旦有变，祸将不小”。因此，他主张“请暂戢兵，务穑劝农，安人和众”，“秦川将卒，贾勇有余，三年之后，一举便定。”[①] 以秦王李世民为代表的第三种意见认为：“吾新定关中，根本未固，虽得东都（洛阳），不能守也。”[②]因此，主张应首先用兵西北。理由是关中地区自古以来就有“百二”之利，黄河天险不易横渡，潼关关隘，有“一夫当关而万夫莫敌”之说，关外的王世充等政治势力不易进入。而薛举、薛仁杲父子野心勃勃，又极端残忍，早已率部东进，不断给首都长安西部造成严重威胁，已经成为新建唐朝最危险的敌对势力。因此，首先用兵西北，歼灭薛举父子，就可以解除京师长安的西顾之忧。另外，陇右地区牧场辽阔，“多畜牧”之利，一旦控制西北，就可获得大批战马，为以后统一战争次第展开，奠定牢固的物资基础。由于李世民提出的这一建议理由充分，无可辩驳，高祖李渊最终采纳了世民之策，先西后东的战略方针由此制定。

二、薛举父子的覆灭

薛举原为隋金城郡府兵校尉，隋炀帝大业末年据郡造反，又击败了当地隋军主力皇甫绾部，势力浸盛，自称西秦霸王，占有陇西之地，并不断东进。早在李渊率部渡河入关之时，薛

① 《旧唐书》卷七十五《韦云起传》。

② 《资治通鉴》卷一百八十五，高祖武德元年四月。

举就已兼并了扶风（治今陕西凤翔），并“将图京师”[1]。李渊攻占长安以后，当即派世民率兵阻击薛举，薛氏大败，唐军“斩首数千级，追奔于陇坻而还。”

武德元年（618年）六月，薛举又趁唐朝初建，根基未稳之际，举兵东进，攻打泾州（治今甘肃泾川西北），游兵直至豳州（治今陕西彬县）、岐州（治今陕西凤翔）一带。唐高祖李渊当即以秦王世民为元帅，率八总管之兵，全力抗击薛举。长安保卫战至此正式拉开。

武德元年七月四日，唐军元帅李世民率部与薛举在高墌（今陕西长武西北）遭遇。李世民分析薛举之军远离本土，运粮不便，军饷匮乏，急于速战，故下令唐军占领高墌以后，深沟高垒，拒不交战，“以老其师”。但在两军相持之际，世民突患疟疾，病卧军中，不胜鞍马，只得把军务临时交元帅府长史刘文静和司马殷开山处理，并告诫他们说：“（薛）举粮少兵疲，悬军深入，意在决战，不利持久，即欲挑战。慎无与决，待吾（疾）差，当为君等取之。”[2] 但司马殷开山和长史刘文静二人却由于求功心切，麻痹轻敌，遂违背了世民策略，私自将唐军调出高墌，列阵城外西南，准备主动出击。薛举看到唐军离城列阵，心中暗喜，便率部秘密迂回于唐军侧后，出其不意，从左右两侧发动突袭。于是双方在浅水原（位于今陕西长武北）展开激战。由于唐军腹背受敌，军心动摇，唐将慕容罗睺、李安远战死，刘弘基被俘，刘文静只得率残部逃入城中。李世民闻讯大惊，当即率兵撤退，薛举乘机占领高墌。

同年八月，薛举又派其子仁杲率兵进围宁州（治今甘肃宁县），被唐刺史胡演击退。这时，薛举又接受了原金城县令郝

---

① 《旧唐书》卷五十五《薛举传》。

② 《旧唐书》卷五十七《刘文静传》。

瑗建言，准备调集部众，乘胜直取长安。但因突患暴疾，不久死去。其子仁杲继领其众，暂停东进，退居折墌城（今甘肃泾川东北）中。唐军与薛举部的第一次浅水原之战至此结束。

八月十七日，唐军经过短暂休整以后，李渊又派李世民为元帅，率兵再次西征。刘文静和殷开山带罪随军效力。

李世民率部进入高墌城后，下令兵士严密防守。薛仁杲派部将宗罗睺前来挑战，多次在城下叫骂，企图引诱唐军出击。世民下令坚壁不出。唐军将士激愤难忍，纷纷请缨，世民耐心劝喻："我士卒新败，锐气犹少。贼以胜自骄，必轻敌好斗。故且闭壁以折之，待其气衰而后奋击，可一战而破。此万全之计也。"并下令军中："敢言战者斩！"[①] 于是双方在高墌城下呈对峙态势。

在此期间，高祖李渊派秦州总管窦轨、长平王李叔良等率部在秦州（治今甘肃秦安西北）、泾州和陇州（治今陕西陇县）等地出击薛军，战事虽未取得进展，但却牵制了薛仁杲部的大量兵力，减轻了高墌方面唐军的压力。

十一月七日，唐军和薛将宗罗睺部相持 60 多天，薛军终因粮草不继，军心动摇。部将梁胡郎和内史令翟长孙相继率部归降，仁杲妹夫钟俱仇也以河州（治今甘肃临夏东北）归附。李世民乘薛军离散之际，下令行军总管梁实率部分唐军移至浅水原，引诱薛军。宗罗睺看到唐军离城布阵，遂率全部精兵向浅水原唐军发起进攻。梁实利用有利地形，指挥唐军拼死抵抗。宗罗睺久攻不克，便派兵断绝了唐军水源。梁实部虽断水数日，仍守险不出，而薛军的进攻却有增无减。这时，李世民看到薛军兵士已经疲惫，便对唐军将士说："彼气将衰，吾当

---

① 《旧唐书》卷五十五《薛举附子仁杲传》。

取之必矣。”[1] 次日黎明，世民当即派右武侯大将军庞玉率部列阵于浅水原西，引诱薛军出击。宗罗睺“自恃骁勇”，率部向庞玉部发起猛攻。唐军奋勇抵抗，但终因寡不敌众，难以相持。这时，李世民率唐军主力从浅水原之北，出其不意，攻击薛军阵后。薛军抵挡不住，军阵崩溃，士卒四散逃遁，死伤数千，投涧谷而亡者不计其数。宗罗睺率残部向西撤退。李世民挑选精骑两千，即欲尾随追击。唐将窦轨叩马阻拦，请求“按兵以观之”。但世民坚持要以“破竹之势”，彻底歼灭薛军，遂不顾窦轨劝阻，率部紧追。当抵达折墌城南之时，薛仁杲正列阵迎战，双方隔渭水对峙。薛军骁将浑干等临阵倒戈，向唐军投诚。仁杲恐惧，遂退入折墌城据守。傍晚时分，唐军主力相继赶到，遂将折墌城团团包围。

十一月八日，薛仁杲自知计穷，只得出城投降，后被送斩长安，薛秦灭亡。唐初的统一战争取得了首次大捷，都城长安也因此而解除了西顾之忧。

第二节　刘武周、王世充及窦建德相继败亡与天下大定

一、柏壁之战与收复三晋

唐高祖武德二年（619年）十月，马邑军阀刘武周率部大举南下，接连打败唐朝守军，河东告急！高祖李渊遂乘平定陇右之威，当即又派秦王世民率唐军进入河东，收复晋地。由此，唐军收复河东之战，正式开始。

刘武周原为河间景城（今河北沧州西）人，其父刘匡时迁

① 《通典》卷一百五十五《兵典八·坚壁挫锐》。

居马邑（今山西朔州西）。武周于炀帝大业末年升任府兵校尉。大业十三年（617 年）四月，武周趁天下大乱之际，杀太守王仁恭，据郡造反，并派人向突厥始毕可汗表示臣服，突厥将武周立为“定杨可汗”。不久，武周自称皇帝，改元天兴。

武德二年三月，刘武周在突厥始毕可汗的支持下，即大举南侵，逼近太原东面的军事要地榆次（今属山西）。这时，唐并州（治今山西太原）总管、李渊第四子李元吉匆忙调兵抵抗。由于李元吉从小养尊处优，生性顽劣，专以打猎为事，不惜军旅，故其所率河东军纪律松弛，战斗力极弱。前往抵抗的唐军一触即溃，全军覆没，唐将张达惧而投降。刘武周乘机兵围太原，并相继派兵攻陷了离石（今属山西）、平遥（今属山西）、介休（今属山西）、榆次和阳曲等地，逐渐对太原形成合围态势，河东局势岌岌可危。

同年六月，右仆射裴寂主动请缨，高祖遂以裴寂为晋州（治今山西临汾）道行军大总管，率部东征。唐军进入河东后，在介休东南的度索原与武周部将宋金刚部遭遇。金刚派兵断绝了唐军水源，裴寂移营就水，军阵大乱。金刚趁机纵兵出击，唐军大败，散亡殆尽。裴寂率残部一日一夜逃奔晋州。自晋州以北所有城镇几乎全部沦陷。裴寂上表谢罪，高祖派人慰喻，仍令镇守河东。

同年九月，刘武周下令诸军进攻太原。李元吉闻讯大惧，便哄骗部将刘德威说：“卿以老弱守城，吾以强兵出战。”[①] 当晚，他便带领主力出城，和妻妾家小一起逃回长安。刘武周顺利占领太原后，又派部将宋金刚率部南下，“关中震骇”。面对河东的严峻形势，李渊认为一时难以挽回，便决定放弃河东，仅守潼关以西。李世民听到这一消息后，当即上表急奏说：

① 《资治通鉴》卷一百八十七，高祖武德二年九月。

"太原王业所基，国之根本。河东殷实，京邑所资。若卒而弃之，臣窃愤恨。"并表示"愿假精兵三万，必能平殄武周，克服汾、晋。"[①] 李渊接表后觉得世民讲得理由充分，情真意切，便改变初衷，当即把屯驻关中的全部唐军都拨给世民，令其统兵东征，并亲自赶赴长春宫为世民饯行。

武德二年十一月十四日，李世民率军从韩城到龙门间的坚冰上渡过黄河，屯兵于绛州（治今山西新绛）西南柏壁（今山西新绛西南），与刘武周部将宋金刚形成对峙之势。

这时的河东地区经刘武周抢掠以后，仓库俱空，百姓大多退聚城堡，军饷无处征敛，故唐军乏食。对此，李世民当即发布告示，号召百姓返回乡里，重整家园。百姓们听说世民率领唐军已至河东，纷纷归附，每天来到军营慰问和投军的络绎不绝，很快便筹足了粮饷。于是李世民便与江夏王李道宗等人一起制订了"群贼锋不可当，易以计屈，难以力争。今深壁高垒，以挫其锋。乌合之众，莫能持久，粮运致竭，自当离散，可不战而擒"[②] 的作战方略，并令休整士卒，秣马厉兵，养精蓄锐。只是偶然派小股部队进行骚扰，而大军则坚壁不出。因此，宋金刚部的兵势逐渐减弱。

武德二年十二月二十五日，经过一段相持以后，李世民觉得向敌军发起进攻的时机已经成熟，遂令唐将李孝基等率部向盘踞夏县（今属山西）的宋金刚部将吕崇茂发起攻击。在大兵压境之际，崇茂急忙向金刚求救。宋金刚当即派部将尉迟敬德和寻相率兵救援。

尉迟敬德为马邑善阳（今山西朔州）人，隋末在高阳（今河北高阳东）入军，以骁勇著称，后归乡里。刘武周割据马邑

---

① 《旧唐书》卷二《太宗本纪上》。

② 《通典》卷一百五十五《兵典八·坚壁拙锐》。

时，敬德归附，被任为偏将。不久，又调归宋金刚部，随其南征。敬德作战勇猛，“善解避矟，每单骑入贼阵，贼矟攒刺，终不能伤。又能夺取贼矟，还以刺之。”① 因此，累立战功，甚得武周和金刚器重。他与寻相率部驰至夏县时，吕崇茂也率部从城内杀出。唐军腹背受敌，因而大败，唐将李孝基、独孤怀恩、于筠、唐俭等均为敬德擒获。正当敬德和寻相率部从夏县返回浍州（治今山西翼城）之时，李世民在美良川（位于今山西闻喜南）设伏，进行截击。敬德猝不及防，被歼两千余人，被俘唐军将领全部获救。不久，敬德和寻相又奉命驰援蒲坂守将王行本，行至安邑（今山西运城东北），遇唐军狙击，宋军大败，敬德、寻相只身逃走，其余兵士全部被俘。

这时，相持月余的唐军诸将一致请求与宋金刚进行决战。李世民劝喻说，刘武周盘踞太原，倚靠宋金刚为屏障，军无积蓄，全以掳掠抢夺为资，利在速战。我军养精蓄锐，只对汾州（治今山西汾阳）、隰州（治今山西隰县）进行骚扰，待敌军粮尽，自当逃走。“当待此机，未宜速战。”② 由于李世民对敌我双方形势分析精当，策略无误，因此军心稳定，步调一致。

武德三年（620 年）年初，盘踞蒲坂的隋将王行本在唐军的围困下，粮尽援绝，出城投降，消除了柏壁唐军的南面牵制。

四月十四日，宋金刚部在柏壁与唐军相持半年以后，终因军粮用尽，军心动摇，向北逃窜。这时，李世民认为决战的时机已经成熟，遂麾军追击。当行至高壁岭（在今山西灵石东南）时，兵士饥渴难耐，疲惫不堪。行军总管刘弘基请求停止追击，等待军饷。世民果断地说：“金刚计穷而走，众心离沮。

① 《旧唐书》卷六十八《尉迟敬德传》。
② 《资治通鉴》卷一百八十八，高祖武德二年十二月。

功难成而易败，机难得而易失，必乘此势取之。若更淹留，使之计立备成，不可复攻矣。吾竭忠徇国，岂顾身乎！”① 遂义无反顾，继续策马北进。唐军将士见主帅毫无止息之意，便强忍饥渴，紧随其后。经过3天的紧急行军，终于在雀鼠谷追上宋金刚部。接着，世民指挥唐军，当即向宋军发起猛攻。一日之中，交战8次，歼灭和俘虏敌军数万人。当时，军中只有一羊，世民与将士分而食之。

四月二十三日，李世民率军抵达介休（今属山西）城下。宋金刚在城西布阵，军阵南北长达7里。李世民用诱敌深入之计，东西夹击，金刚又败，被歼3000多人，只得领轻骑逃奔太原，留部将尉迟敬德收集余部，据守介休。李世民当即派人入城劝谕敬德归降。敬德和寻相看到大势已去，只得出城归附，并献出介休和永安（今山西孝义东）二城。世民闻讯，大喜过望，当即任敬德为右一府统军，使其仍旧统率8000旧部，编制在唐军诸营之中。唐军将领都对敬德的归降表示怀疑，适逢寻相不久后复叛，所以有人“请即杀之”。但李世民却深信不疑，并对众将说：“敬德若怀翻背之计，岂在寻相之后耶？”又对敬德说：“大丈夫以意气相期，勿以小疑介意。寡人终不听谗言以害忠良，公宜体之。”尉迟敬德看到世民对他如此器重，便发誓“以身报恩”②。

刘武周听说宋金刚大败而归，惊恐不已，遂放弃太原，逃入突厥。宋金刚逃归太原后，企图收集余众，负隅顽抗。但部众军心已散，不肯相从。金刚无奈，只得也率百余骑逃奔突厥。不久，刘武周和宋金刚又企图背离突厥，在逃归马邑途中，被突厥所杀。李世民遂率部占领太原，并相继收复了河东

① 《资治通鉴》卷一百八十八，高祖武德三年四月。

② 《旧唐书》卷六十八《尉迟敬德传》。

州县。

刘武周的覆灭和唐军的胜利并非偶然。首先，李渊于晋阳起兵后，军纪严明，秋毫无犯，当地百姓记忆犹新。李世民再次抵达河东后，又“发教谕民”，故百姓“莫不归附，自近及远，至者日多”。但刘武周占据马邑和宋金刚南下三晋之时，却大肆“俘掠”，致使所经之地，“未有仓库，人情恇扰，聚入城堡。”[①] 这说明人心向背起了决定作用。其次，李世民运筹帷幄，知彼知己，以己之长，制敌之短。屯兵柏壁，深沟高垒，拒不交战。敌军北逃时，又穷追猛打，不给敌以喘息之机，终于取得了全歼敌军和收复河东的重大胜利。这次胜利不仅使秦晋连成一片，扩大了唐朝的统治地域，也为今后进一步平定北地和攻取中原扫清了道路。

二、决战中原与郑、夏败灭

武德三年（620 年）七月，唐军在平定了河东刘武周之后，高祖李渊又派秦王李世民率主力十多万，东出潼关，同王世充集团展开中原决战。

王世充原为西域胡人，后随祖父寓居新丰（今陕西西安临潼区）。炀帝大业初年入仕，由于善于阿谀奉承，取“媚于帝”，故由兵部员外郎很快便升任江都郡丞兼领江都宫监之职。

大业十三年（617 年）七月，当河南瓦岗军在李密的领导下，横扫中原，将越王杨侗所率 20 万隋军围困在洛阳城中时，炀帝派王世充率江淮精兵救援东都，讨伐李密。王世充率部进入洛阳以后，于唐高祖武德元年七月发动政变，控制了杨侗政权。不久，他又利用瓦岗军在和宇文化及部作战时，受到重创而元气大伤之际，调集大军，向瓦岗军发动突袭。结果，李密

---

① 《资治通鉴》卷一百八十七，高祖武德二年十一月。

兵败降唐，瓦岗军遂告解体。河南州县多为王世充所占有。武德二年四月，王世充又废皇泰主杨侗，在洛阳称帝，建国号郑，成为中原地区最为强大的政治集团。但王世充“生性猜忌，喜信谗言”，又“器度浅狭而多妄语，好为咒誓”。因此内部矛盾重重，部下将吏多有叛离。如骁将秦叔宝、程知节、李君羡、罗士信等先后降唐。甚至还发生了大臣裴仁基、裴行俨父子等数十人“谋诛世充”的内讧事件。而王世充为了防止将帅叛逃和谋反事件的再次发生，不惜实行严刑峻法，严加控制，但“杀人益多而亡者益甚”。因此，王世充面临日益窘迫的局面而无计可施。

武德三年七月初，刘武周被歼以后，唐高祖经过深思熟虑，便把王世充选作打击目标，又派秦王李世民为帅，率7总管25将、10余万众，从潼关以东，向中原推进，并通过渭水和黄河漕运粮饷。中原决战遂即展开。

王世充听到李世民率唐军大举东进的消息后，当即调兵遣将，布置洛阳防务：派他的三个儿子魏王王弘烈、荆王王行本和宋王王泰分别镇守襄阳（今属湖北）、虎牢（今河南荥阳北）和怀州（治今河南沁阳）。王世充亲率内外军84府，共3万步骑，迎击唐军。

武德三年七月二十八日，李世民令唐将罗士信率先包围了洛阳西面的军事重镇慈涧。王世充急忙率兵赶来救援。李世民率轻骑赶至阵前察看地形，不料和王世充所率大军遭遇。由于众寡悬殊，世民和所率轻骑陷入了郑军的重重包围之中。但世民毫无惧色，左突右冲，终于杀开了一条血路，突围而出，还擒获了世充的部将燕琪。受此小挫后，王世充急忙撤退，并将慈涧的守军也全部调归洛阳。李世民遂指挥唐军兵分四路向洛阳逼近：将军史万岁部从宜阳（今河南宜阳西）攻占龙门（今河南洛阳南），切断洛阳与南面襄阳的联系；将军刘德威率部翻越太行山，围攻怀州，隔断洛阳和虎牢的交通；将军王君廓率部从洛口（今河南巩义东北）东进，阻断王世充从洛口仓向济阳的运粮通道；怀州总管黄君汉率部南下河阴（今河南孟津东），进攻回洛城（今河南偃师西北），断绝洛阳与东南交通。李世民亲率唐军主力，屯驻洛阳北面的北邙山。诸路唐军营寨四面呼应，逐渐形成了对洛阳的合围之势。

八月十四日，黄君汉部校尉张又乘舟沿河攻克了回洛城，切断了河阳（今河南孟州南）桥上交通，并收复了回洛城周30多个村落城堡，击败了王世充之子王玄应部的进攻。王世充只得在洛阳城西修筑月城，派兵把守。王世充陈兵于洛阳西北的青城宫，隔水与唐军主力对峙。但当他看到唐军兵多势重，自知不是对手，只得派人来到唐营，请求“息兵讲和”。但却遭到世民的严词拒绝，于是双方遂“各引兵还”[①]。在此期间，世充下属很多州县官吏纷纷率部归降，世民下令这些归降官吏一律继续留任，“于是河南郡县相继来降”[②]，王世充的势力更加孤弱。

九月二十一日，李世民率500骑兵登上北邙山魏宣武帝景陵察看地形，不料王世充率万骑突然赶到，将世民部众包围。郑将单雄信执槊向世民直刺，唐将尉迟敬德跃马大呼，驰入围中，将雄信刺落马下，世充军向后稍却，敬德趁机护卫世民冲出重围。正值唐将屈突通率大军赶到，内外夹击，郑军大败，被歼千余人。战后世民对敬德说道：“比众人证公必叛，天诱我意，独得明之，福善有征，何相报之速也！”[③]

从武德三年九月以后直到次年年初，王世充所属的河南郡

① 《资治通鉴》卷一百八十八，高祖武德三年八月。

② 《资治通鉴》卷一百八十八，高祖武德三年九月。

③ 《旧唐书》卷六十八《尉迟敬德传》。

县官吏相继降唐者接踵而至，河南地区的多数州县已为唐军所有，王世充仅能控制洛阳一城之地。当他看到大势已去，无计可施时，只得派人携带礼物，赴河北窦建德处乞求援兵。窦建德当即“许以赴援”。①

武德四年（621年）年初，正当王世充焦急等待援军之际，李世民派兵断绝了从洛口仓向洛阳城中转运粮饷的通道，并击败了王世充所遣运输粮饷的郑军，缴获了全部辎重。从此，洛阳的粮饷断绝。李世民认为向王世充发动总攻的时机已经成熟，便派宇文士及入京，向高祖李渊请战。李渊当面指示说：“归语尔主，今取洛阳，止于息兵，克诚之日，乘舆法物，图籍器械，非私家所须者，委汝收之；其余子女玉帛，并以赐将士。”②

武德四年（621年）二月十三日，李世民率唐军主力从北邙山南下，向王世充在青城宫布置的军阵逼近。由于青城宫位置高峻险要，易守难攻，唐军将士面有惧色。李世民经过对敌阵进行详细观察以后，对诸将说道：“贼势窘矣，悉众而出，侥幸一战，今日破之，后不敢复出矣！”随即令屈突通率步兵五千，渡过谷水，向王世充发动攻击，并指示说：“兵交则纵烟”③。当烟火大作之时，世民引大军南下，身先士卒，与屈突通合兵力战。李世民欲知世充军阵厚薄，遂亲率数十骑冲入敌阵，直出阵后，所向披靡，杀伤甚众。但在混战中，世民与诸骑失散，前被长堤所阻，只有将军丘行恭单骑跟随。王世充的数名骑将蜂拥而上，世民的坐骑被流矢射死，困在核心。危急时刻，丘行恭拨转马头，向郑军骑将搭弓疾射，箭无虚发，

① 《资治通鉴》卷一百八十八，高祖武德三年十一月。

② 《资治通鉴》卷一百八十八，高祖武德三年二月。

③ 《资治通鉴》卷一百八十八，高祖武德三年二月。

追兵稍退，但自己的坐骑也带箭负伤。行恭跳下马背，拔去箭矢，让世民乘坐，自己手执大刀，跳跃大呼，连斩数人，杀开一条血路，终于引世民冲出敌阵，与大军会合。后来，世民称帝以后，曾下诏“刻石为人马以象行恭拔箭之状，立于昭陵阙前。”[①] 这就是著名的昭陵六骏之一“飒露紫”，现藏美国费城宾夕法尼亚大学博物馆。

在唐军的强大攻势下，王世充亦率部拼死抵抗。经过 3 个时辰的激战，王世充军死伤惨重，逐渐不支，才被迫撤回洛阳城中。李世民麾军追击，直抵洛阳城下，并将洛阳城团团包围。

武德四年三月中旬，李世民指挥唐军在洛阳城周挖掘壕沟，修筑堡垒，断绝交通。洛阳城内粮饷匮乏，匹绢只能买粟 3 升，10 匹布仅能购 1 升食盐，其余服饰珍玩，贱如粪土。后来，树皮草根都被食尽，老百姓只能“澄取浮泥，投米屑作饼食之”[②]，因此，全都身体浮肿，死者相枕于道。就连公卿贵族也都只能以糠菜充饥，并多有冻饿而死者。王世充束手无策，只能焦急地等待窦建德援救。

窦建德原为贝州漳南（今河北故城东南）的一位耕夫，隋末大乱后跟随高士达起事。士达战死后，建德继领其众。由于建德“每获士人，必加恩遇”，军势渐盛，部众多达十余万，接连打败隋军，占有河北全境。大业十三年（617 年）正月，在乐寿（今河北献县）自称长东王。唐高祖武德元年（618 年）十一月，又建立夏国，自称夏王，并与唐、郑为争夺中原之地，多次交兵。这说明此时已形成唐、郑、夏三足鼎立之势。

---

① 《旧唐书》卷五十九《丘和附子行恭传》。

② 《资治通鉴》卷一百八十九，高祖武德四年三月。

武德三年年底，当窦建德接到王世充向他求救的消息后，深感“齿寒之忧”，于是便接受了部下的建议，决定“救郑”。因为在他看来，“却唐全郑”，才能“常保三分之势”。如果“唐军破后而郑可图，则因而灭之，总二国之众，乘唐军之败，长驱而入，京师可得而有，此太平之基也。”[①]

武德四年三月中旬，窦建德击败了曹州（治今山东定陶西南）孟海公后，便亲率精兵10万，从周桥（今山东定陶东南）西进，援救洛阳。

三月二十日，夏军进抵酸枣（今河南延津东）后，连克管州（治今河南郑州）、荥阳、阳翟（今河南禹州）等地，水陆共进，泛舟运粮，溯河而上。王世充之弟王世辩派兵数千，与建德会合，共10余万，号称30万众，屯军于虎牢东原（即东广武，在今河南荥阳东北广武山上），与镇守虎牢的唐将王君廓形成对峙之势。窦建德一面在板渚（位于今河南荥阳西北汜水镇黄河侧）修筑宫室，一面派人入洛阳，向王世充通报。

在洛阳久攻不克，窦建德又率军援救的形势下，唐军内部出现了严重分歧：宋州（治今河南商丘南）刺史郭孝恪和记室薛收等人认为，王世充虽据守洛阳，将士精锐，但眼下最大的困难是粮食匮乏，已陷入“求战不得，守则难久”的困境。窦建德远来赴援，亦当志在必得，不容忽视。但如果因此退却，使郑、夏联合，就会拖延战事，统一天下的时日就会遥遥无期。因此，主张采用围城打援之策，不出二旬，郑、夏二主必然“面缚麾下”[②]，成为阶下囚。但萧瑀、屈突通等人认为，唐军已经疲惫思归，王世充据守坚城，不易攻克，窦建德又驱

① 《旧唐书》卷五十四《窦建德传》。

② 参看《旧唐书》卷七十三《薛收传》、《旧唐书》卷八十三《郭孝恪传》。

大军援救，势不可挡。我军如果继续围城，将会腹背受敌。因此，他们主张退守新安（今属河南），“以承其弊”。世民当即表示赞同郭、薛等人的建议，并强调说，王世充连吃败仗，兵摧食尽，上下离心，不烦力攻，可以坐克。窦建德刚刚击败孟海公，将士骄惰，我军如据守虎牢，扼其咽喉，建德要是冒险进攻，我军必会取胜无疑。建德要是狐疑不定，不出一月，世充必定不攻自溃。那时，我军获破城之胜，气势倍增，必定一举两克。如不迅速东进，建德攻破虎牢，最近归附的诸多州县，就会得而复失。那时，“两贼并力，其势必强，何弊之承！”[①] 决心下定以后，他派屈突通等协助齐王元吉继续包围洛阳，自己亲率骁勇3500人东趋虎牢。当时，正值白昼出兵，经北邙，历河阳，大张旗鼓向巩（在洛阳东110里处）地挺进。王世充登城而望，猜不出唐军去向，竟不敢派兵出城。

三月二十五日，李世民率部抵达虎牢。接着，致书建德，陈说利害，冀其退兵。

窦建德在虎牢被唐军阻击月余，不得西进。几次小的战斗又均遭失败，将士疲惫思归。

四月三十日，李世民又派兵偷袭夏军粮道，并俘获了夏军将领张青特，更使夏军军心动摇。这时夏国的国子祭酒凌敬、建德之妻曹氏相继劝建德率部翻越太行山，攻占山北州县，又连接突厥，抄掠关中，迫使唐军回师自救，郑围自解。但建德却认为洛阳危在旦夕，如不立即救援，而舍之北去，是胆怯失信，故拒而不纳，并决定“进逼虎牢”。[②]

不久，唐军得到情报说，窦建德将乘唐军在黄河北岸牧马之际，偷袭虎牢。李世民经过观察地形，最后决定，将计就

① 《资治通鉴》卷一百八十九，高祖武德四年三月。

② 《旧唐书》卷五十四《窦建德传》。

计，故意留马千匹在河渚之上，引诱建德出击。次日，窦建德果然全军出动，北倚黄河，南连鹊山，在汜水东岸南北宽20多里的宽阔地带布置军阵，王世充的部将郭士衡也率部在窦军之南布阵，“绵亘数里”，大肆“鼓噪”[①]，以壮声威。面对强敌压境，唐军将士皆惧。李世民却坚定地对将士说，窦建德兴起河北，从未参与大战，现在冒险喧嚣，是无纪律，逼城布阵，有傲视之心。我军按兵不动，敌军勇气自衰，待其士卒饥疲，必将自退之时，我军乘机出动，必胜无疑。并对诸将发誓说：“甫过日中，必破之矣！”[②]

窦建德从辰时布阵，到午时已历3个时辰，士卒饥渴难耐，有的席地而坐，有的争抢饮水，有的准备退却。世民看到决战的时刻已经到来，便下令唐军全线出击。他亲率轻骑首先冲出，唐军主力紧随其后，东渡汜水，直向夏军阵前杀来。窦建德正要召集大臣议事，唐军突然来到，当即乱作一团，致使匆忙向建德处躲避的群臣，阻塞了夏军骑兵的道路。窦建德在宫室前挥手让群臣后退，给骑兵让开道路，出拒唐军。但进退之际，唐军已至。唐军将士奋勇向前，夏军军阵全线崩溃，向西撤退。唐军追击30多里，歼敌3000。窦建德身中数剑，逃至牛口渚，被唐军俘获。虎牢之战就这样以唐军的胜利和夏军的失败而告结束。

虎牢决战结束以后，李世民率得胜之师回到洛阳城下，继续围攻王世充，并将俘获的窦建德及王世充的部将郭士衡等带至洛阳城下，以示世充，世充与建德哭泣而语。王世充在绝望之余，向诸将提议突围而出，但却遭到诸将的一致反对。王世充在突围无望和守城不得的形势下，遂于武德四年六月五日出

① 《旧唐书》卷二《太宗本纪上》。

② 《资治通鉴》卷一百八十九，高祖武德四年五月。

城投降。第二天，秦王世民率部进入洛阳，严令守护街市，维持治安，秋毫无犯。又将王世充党羽中的段达、王隆、单雄信、郭士衡等十多人斩于洛水之上，其余不戮一人。后来，窦建德被送斩长安，王世充也在迁徙途中被仇家所杀。

唐军从武德三年（620 年）七月挺进中原，到武德四年五月进入洛阳，接连取得了全歼王世充和窦建德两大政治集团的重大胜利，这首先应归功于秦王李世民的正确决策。在围攻洛阳进入相持阶段、唐军将士疲惫的紧要时刻，李世民果断地作出了继续围城的决定，从而统一了思想，鼓舞了士气。当洛阳久攻不克，夏军又大举增援，唐军将士产生了畏怯退却的情绪时，李世民又毅然决然采纳了郭孝恪和薛收的建议，制定了围城打援的作战方略，终于取得了一举两克的重大胜利。因为王世充和窦建德是当时两个最具实力的政治集团，他们的相继覆灭，使唐朝占有了富庶的关东地区，增强了经济实力，这就为唐统一战争的最后胜利奠定了坚实的基础。

三、击败刘黑闼与收复河北

武德四年（621 年）七月，以窦建德为首的河北农民起义军被镇压以后，建德部将刘黑闼又再次起兵反唐，河北地区又燃战火。

刘黑闼与窦建德为同乡而且关系“友善”，曾被建德封为汉东郡公。建德被李世民擒杀后，黑闼便纠集建德部将，以为建德“报仇”为名，招募部众，起兵反唐。不久，唐兖州总管、原王世充部将徐圆郎又据州叛乱，响应黑闼。接着，刘黑闼又与徐圆郎联兵，接连打败了唐将李神通和李世勣等，“半岁之间，尽复建德旧境。”①

---

① 《资治通鉴》卷一百八十九，高祖武德四年十二月。

在刘黑闼攻占河北，窥视中原及威胁关中的严峻时刻，秦王李世民又自请率兵征讨。武德四年十二月十五日，唐高祖遂命世民和齐王元吉率军讨伐刘黑闼。

李世民率领唐军进入河北以后，经过多次战斗，最终迫使刘黑闼退守洺州（治今河北邯郸东北）城中，唐军又在洺水（今河北曲周东南）南北布阵，与黑闼相持。黑闼虽多次在阵前挑战，唐军只是坚壁不出。不久，洺州城内乏粮，黑闼便派兵从冀、贝、沧、瀛诸州运输粮饷，水陆俱进。李世民派唐将程名振率部千余人断其粮道，“沉其舟，焚其车。”①

唐军与黑闼在洺州相持 60 多天，世民估计黑闼粮尽，必来决战，便派兵士在洺水上游修筑堤堰，堵截水流，并对守堤将士说，等我军与敌交战之时，即决堤放水。

三月二十六日，洺州粮尽，黑闼率步骑 2 万，进攻唐营，李世民亲率精骑迎战，黑闼抵挡不住，向北逃遁。这时，守堤唐军又决开堤堰，洺水大至，深达丈余，黑闼部众大溃，被歼万余，溺水死者数千人，黑闼仅与 200 余骑逃奔突厥。于是，“山东平，秦王还。”②

武德五年（622 年）六月，刘黑闼又招引突厥，大举南侵，并接连打败了留守河北的齐王元吉以及淮阳王李道玄和庐江王李瑗诸部，旬日间“悉复故城，复都洺州。”③

这时，太子李建成在其僚属魏徵和王珪的建议下，主动请缨，李渊应允。武德五年十一月，建成率陕东道行台及山东道行军元帅和河南、河北诸州等诸路唐军，进军河北。这时，由于天下大定，人心思治，刘黑闼的这次叛乱并没有得到很多百

① 《资治通鉴》卷一百九十，高祖武德五年三月。

② 《新唐书》卷八十六《刘黑闼传》。

③ 《旧唐书》卷五十五《刘黑闼传》。

姓支持，势力孤单，故在唐军的强大攻势下，节节败退。武德六年（623 年）年初，刘黑闼终于被太子建成俘斩于洺州。割据兖州的叛将徐圆郎也在弃城逃跑途中，被部下所杀。

在此前后，唐高祖李渊派遣大将李孝恭和李靖所率唐军，已于武德四年十月平定了割据两湖的萧铣；次年十月，割据江西的林士弘败亡，岭南大定；武德七年三月，据有江淮的辅公祏亦被镇压。至此，唐朝的统一战争取得了最后胜利。

由上述事实可知，李世民从 18 岁开始参加雁门勤王以后，其杰出的军事和政治才能即头角崭露。20 岁时又积极参与策划了晋阳起兵，亲身参加了霍邑之战、围攻河东、挺进关中和攻克长安等一系列重大战役，并在关键时刻提出了不少具有决定意义的正确建议。唐朝建立以后，又亲自指挥了平定军阀薛举、薛仁杲的浅水原之战，平定了河东刘武周的叛乱，用围城打援之策，一举歼灭了洛阳王世充与河北窦建德两大政治集团，击败了刘黑闼，为唐初的统一战争获得了举足轻重的巨大胜利，从而也使他的军事和政治才能得到了充分发挥。特别是他在长期的战争实践中所积累的作战经验和军事思想，在我国古代军事史上都写下了光辉的一页，成为我们中华民族优秀传统文化中的组成部分，构成了我们中华民族传统文化的精华，也使他成为我国古代杰出的军事家和战略家。所有这些，都成了他在以后的宫廷政变中顺利诛杀政敌，升储登极，缔造贞观盛世的一代名君的最为主要的条件。

第四章

玄武门兄弟相煎与李世民升储登极

第一节　玄武门之变

一、秦王李世民与高祖李渊的父子隔阂

唐高祖李渊和元配之妻窦氏先后共生4子：长子建成、次子世民、三子元霸和四子元吉。史载李渊在与窦氏结婚以后，还宿有一妾万氏，万氏亦生有一子，名叫智云。以上5子皆为李渊在建唐称帝以前所生。窦氏虽然死于唐朝建立以前，李渊称帝后亦未册立皇后，但窦氏却为正妻，故其所生4子为嫡，而万氏所生智云为庶。嫡三子元霸早年夭折，第五子智云也在炀帝大业十三年与其兄建成北赴晋阳时，被弃置河东，因而为隋朝官吏捕获，送斩于长安，年仅14岁。故李渊建唐称帝以后，仅有建成、世民和元吉三个嫡子。建成生于隋文帝开皇十年（590年），比世民年长8岁；元吉生于隋文帝仁寿二年（602年），比世民小5岁。

李世民生性“聪睿，玄鉴深远，临机果断，不拘小节”[①]，故从小即深得李渊夫妇钟爱。大业十二年（616年），李渊出

① 《旧唐书》卷二《太宗本纪上》。

任太原留守时，就将世民带在身边，同赴太原，而将建成、元吉、智云和其余眷属留在河东，交给他的挚友、河东户曹任瓌照看。世民不负父望，从大业十三年（617年）四月开始，即与好友刘文静等积极协助父亲，成功地策划并发动了晋阳起兵。由于这时父子同心，相辅相成，李渊对世民钟爱有加，且愈益加深。据《资治通鉴》一书记载，当时李渊曾对世民说过这样一段话："若事成，则天下皆汝所致，当以汝为太子。"[①]《资治通鉴》作者司马光虽将李渊对世民说的这段话置于建唐后的武德五年十月，但从话语分析，这番话当说于晋阳起兵的酝酿之中。它不但表达了李渊当时对世民的钟爱之心，而且也是对世民见事机敏等杰出才能的真情赞扬。

但在晋阳起兵以后，大军抵达贾胡堡时，面临着是南攻霍邑，还是北返太原；兵临河东，久攻不克，是继续滞留于坚城之下，还是绕道进入关中等重大决策时，李世民却与其父李渊以及裴寂等人发生了严重分歧。最后，李渊虽然都采纳了世民建议，取得了重大胜利，已如上述。但李世民果敢刚烈的性格和直率尖刻的言语不能不在李渊的心中激起不平和猜忌，父子之间的隔阂，由此而生。加之李世民不喜于和其父沟通思想，交流感情，早存代沟，故使这种父子隔阂，日益加深。所以在李渊攻克长安，扶立杨侑为帝，自称唐王时，即以长子建成为世子。半年以后，唐朝建立，李渊亦不假思索地径直将建成立为太子，居住东宫；将世民封为秦王，拜尚书令等职，居于宫城武德殿；将元吉封为齐王，并州总管，留居太原。显然，李渊完全按照"嫡长子继承制"的传统制度安排世民兄弟的职位的。表面看来，这一安排似乎亦无可非议，但要知道，传统的立嗣制度中还有一条原则，就是"择贤而立"，即将诸子中的

① 《资治通鉴》卷一百九十，高祖武德五年十月。

"贤者"立以为嗣，也无不可。翻看唐朝及其前后王朝的历史，按照这一立嗣制度确定太子的事例，可谓史不绝书，不胜枚举。如果李渊当时能够按照这一立嗣原则，将世民立为太子，也是有据可依，有例可循的。更何况从策划晋阳起兵，直到唐朝建立，世民的才能和功劳，已经明显地跃居建成之上。虽然在今天看来，依照贞观史臣所修实录、国史所编撰的一些旧史对建成、元吉等人进行了肆意诬蔑，不足为凭。但建成、元吉从河东来到太原时，策划和发动起兵之事业已完成，他只是在起兵以后，同世民分领左、右两军，仅参加了霍邑之战、围攻河东和攻克长安的战斗而已，并未参加晋阳起兵的策划和发动工作。因而，他的功劳在世民之下，这是不言而喻的。而且，在晋阳起兵的酝酿和发动之中，李渊已经对世民说过要"立汝为太子"的话语。另外，早在李渊自称唐王时，就有一些将佐"请以世民为世子"[①] 的呼声。如果此时李渊顺理成章地将世民立为世子、太子，既不违犯立嗣制度，又符合了多数将领的心愿，更不会为以后的兄弟阋墙，同室操戈的悲剧埋下隐患，于国于家都不失为高明之举。但李渊却仅仅因为对李世民的些许嫌隙，而不顾大局，且自食其言，将建成立为储君。这就不能不给世民的心里留下阴影，使父子之间的隔阂更加凸显。

武德四年（621年），李世民在取得了平定薛举、薛仁杲父子，稳定了西北；击灭刘武周，收复河东；又讨平王世充和窦建德，夺取河南、河北之地等重大胜利之后。唐朝的统一战争已取得了决定性的胜利，李世民对唐朝的丰功伟绩也已达到了任何人都不可企及的程度。按照常理，高祖李渊也应以政局为重，慎重考虑太子的废立问题。因为此时李世民已和他的秦府内外的文臣武将结成了一个强大的政治集团，并在朝廷内外

① 《资治通鉴》卷一百九十，高祖武德五年十一月。

产生了巨大的政治影响。升任储君已成大势所趋，人心所向。仅举一例：武德元年（618 年）十一月，李世民率兵平定了薛举父子以后，高祖李渊曾派降唐不久的原瓦岗军首领、唐光禄卿李密到豳州（治今陕西彬县）迎接。李密自恃出身显贵，又极富才能，面对高祖李渊“犹有傲色”，但“及见世民，不觉惊服，私谓殷开山曰：‘真英主也，不如是，何以定祸乱乎！’”[①] 可见，在平定薛举父子以后，在很多大臣看来，李世民就当成为“英主”。升任储君，已是水到渠成。

但是，就在李世民的功勋日盛，才能大显时，高祖李渊对世民的猜忌愈深。大致有以下表现：

其一是在武德二年（619 年）八月，高祖李渊在罪证不足的情况下，听信谗言，诛杀了世民的挚友、纳言刘文静。

刘文静在隋末曾任晋阳县令，与时任晋阳宫监的裴寂“因而结友”。大业十二年（616 年），李渊父子来到太原以后，文静又“深自结讬”，并与李世民成为忘年之交。不久，他因故被捕入狱，并与前来探视的李世民策划了起兵之事。在起兵计划酝酿之际，文静又参与了诛杀副留守王威和高君雅之举。晋阳起兵发动以后，他又奉命出使突厥，从始毕可汗处请来了 2000 骑兵，1000 匹战马，李渊称赞说：“非公善辞，何以至此！”接着，又率部攻打潼关，擒获了隋将屈突通。唐朝建立以后，文静以功被“拜纳言”，升任宰相，并参与了对隋朝法律的修订工作。后随李世民讨伐薛举，因为求功心切，违背了世民指令，招致了第一次浅水原之战的失利，文静以此而被“除名”，随军效力。击灭薛举父子以后，又“以功复其爵邑，拜民部尚书。”从此，便失去了宰相职务，更不能参与决策国事。文静自以为对唐立有大功，且文武才干均在裴寂之上，但

① 《资治通鉴》卷一百八十六，高祖武德元年十一月。

却“位居其下，意甚不平。”[①] 所以在大臣议事时，常与裴寂发生争执，“由是与寂有隙”。有一天，他在与其弟刘文起饮酒时，口出怨言，并在酒酣面热之际，拔刀击柱说：“必当斩裴寂耳！”不久，文静有位爱妾失宠，竟将文静所发怨言以及在家中“为厌胜之法”等事，写成文状，让其兄予以举报。高祖李渊接状后，便派宰相裴寂和萧瑀二人审问此事。文静在裴、萧审问时，据实相告说，晋阳起兵之初，我和裴寂的官位相当。如今裴寂为尚书右仆射，官高位显，住宅豪华，而我的官职却同一般大臣无异，又常年东征西讨，家眷却无立身之地，确有“觖望之心”，但只是“因醉或有怨，不能自保”而已。裴、萧二人将文静口供笔录以后，上呈李渊，李渊当即召集群臣计议，并首先对群臣说：“文静此言，反明白矣！”这时，性格耿直的礼部尚书兼太子詹事李纲和宰相萧瑀等人都先后表示，文静此言并非谋反，只是心存怨气而已。李世民也坦言文静在起兵之初，立有大功，现在只是因为“任遇悬隔”，心有不平而已，绝非谋反，因而，“极佑助之”。但李渊这时却愈益愤怒，拒不见纳。这时裴寂出面说道：“文静才略实冠时人，性复粗险，忿不思难，丑言悖逆，其状已彰。当今天下未定，外有劲敌，今若赦之，必贻后患。”于是李渊竟听取了裴寂之言，当即“遂杀文静、文起，仍籍没其家。”文静临刑之时，只是捶胸长叹道：“高鸟逝，良弓藏，故不虚也。”[②]

刘文静因官位和待遇同裴寂相比，差距悬殊，因而心存不平，故口出怨言，虽属狂傲，但绝非谋反，亦罪不至死。但高祖李渊听信一面之词，断然将文静处以极刑，其中自有隐情。其真实目的就是要对声名日益显赫的秦王世民的势力进行有意

① 《旧唐书》卷五十七《刘文静传》。

② 《旧唐书》卷五十七《刘文静传》。

压抑。因为刘文静是朝廷中支持秦王的最具影响力的核心人物，诛除文静，自然会对秦王的支持者起到惩儆作用。但由此也必然会在秦王世民的心中，激起更大的不平。这当是李渊、世民父子间嫌隙日益加深的重要因素。

其二就是秦王世民和高祖李渊后宫嫔妃间的偶然冲突，也成了李渊、世民之间隔阂日益加深的重要因素。

原来高祖李渊晚年耽于声色，后宫嫔妃充盈，姬妾成群，内宠尤多。武德四年（621年）六月，当秦王世民率部收复洛阳以后，高祖李渊遂派内宠贵妃等数位嫔妃前往洛阳，选择炀帝和世充宫女及府库珍宝玩好。于是这些嫔妃趁机向秦王索要宝货财物，或为其亲属求取官位。但世民均加以拒绝，并说："宝货皆已籍奏，官当授贤才有功者。"由是世民便与这些后宫嫔妃结下私怨。不久，最为受宠的张婕妤又向高祖请求赏赐洛阳周围良田数十顷，李渊当即"手敕赐之"。当婕妤之父拿着高祖手敕去圈占良田时，却与淮安王李神通发生争执。神通以秦王赐田之"教"在先为由，坚持不让。张婕妤当即向高祖诉说道："（陛下）敕赐妾父田，秦王夺之以与神通。"李渊闻言大怒，当即责备世民说："我手敕不如汝教耶?"事后又对裴寂说道："此儿久典兵在外，为书生所教，非复昔日子也。"还有一位得宠的尹德妃之父名叫"阿鼠"的，生性"骄傲"，狐假虎威，仗势欺人，为非作歹，已成京师长安一大公害，连负责长安城内治安的官府衙门，都对他无可奈何。有一次，秦府官员杜如晦乘马从其家门经过，阿鼠家僮数人以如晦不下坐骑为由，将如晦拽坠马下，肆意殴打，致使如晦手指骨折。这些恶奴指着如晦骂道："汝何人，敢过我门而不下马！"事后阿鼠知道被打者是秦府之人以后，又恶人先告状，指示德妃对高祖诬告说："秦王左右陵暴妾家！"李渊听后，又是怒不可遏，当即召来世民责备说："我妃嫔家犹为汝左右所陵，况小民乎?"任凭世民如何辩白，但高祖终是“不信”[①]。

最后，高祖李渊面对秦王世民的功高望重，势力盘根错节，已对太子地位形成极大威胁之时，不但无意废立和变易太子，反而为了维持诸子关系，平衡权力，便一味给世民和元吉封官加级，企图以此保持政局稳定。武德四年六月，当秦王世民平定了郑、夏二国，从洛阳凯旋回到长安以后，高祖李渊“以自古旧官不称殊功，乃别表徽号，用旌勋德”，便在秦王世民原来尚书令、右武侯大将军、雍州牧等官职之上又“加号天策上将、陕东道大行台，位在王公上”，又赐“金辂一乘，衮冕之服，玉璧一双，黄金六千斤，前后部鼓吹及九部之乐，班剑四十人。”[②] 并允许天策府自署官员，计有长史、司马、从中郎将、军谘祭酒、典签、主簿、录事、记室参军事、六曹参军、参军事等约 30 多人，致使天策府已成为凌驾于中央百司机构之上的国家权力机关。与此同时，李渊又将齐王元吉从太原召回长安，拜为司空，让其居住在宫城武德殿，和秦王世民所居承庆殿，东西相对。对太子建成更是关照有加，“忧其不闲政术，每令习时事，自非军国大务，悉委决之。又遣礼部尚书李纲、民部尚书郑善果俱为宫官，与参谋议。”[③] 把升储登极的重任完全寄托在了建成身上。但是，这样做的结果，与李渊的初衷却正好相反，“太子令、秦、齐王教与诏敕并行，有司莫知所从，唯据得之先后为定。”[④] 不但大大削弱了至高无上的皇帝权力，而且也进一步加剧了世民兄弟之间的矛盾冲突，为后来发生的同室操戈和宫门喋血的宫廷政变埋下了伏

① 《资治通鉴》卷一百九十，高祖武德五年十一月。

② 《旧唐书》卷二《太宗本纪上》。

③ 《旧唐书》卷六十四《高祖二十二子·隐太子建成传》。

④ 《资治通鉴》卷一百九十，高祖武德五年十一月。

笔。因此，后来玄武门之变的发生，当与高祖李渊以上的错误处置不无关系。

二、秦王与太子、齐王之争

秦王李世民由于从小就聪明睿智，加之生于官宦贵族之家，受到过良好的家庭教育和文化熏陶，又经历了由治世向乱世的社会变化，因此，很早就萌生了拯救天下和建功立业的远大抱负。后来，随着在雁门勤王中的头角崭露，以及在策划和发动晋阳起兵、挺进关中、建立唐朝和在唐初统一战争中的才华凸显以及功勋卓著，升储登极和主宰天下的欲望日益强烈。史称就在武德三年（620年）七月，秦王世民率兵东进中原前夕，曾与秦府幕僚房玄龄乔装改扮，拜访一位名叫王远知的道士。道士看到他们后，不等开口，就径直问道："此中有圣人，得非秦王乎？"世民据实相告，远知即指世民说："方作太平天子，愿自慎也。"此后，世民便"眷言风范，无忘寤寐。"① 说明世民对道士所言，已心领神会，并念念不忘。这段近乎离奇的记载，也许出于史家臆造，不足为凭。但说明李世民急欲登临"九五"，称孤道寡，想作"天子"的念头，早已有之，当是毋庸置疑的。但在唐室初建之时，高祖李渊却因与世民之间存有芥蒂，自食其言，将长子建成立为储君，这一事实无疑是对李世民的当头棒喝。但以他的性格、才能以及拥有的政治势力，世民绝不会安于秦王和尚书令的封爵、官位。而要想取得太子地位，进而登上皇帝宝座，就只能采取政变方式，武力夺取了。因此，在与太子的矛盾斗争中，世民虽在开始时处处设防，以守为攻，但最终只能先发制人，主动出击，孤注一掷，铤而走险。

---

① 《旧唐书》卷一百九十二《隐逸·王远知传》。

李渊嫡长子李建成被立为太子时已届“而立”之年，且从晋阳起兵以后直到唐朝建立期间，同其弟世民并肩作战，亦立有大功。唐朝建立前夕，他也曾以世子身份出任左元帅之职，与右元帅世民同时率部东征洛阳，但世民以“新定关中，根本未固”为由，未及交战，即引兵而还。武德二年（619 年），他又以太子身份率将军桑显和部，平定了鄠县（今陕西户县）司竹群盗祝山海等 1000 多人的叛乱。武德四年（621 年）年初，太子建成又统军征讨稽胡酋帅刘仚成所率数万人的入侵，在鄜州（治今陕西富县）将其击溃，并设计“诛降胡六千余人”[①]。亦对维护唐都长安的安全，有所建树。但同秦王世民率部灭薛秦，定武周，围降世充，擒杀建德等一系列战功相比，太子建成的这些建树应该是微不足道，不可同日而语的。如果这时李建成要有像后来唐睿宗的长子李宪[②] 那样的让贤风度，主动将太子之位让给秦王世民，他们兄弟间的争斗自然会烟消云散。但李建成却是一个私欲极强、权势欲极大而又生性残忍之人。史载大业十三年（617 年）五月，他与其弟元吉从河东北上太原时，竟将异母弟智云丢弃，致使“吏执智云送

① 《旧唐书》卷六十四《高祖二十二子·隐太子建成传》。

② 李宪：本名成器，唐睿宗长子。文明元年（684 年），睿宗第一次继位之时，李宪被立为太子。后睿宗被其母武则天降为皇嗣以后，李宪被改封为郡王。唐隆元年（710 年），睿宗第二次被扶立为帝后，议立太子，李宪为“嫡长”，但睿宗第 9 子李隆基“有讨平韦氏之功，意见不决。”李宪遂当众拒绝说：“储副者，天下之公器，时平则先嫡长，国难则有功。若失其宜，非社稷之福。臣今敢以死请。”当时诸王、公卿都说李隆基有社稷大功，当为太子。睿宗许之。李隆基抗表固让，睿宗不许。李宪死后，被谥为“让皇帝”。事迹见《旧唐书》卷九十五《睿宗诸子·让皇帝宪传》。

长安，杀之”[1]。这说明建成是一个毫无礼让之心的利己之人，要他将自己的太子地位让给秦王，那是绝对不可能的。相反，为了保住自己的储君地位，他不惜加害自己的同胞兄弟，也就自然在情理之中。而且因为他有名正言顺的太子身份，又自恃得到高祖李渊的支持，这就决定了他在与秦王的争斗中，始终处于主动地位，必欲置秦王于死地而后快。只是在最后关头，由于疏于防范，才落了个身死名亡的可悲下场。

高祖李渊的第四子元吉生于隋文帝仁寿二年（602 年），小世民 5 岁。李渊父子从晋阳起兵以后，年仅 16 岁的元吉以太原郡守之职，留镇晋阳，未经战阵。武德二年（619 年）九月，马邑军人刘武周率兵包围太原，元吉用欺骗手法，哄骗司马刘德威以老弱之兵守城，自己率主力出城击敌为名，连夜携其妻妾奔还京师，由此太原陷落。史载元吉在留守太原期间，“性好畋猎，载网罟三十余两，尝言‘我宁三日不食，不能一日不猎。’又纵其左右攘夺百姓。”[2] 这些记载虽不可尽信，但从他的所作所为来看，李元吉确实是个无德无才而又无功可记的纨绔子弟。由于李渊对其从小溺爱，所以在他丢失太原而逃回长安之后，不但不加追究，反而还“加授元吉襄州道行台尚书令、稷州刺史”等职，并允许他设置齐王府署，自置属官，使他终于有了政治资本。当他看到太子和秦王之间的矛盾已经萌生，并出现了愈演愈烈之势的时候，他从保护自己的政治地位考虑，便毅然决然地站在太子一边。因为在他看来，太子建成虽位处储君，但在朝廷内外的势力却远不及秦王世民，正处心积虑地寻求支持。投靠太子，正应其所求，必会受到重用。且太子身份名正言顺，又有高祖李渊的支持，在夺嫡之争中取

① 《资治通鉴》卷一百八十九，恭帝义宁元年五月。

② 《旧唐书》卷六十四《高祖二十二子·巢王元吉传》。

得胜算的可能性要大得多。而秦王世民幕府中拥有众多的文士武将，秦王又有奇智大勇，对他的入伙不会表示出极大的热情。即使世民侥幸取胜，自己也不会继续保持原来的政治地位。因此，高祖李渊诸子的夺嫡之争，就以秦王世民为一方，以太子建成和齐王元吉为一方，次第展开。当然，据秦府有人在政变前夕分析说："若使建成、元吉肆其毒心，群小得志，元吉狠戾，终亦不事其兄。往者护军薛宝上齐王符箓云：'元吉合成唐字。'齐王闻之喜曰：'但除秦王，取东宫如反掌耳。'"① 意思是说元吉站在东宫一边，还有更大的野心，就是在联合太子，诛杀秦王以后，他还想要取代建成的太子地位。但这只是秦府之人的猜测和臆度而已，亦或是贞观史官的诬罔之词。元吉是否有此野心，现在已无证可考。

秦王世民和太子、齐王之间的芥蒂嫌隙早在唐朝初建之时就已萌生，只是直至政变前夕，这种冲突还只是以明争暗斗的方式进行而已。综观矛盾双方在明争暗斗期间所使用的手法大致有以下几种：

第一，培植私人势力，扩大政治影响。在这方面秦王世民应该说是捷足先登，更为主动。因为世民深知，要成就一番事业，仅靠一人之力，一己之智，是决然不会成功的。而要想成就帝业，就更要网罗人才，多多益善。因此，早在晋阳起兵之前，他就结识了很多豪杰侠士。唐朝建立以后，他又利用各种时机，大力为秦府搜寻各类俊杰。先后被罗织为府僚的有房玄龄、杜如晦、长孙无忌、高士廉、张公瑾、宇文士及、侯君集、程知节、秦叔宝、屈突通、张士贵、尉迟敬德等文士、骁将，且大多才堪经国，武可戡乱，可谓极一时之选。与此同时，李世民还在中央高层官僚中寻求自己的代言人，使宰相萧

① 《旧唐书》卷六十四《高祖二十二子·巢王元吉传》。

瑀、陈叔达等人都先后表示了对他的支持。另外，他还在东西两京之地，聚集地方势力，并“阴引山东豪杰”。甚至还不惜重金，在东宫集团中进行策反，用以分化瓦解敌对势力，壮大自己。唐史泰斗陈寅恪先生曾根据在法国巴黎博物馆所藏《常何墓志》分析，守卫玄武门的唐将常何就是李世民用重金收买的东宫集团成员，这是他在后来的政变中能够取得胜利的重要原因[①]。

李建成在这方面也不甘落后。早在建成被立为太子之时，高祖李渊就将重臣李纲和郑善果任为东宫僚属，用以辅佐太子。不久，建成又将极富政治才能而又性格耿直的王珪和魏徵引入东宫，任以太子中允和太子洗马之职。后来建成与元吉又私募骁勇数千人，准备与秦府对抗。在朝臣中东宫也有一定势力。其中裴寂作为执政宰相，又极受李渊信任，每次临朝听政，“必引与同坐，入阁则延之卧内，言无不从，呼为裴监而不名。当朝贵戚，亲礼莫与为比。”[②] 裴寂因与秦王世民早有过节，又建言诛杀刘文静，故很受太子“亲礼”，是东宫集团最为主要的支柱和后盾。宰相封德彝曾多次随世民出征，并“数进忠款”，受到世民信任。但由于受到东宫拉拢，遂“潜持两端，阴附建成”。即表面支持秦王，但暗中却拥戴东宫。与此同时，建成还根据魏徵建议，结纳山东豪杰，秘密派人和燕王罗艺及幽州都督、庐江王李瑗联络，并通过罗、李二人，积极在河北地区寻求支持。后又与庆州（治今甘肃庆阳）都督杨文干相互勾结，交为死党。另外，建成、元吉还用打、拉结合的方法，极力分化瓦解秦府势力。他们曾多次派人用重金收买

① 参看陈寅恪：《唐代政治史述论稿》，上海古籍出版社 1997 年版，第 54 页。

② 《旧唐书》卷五十七《裴寂传》。

秦府骁将尉迟敬德。受到拒绝后，又派壮士行刺，只是因为“敬德知其计，乃重门洞开，安卧不动，贼频至其庭，终不敢入。”①

第二，拉拢后宫宠妃，借以争得高祖李渊的支持。

如前所述，高祖李渊在建唐以后，耽于声色，故后宫蓄养了众多嫔妃，且多内宠。通过拉拢后宫内宠，使其在李渊耳边常吹枕上之风，当是争取高祖支持的一条便捷之径。在这一方面，建成和元吉似要高出秦王世民一筹。因为他们利用长期留守长安的有利时机，一直与后宫嫔妃保持密切关系，因而很快便在后宫中得到了不少内宠如张婕妤、尹德妃等人的支持。而这些内宠却在向秦王世民索求宝货及为亲属求官时，受到拒绝。因此，她们便经常在高祖面前诋毁秦王，而赞誉太子。史称张、尹等嫔妃曾向高祖说道：“使陛下万岁后，（秦）王得志，妾属无遗类。东宫慈爱，必能自全。”这当是高祖李渊支持建成而压抑秦王的重要原因之一。但秦王世民也并非如史书所说：“参请妃媛，素所不行。”李建成就曾对元吉说过：“秦王且遍见诸妃，彼金宝多，有以赂遗也。”② 因为建成和后宫嫔妃关系密切，他对元吉说的这些话，当是从部分嫔妃中得知，可能并非没有一点根据。另外，秦王世民还指示其妻长孙氏“孝事高祖，恭顺妃嫔，尽力弥缝，以存内助。”③ 这当是可信之事，不容置疑。

第三，以战功捞取政治资本，为在夺嫡斗争中争取舆论支持。唐朝建立之初，军阀林立，战事频繁，正是高祖李渊诸子建功立业和争取更大权力的有利时机。秦王世民凭借自己杰出

① 《新唐书》卷七十九《高祖诸子·隐太子建成传》。

② 《新唐书》卷七十九《高祖诸子·隐太子建成传》。

③ 《旧唐书》卷五十一《后妃上·太宗文德顺圣皇后长孙氏传》。

的政治和军事才能，多次主动请缨，冒着前途未卜的危险，终于争得了无与伦比的赫赫战功，客观上为促进国家统一，结束割据战争，做出了不朽贡献，其历史功绩不容抹杀。但也不能排除他在主观上想凭借这些战功，为自己捞取政治资本的个人目的。李元吉曾向高祖李渊揭发说："秦王常违诏敕。初平东都之日，偃蹇顾望，不急还京，分散钱帛，以树私惠。违戾如此，岂非反逆？"[①] 这番话当然有欲加之罪而何患无辞之嫌，不可全信。但李世民在统一战争取得胜利期间，时有"以树私惠"之事，当是不可否认的。例如，他在攻占洛阳以后，在没有奏请高祖李渊的情况下，竟将洛阳城周数十顷良田，以秦王"教"的名义，赏赐给了淮安王李神通，以致后来与手持敕书的张婕妤之父发生争执。与此同时，他又委派房玄龄接收隋朝图籍文书，封府库，收金帛，颁赐将士，罗致人才，这难道不是"私树恩惠"吗？武德九年（626年）六月三日，即玄武门之变发生的前夕，李世民曾向高祖李渊哭诉说："臣于兄弟无丝毫所负，今欲杀臣，似为世充、建德报仇。臣今枉死，永违君亲，魂归地下，实亦耻见诸贼。"[②] 这难道不是以战功自居，为自己的夺嫡之争制造最后的舆论吗？

利用战功捞取政治资本，用以保持自己的储君地位，太子建成在这方面也有行动。武德五年（622年）十一月，当刘黑闼已被秦王世民击败，全国的统一战争已接近尾声，东宫僚属王珪和魏徵即对太子建成说："秦王功盖天下，中外归心。殿下但以年长居东宫，无大功以镇服海内。今刘黑闼散亡之余，众不满万，资粮匮乏，以大军临之，势如拉朽。殿下宜自击之

---

① 《旧唐书》卷六十四《高祖二十二子·巢王元吉传》。
② 《旧唐书》卷六十四《高祖二十二子·隐太子建成传》。

以取功名，因结纳山东豪杰，庶可自安。”[1] 但太子建成最终平定刘黑闼之功实在难以与秦王世民的功劳相比，不足以成为“自安”太子地位的政治资本，因而夺嫡之争是势在必行了。

三、玄武门之变的酝酿与爆发

如前所述，秦王与太子、齐王之间的矛盾早在唐朝建立之初就已萌生，但由于当时正面临着繁杂而又重大的统一战争，朝廷内外均无暇他顾，故高祖李渊诸子之间的内讧尚未显现。大约从武德六年（623 年）以后，随着统一战争的逐渐平息，唐王朝内部存在的这场夺嫡之争才拉开帷幕，且愈演愈烈，最终爆发为一场同室操戈的血腥政变。这场政变的斗争过程，大致如下：

武德六年年初，李建成私自招募长安及四方勇士两千余人，补为东宫卫士，分屯于东宫左右长林门内，号“长林兵”。又暗中指使右虞侯率可达志奔赴幽州（治今北京西南），从总管罗艺处征集骑兵三百，布置在东宫邻近诸坊，准备补为宿卫东宫的府兵兵卒。但因被人告发，建成受到李渊责备，可达志被流放边地。不久，建成又派人联络曾宿卫东宫的庆州（治今甘肃庆阳）刺史杨文干，使其招募壮士，输送长安，宿卫东宫，准备乘机起事，用武力诛除秦王世民。

武德七年（624 年）六月三日，唐高祖李渊赴宜州仁智宫（在今陕西宜君境内）避暑，下令建成留守长安，世民和元吉从行。建成认为举兵起事的时机成熟，便对元吉说道：“安危之计，决在今岁！”遂派郎将尔朱焕和校尉桥公山给庆州杨文干处运送兵器，约期同时举兵，分别从庆州和长安向仁智宫发起进攻，元吉在内部配合，一举诛杀秦王。但尔朱焕和桥公山

① 《资治通鉴》卷一百九十，高祖武德五年十月。

押送兵器行至豳州（治今陕西彬县）时，却转而西行，赴仁智宫向高祖李渊告变。高祖闻讯大怒，当即派人持手诏急召建成。建成大惧，不敢前往。太子舍人徐师謩劝太子据城发兵，但詹事主簿赵弘智却劝建成应诏谢罪。最后，建成听从了弘智建言，来到仁智宫，向高祖叩头谢罪。李渊仍怒不可遏，下令将建成予以关押，派人看守。又遣司农卿宇文颖驰召文干。宇文颖到达庆州后，向文干宣读诏书。杨文干觉得自己已犯“十恶”之罪，万死不赦，便举兵叛乱。高祖闻讯后，一面派左武卫将军钱九陇与灵州（治今宁夏灵武）都督率兵征讨，一面召来秦王世民，商议对策。世民说：“文干竖子，敢为犯逆，计府僚已应擒戮。若不尔，正应遣一将讨之耳。”李渊说：“不然。文干事连建成，恐应之者众。汝宜自行，还，立汝为太子。吾不能效隋文帝自诛其子，当封建成为蜀王。蜀兵脆弱，他日苟能事汝，汝宜全之；不能事汝，汝取之易耳。”[①] 秦王世民在听了李渊这番话以后，便抱着即将成为储君的喜悦心情，率兵北征。但当世民出征以后，内有元吉与众多嫔妃轮番为建成说情，外有宰相裴寂和封德彝等人的极力营救。李渊又心回意转，将建成放归长安，继续镇守京师，只是以兄弟不睦相责，又归罪于太子属官王珪和韦挺等人，将其流放边地而已。同年七月，李世民率兵抵达宁州（治今甘肃宁县），庆州叛党已溃，文干为其部下所杀，传首京师。于是，由建成策划的这场庆州叛乱，至此结束。世民回到长安以后，高祖李渊再也不提废立太子之事。

不久，突厥颉利可汗[②] 大举南侵，兵锋直指原州（治今

① 《资治通鉴》卷一百九十一，高祖武德七年六月。

② 颉利可汗：东突厥始毕可汗之弟，名阿史那咄苾。唐高祖武德三年（620 年），被立为可汗，是为颉利可汗。

宁夏固原)、陇州(治今陕西陇县)、岷州(治今甘肃岷县)以及并州(治今山西太原)一带,京师震动。这时已从仁智宫返回长安的唐高祖李渊当即在太极宫两仪殿召集大臣,商议对策。有人建言:"突厥所以屡寇关中者,以子女玉帛皆在长安故也。若焚长安而不都,则胡寇自息矣。"对于这一迁都之议,李渊当即表示赞同,建成、元吉及裴寂等人也都一致首肯。李渊还打算派人翻越南山,到襄阳(今湖北襄樊)和邓州(治所今属河南)一带考察建都之地。这时,秦王世民进谏说:"戎狄为患,自古有之。陛下以圣武龙兴,光宅中夏,精兵百万,所征无敌,奈何以胡寇扰边,遽迁都以避之,贻四海之羞,为百世之笑乎!彼霍去病汉廷一将,犹志灭匈奴,况臣忝备藩维,愿假数年之期,请系颉利之颈,致之阙下。若其不效,迁都未晚。"这番话由于理正词严,无可辩驳,李渊只得收回成命。但事后建成却与嫔妃们向李渊诋毁说:"突厥虽屡为边患,得赂即退。秦王外托御寇之名,内欲总兵权,成其篡夺之谋耳。"更促成了李渊对秦王的防范之心。

数日过后,李渊在长安城南检阅军队,并与太子、秦王和齐王等人共同围猎。建成有一匹从西域买来的胡马,膘肥体壮,性烈难驯,有意让世民乘骑,企图加害秦王。世民乘以逐鹿,但胡马后腿奔蹶,世民便飞身跳下,如是再三,竟毫发无损,便对在旁观看的宇文士及说道:"彼欲以此见杀,死生有命,庸何伤乎!"此话被建成侦知以后,便唆使嫔妃在高祖面前诬陷说:"秦王自言,我有天命,方为天下主,岂有浪死?"李渊听后大怒,便当着建成、元吉之面,厉声责备世民说:"天子自有天命,非智力可求,汝求一何急邪!"尽管世民多方辩解,李渊仍怒气不减。适逢有人奏告突厥入侵之事,这时李渊才转怒为喜,与世民谈起了抵御突厥之事。史称"上每有寇盗，辄命世民讨之，事平之后，猜嫌益甚。"①

武德九年（626 年）六月，太子和秦王经过几番较量以后，到这时都已凶相毕露。因此，争储夺嫡之争，逐渐进入白热化阶段。

六月一日晚，建成夜召秦王世民和淮安王李神通等人赴东宫饮酒，并暗中在酒里下毒。世民早有提防，故刚饮完一杯，即告辞回府。但刚回到府第，就觉腹中疼痛，随之又"吐血数升"。李渊闻讯，当即来到世民居处，探问病情。看到世民卧床不起，一面派人责备建成说："秦王素不能饮，自今无复夜饮。"一面又安慰世民说："首建大谋，削平海内，皆汝之功。吾欲立汝为嗣，汝固辞。且建成年长，为嗣日久，吾不忍夺也。观汝兄弟似不相容，同处京邑，必有纷竞。当遣汝还行台，居洛阳，自陕以东皆主之。仍命汝建天子旌旗，如汉梁孝王故事。"此时李渊已经察知秦王和太子之间的矛盾已不可调和，遂想出了这一折衷之策，企图维系当前政局。但正当世民准备东赴洛阳之时，建成和元吉却密谋说，秦王若至洛阳，拥有土地甲兵，即不容易制服。不如留在长安，取之容易。于是便派心腹向李渊奏告说："秦王左右闻往洛阳，无不喜跃，观其志趣，恐不复来。"又让裴寂等近幸之臣陈说利害，李渊终于回心转意，又收回成命。

接着，建成与元吉及后宫嫔妃日夜在李渊处诋毁世民，致使高祖产生了对世民降罪的念头。这时宰相陈叔达进谏说："秦王有大功于天下，不可黜也。且性刚烈，若加挫抑，恐不胜忧愤，或有不测之疾，陛下悔之何及？"② 李渊这才打消了这一想法。不久，元吉还劝李渊以"谋反"之罪，诛杀秦王，

① 《资治通鉴》卷一百九十一，高祖武德七年七月。

② 《资治通鉴》卷一百九十一，高祖武德九年六月。

李渊却说："彼有定天下之功，罪犹未著，何以为辞！"故拒而不答。

秦府幕僚听到建成、元吉企图诛杀世民的消息后，都恐慌万状，无计所出。房玄龄、长孙无忌等人都不约而同地作出了以武力反击东宫和齐府的决定，并同杜如晦等人一起面见秦王，劝世民伺机诛杀建成、元吉，以除心腹之患。世民虽未明确表态，但对长孙无忌等人的意见却表示了默许。

建成、元吉鉴于秦府势力强盛，打算对其各个击破，分化瓦解。当用软硬之法对尉迟敬德等人诱逼未遂以后，元吉又在李渊面前诬告敬德谋反，李渊当即将其捕入狱中，并欲处以极刑。世民以死固请，因而得免。接着，元吉又诬陷程知节，李渊将其贬为外州刺史，并令当即离京赴任。知节对世民说："大王股肱羽翼尽矣，身何能久！知节以死不去，愿早决计。"不久，建成又通过李渊，将秦府的"智略之士"房玄龄、杜如晦相继逐出秦府。

六月二日，突然传来突厥大举入侵，已经逼迫武威郡（治今甘肃武威）北的紧急情报。李建成当即向李渊推荐元吉，代世民督军征讨。李渊接受了这一建议，便以元吉为元帅，率大军北征突厥。元吉请求秦府骁将尉迟敬德、程知节、段志玄、秦叔宝等一起随行，并要秦府所募精锐之士全部拨归元吉军中，接受指挥。建成、元吉还秘密商定，由太子邀秦王在昆明池[①]畔为元吉饯行，趁机令埋伏于幕下的壮士袭杀世民，奏称秦王突然死亡，高祖不能不信。随后再将敬德等人，全部坑杀。不料这一密谋被东宫官员王晊侦知，他便跑到秦府，将建

① 昆明池：汉武帝时修建的一座人工湖。位于唐长安城西，在今陕西西安长安区斗门镇附近。是唐都长安一处著名的风景区。宋以后因水源断绝，逐渐干涸。

成和元吉的密谋向世民和盘托出。当晚，世民便将长孙无忌、尉迟敬德、程知节、段志玄、秦叔宝等人全部召至秦府，商议对策。长孙无忌等人首先提出一定要先发制人，否则，只能坐以待毙。但世民此时却心生犹豫，扼腕叹息道："骨内相残，古今大恶。吾诚知祸在旦夕，欲俟其发，然后以义讨之，不亦可乎？"众人见世民对骨肉相残之事心有疑忌，便轮番劝谕。其中尉迟敬德表现得最为激进，他说："人情谁不爱其死！今众人以死奉王，乃天授也。祸机垂发，而王犹晏然不以为忧，大王纵自轻，如家庙社稷何？大王不用敬德之言，敬德将窜身草泽，不能留居大王左右，交手受戮也！"接着，无忌又说："不从敬德之言，事今败矣。敬德等必不为王有，无忌亦当相随而去，不能复事大王矣。"看到敬德、无忌等人用"宗庙社稷"相强迫，用"窜身"散伙相挟逼，世民只得半推半就地说："吾所言亦不可全弃，公更图之。"敬德又径直说道："王今处事有疑，非智也；临难不决，非勇也。且大王素所蓄养勇士八百余人，在外者今已入宫，擐甲执兵，事势已成，大王安得已乎！"

在敬德、无忌等人轮番劝说下，世民还是不忍心作出最后决定，便提议让大家用"占卜"预测吉凶。正当这时，幕僚张公瑾匆匆赶来，看到众人正在准备占卜龟玉，便顺手将龟玉抢来，投于地下，并厉声说道："卜以决疑，今事在不疑，尚何卜乎？卜而不吉，庸得已乎？"直到此时，秦王世民才同意了大家意见，决定发动政变，先发制人。

接着，世民便令长孙无忌秘密将房玄龄和杜如晦召来秦府。由于房、杜二人此时已被从秦府逐出，又受到建成、元吉的严密监视，不得脱身，面有难色。无忌向世民奏报后，世民大怒，立即解下身上佩刀，交给敬德说："公往观之，若无来心，可断其首以来。"说明世民此时已急不可耐，有失理智了。

敬德来到玄龄、如晦住地，告知了秦王已决定举事的消息后，四人决定分散离去。玄龄、如晦乔装成道士模样，与无忌一起进入秦府，敬德独自从他道进入。

六月三日，太白星再次在秦地出现。负责观测天象的太史令傅奕向高祖报告说："太白见秦分，秦王当有天下。"李渊接报后不知所措，便召见世民，询问缘由。世民看过奏状后，作了自我辩白，表示自己"于兄弟无丝毫负"。于是高祖便打消了对世民的猜忌。这时，世民趁机向李渊密奏建成、元吉"淫乱后宫"之事。李渊听后吃惊不已，但又觉得此等乱伦之事，不好张扬，便推辞说："明当鞫问，汝宜早参。"① 李世民后来在升储登极以后，曾对傅奕说道："汝所奏，几累于我。然今后但须尽言，无以前事为虑也。"② 说明傅奕奏状中所说"太白见秦分"之事，当是史实，毋庸置疑。至于当时是否有此天象变化，傅奕又为何奏告"秦王当有天下"云云，已不可考。这也许是给后来史学家和天文学家留下的一个需要破解的历史之谜。

武德九年（626 年）六月四日黎明时分，秦王世民率长孙无忌、尉迟敬德、房玄龄、杜如晦、宇文士及、高士廉、侯君集、程知节、秦叔宝、段志玄、屈突通、张士贵等秦府谋士骁将，牵马埋伏于太极宫北面玄武门内，准备趁建成、元吉早朝经玄武门入两仪殿议事之时，出其不意，将其诛杀，并将八百勇士全副武装，枕戈待旦，听候调遣。

元吉本居太极宫内武德殿，与秦王所居承庆殿东西相对。但建成已于六月三日将元吉召至东宫，因为他正从嫔妃处得知秦王所告"淫乱后宫"及高祖准备于次日早朝时"鞫问"等

① 《资治通鉴》卷一百九十一，高祖武德九年六月。

② 《旧唐书》卷七十九《傅奕传》。

事。元吉献策说：“宜勒宫府兵，讬疾不朝，以观形势。”但建成却以为东宫兵事已安排就绪，玄武门又有心腹守卫，便坚持说：“兵备已严，当与弟入参，自问消息。”由于二人议事太久，元吉当晚便宿于东宫。六月四日黎明，建成、元吉乘马北出东宫，西行数百步后，向南驰入玄武门内，准备参加早朝议事。当驰至宫内临湖殿时，建成首先发现了秦府伏兵，当即拨转马头，准备逃奔东宫。世民当即跃马紧追，并搭弓劲射，建成应声坠马，当即毙命。元吉此时也解下随身弓箭，但情急之下，三次都未能拉开弓弦。这时，尉迟敬德率秦府骁将七十余骑，相继赶到，将元吉射于马下。世民的坐骑因受到惊吓，驰入附近树林之中，被树枝挂落马下，摔伤了脚踝，一时站立不起。元吉当即从地上跃起，扑向世民，想用弓弦勒死秦王。敬德跃马赶来，大声呵斥。元吉闻讯，只得放开世民，向自己居住的武德殿奔去。敬德乘马从后劲射，元吉被射中后心倒地，敬德随即取下首级。

建成、元吉相继被杀以后，早已摩拳擦掌的两千多名东宫卫士听到宫内动静以后，当即在将军冯立、薛万彻和谢叔方等人的率领下，个个手执兵器，从东宫奔出，向玄武门杀来。守卫玄武门的云麾将军敬君弘和中郎将吕世衡等当即率部从门内冲出，大呼而进，上前迎战。由于寡不敌众，很快便被东宫卫士团团包围，同时被杀，宿卫兵众只得退回城内。秦府骁将张公瑾力大无比，独自将城门关闭，将东宫卫士挡在门外。万彻等人随即指挥东宫兵士继续攻城，有的兵士甚至已登上城楼。正在危急时刻，尉迟敬德手提建成、元吉首级，登上城楼，向东宫将士宣示。东宫将士看到太子和齐王已死，当即作鸟兽散。

这时，高祖李渊正在宫内与宰相裴寂、萧瑀、陈叔达等泛舟海池。世民派敬德入宫宿卫。敬德披甲持矛，立于海池岸边。李渊见状，大惊失色，急忙问道："乱者谁邪，卿来此何为?"敬德回答说："秦王以太子、齐王作乱，举兵诛之，恐惊动陛下，遣臣宿卫。"李渊听后，不知所措，只得对裴寂说道："不图今日乃见此事，当如之何?"宰相陈叔达和萧瑀上前献言说："建成、元吉本不预义谋，又无功于天下，疾秦王功高望重，共为奸谋，今秦王已讨而诛之。秦王功盖宇宙，率土归心，陛下若处以元良（此指太子，引者注。），委之国事，无复事矣!"李渊只得回答说："善！此吾之夙心也。"于是，李渊当即手写敕文，令东宫诸军并接受秦王统领，并派黄门侍郎裴矩手持敕文到东宫通告诸将。接着，李渊又召见世民，并安慰说："近日以来，几有投杼之惑。"[1] 世民当即跪地，掀起李渊衣襟，吸吮其父乳头，放声痛哭。这场宫城喋血的玄武门之变就以秦王世民的胜利和太子建成、齐王元吉的同时被杀而宣告结束。

从这次夺嫡之争的萌生、发展直至结束的全部过程来看，秦王世民其所以能够胜利而太子建成和齐王元吉遭到彻底失败，原因是多方面的。但概括起来，大致有以下几点：

首先，李世民曾协助其父李渊，成功地策划了晋阳起兵，并在起兵后的霍邑之战、围攻河东、挺进关中、攻占长安和建立唐朝的过程中，立有大功。此后，又在唐初的统一战争中，取得了击灭薛举，收复河东，平定郑、夏二国和击败刘黑闼等一系列重大胜利。通过这些战功和胜利，不但使李世民在政治和军事方面的杰出才能得到了淋漓尽致的发挥，而且也赢得了朝野内外的一致肯定和赞扬，甚至在下层百姓中也树立了良好形象。这就在社会舆论上取得了压倒性优势。这一点，无论是太子建成还是齐王元吉，都是不可企及于万一的。如果从得道

① 《资治通鉴》卷一百九十一，高祖武德九年六月。

多助，失道寡助的角度分析，秦王世民的最后胜利，并非偶然，自有一定的必然性。高祖李渊身为一国之君，拥有至高无上的权力，且明显偏袒太子、齐王一方，但在元吉提出要以“谋反”之罪“诛杀秦王”时，李渊也只能推辞说：“彼有定天下之功，罪状未著，何以为辞？”说明李渊也把诛杀世民看成了冒天下之大不韪，而不敢滥施淫威！武德九年六月三日，太史令傅奕敢以“太白见秦分”这一自然天象，向李渊状奏“秦王当有天下”，也说明当时很多人已经预测到了秦王世民的必然胜利，所以这位太史令才敢冒着生命危险，投状奏告，委婉表达自己的政治态度。当然，我们不能以此就沿袭“胜者为王，败者为寇”的世俗观点，相信史书上所谓建成、元吉“淫乱后宫”、顽劣暴虐而不可救药等污蔑性的诸多记载，甚至把他们说成是唐初统治集团内部腐朽势力的代表。但建成、元吉的功勋、才能不能和秦王世民同日而语，却是不容置疑的。这一点，就连当时还为太子党羽而又极富经国之才的魏徵都向建成当面表达过，难道时至今日还会引起怀疑吗？

其次，秦王世民和他的秦府骁将幕僚关系融洽，上下精诚团结，步调一致，齐心协力，拼死相争。尽管多次受到太子和齐王的威逼利诱，但均能舍生取义，不为所动。这是秦王世民取得夺嫡胜利的可靠保证。太子和元吉表面看来，阵容强大，兵力众多，但其内部却并不很团结。每到谋害世民的关键时刻，其内部多次出现反水和背叛现象，致使政变和谋杀计划多次夭折，功败垂成。例如，武德七年（624 年）六月，当李渊携世民、元吉赴仁智宫避暑，建成和元吉企图趁机和庆州刺史杨文干同时从长安和庆州举兵，对仁智宫实施东西夹击，里应外合，一举诛杀世民，抢夺帝位。但派往庆州的党羽尔朱焕和桥公山却途中告变，使这一计划成为泡影。武德九年（626 年）六月，当李元吉率部北征突厥之时，建成企图邀世民在昆明池畔共同为元吉饯行，趁机拉杀世民，坑杀秦府骁将。但率更丞王晊又暗中泄露机密，使这次谋杀行动再次流产。这也反映了建成、元吉集团貌似强大而实际虚弱的本质。所以，他们的失败从某种意义上来说，也是必然的。

玄武门之变从性质上来看，无疑是一场统治集团内部争权夺利的宫廷政变，它与历史上曾发生过的无数次的宫廷政变在性质上并无二致。但这次政变的胜利者李世民才德兼备，功勋卓著，又在后来登极称帝以后，开创了彪炳史册的贞观盛世，客观上对历史的发展和社会的进步都做出了积极贡献。从这一点上来说，这次政变的结果还是值得肯定的。

第二节　李世民登极称帝与稳定政局的措施

一、妥善安置李渊与正确处置太子党羽

武德九年（626年）六月七日，即玄武门之变后第三天，高祖李渊下诏将秦王世民立为太子，并在诏令中说："自今军国庶事，无大小悉委太子处决，然后闻奏。"同年八月八日，李渊又下制，传帝位给太子。八月九日，李世民在东宫显德殿登极称帝，是为唐太宗。

玄武门之变以后，太子和齐王虽被诛除，但建成、元吉经过多年精心网罗的党羽及心腹却遍布朝野上下和长安内外。他们在太子、齐王死后，大多逃匿和隐藏在全国各地，心怀疑虑，伺机而动，这就给当时的政局埋下了极大隐患。如果对这些潜在势力处理不当，极有可能再次爆发流血事件和武装冲突，扰乱社会正常秩序。因此，如何正确对待和处理太子和齐王党羽，就成了刚刚升储登极的唐太宗急待解决的首要问题。对此，唐太宗听取了尉迟敬德等人的建议，改变了原来打算

"尽诛建成、元吉左右百余人，籍没其家"的主张，而只在诛杀了建成、元吉各生的五个嫡子以后，唐太宗便以诏书的形式，发布大赦之令，郑重宣布："凶逆之罪，止于建成、元吉，自余党与，一无所问。"①

武德九年（626年）六月五日，即在政变后的第二天，东宫骁将冯立和谢叔方先后自首。唐太宗知道太子党羽薛万彻藏在终南山中，多次派人进山劝谕，万彻也出山投诚。唐太宗当面肯定他们都是忠于所事的"义士"，一概释而不问。不久，薛万彻还以作战勇猛而被授予军职，在后来抗击突厥和吐谷浑的战斗中，累立战功，被唐太宗誉为和李勣、李道宗并列的三大名将，并说："李勣、道宗不能大胜，亦不大败；万彻非大胜，即大败。"②

魏徵在玄武门之变前为东宫太子洗马，是太子建成谋害秦王李世民的主要决策者之一。这时，唐太宗找到魏徵以后，有意向他质问说："汝离间我兄弟，何也?"不料魏徵径直答道："皇太子若从徵言，必无今日之祸。"由于唐太宗早就器重魏徵的才能、气度，非但没有降罪，反而把他任命为掌管秦府大事的詹事主簿。后来，魏徵由于性格耿直，多进谏言，后官至宰相，对贞观盛世的出现做出了不朽贡献。后文当有详述，此处不赘。接着，太宗又派人从边地召回了被流放的东宫官员王珪、韦挺，将他们任命为谏议大夫之职，专事侍从规谏。

在此期间，京师长安以外的很多地方仍不平静。因为建成、元吉的不少党羽逃亡外地后，散布民间，虽然听到了大赦之令，心中仍惶恐不安。一些侥幸之徒企图趁机邀功领赏，争相告官举报。有些地方官员也大肆囚捕"罪犯"，滥施淫威。

① 《资治通鉴》卷一百九十一，高祖武德九年六月。

② 《旧唐书》卷六十九《薛万彻传》。

一时之间造成了人人自危的恐怖局面。特别是太子和齐王势力较大的河北一带，武德九年七月十七日，又发生了幽州大都督、庐江王李瑗的谋反事件。

李瑗原为高祖李渊伯父李哲之子，武德九年被封幽州大都督，曾被太子建成结为外援，成为心腹。建成被杀以后，李瑗心存不安。于是便在部将王君廓的教唆下，举兵叛乱，但很快便被君廓擒杀。于是幽州境内形势大乱。世民闻讯，当即下令："六月四日以前事连东宫及齐王，十七日前连李瑗者，并不得相告言，违者反坐。"① 接着，又派升任谏议大夫的魏徵前往宣慰李瑗部众，并赋予魏徵可"便宜从事"的权力。当魏徵奉命行至磁州（治今河北邯郸南）境内之时，正好遇见州县官派人将太子党羽李志安、李思行等人押解京师。魏徵坚持不顾"身嫌"而只为"国虑"的正确原则，将志安、思行等人全部释放，从而使河北形势渐趋平定。世民听说以后，十分高兴，当即对魏徵予以奖励。

如何恰当处置已经主动退去帝位的高祖李渊和正在担任宰相之职的裴寂，是秦王世民在升储登极以后，最感棘手的一大问题。

如前所述，高祖李渊在晋阳起兵之初，就已向世民承诺，如果成就帝业以后，当将世民立为太子。但在他登极称帝以后，即自食其言，将长子建成立为储君。而且在后来秦王和太子、齐王的矛盾斗争中，明显站在建成一边，偏袒太子。因而，在政变成功以后，李世民对其父李渊肯定会心存芥蒂。但出于父子亲情，更重要的是当时人们所恪守的孝道，是李世民所不能和不敢违背的。另外，如果对李渊的处置失当，有悖"孝道"，必定会给政敌制造出新的口实，引起新的更大的混

① 《资治通鉴》卷一百九十一，高祖武德九年七月。

乱，而且也会给秦府集团内部带来分裂因素。因此，李世民最终还是坚持了照顾亲情和孝道原则，对李渊进行了妥善安置。即从高祖于武德九年六月七日诏立世民为太子，八月八日传帝给世民，直到贞观三年（629年）四月四日，唐太宗都让李渊依旧居住在太极宫中，享受皇帝待遇，仍过着原来嫔妃群拥的生活。而唐太宗坚持在东宫显德殿升储登极，并在此处理军国政务，达三年之久。这三年期间，至少在李渊的心中并没有产生巨大的失落之感，也不会给别人留下任何口实，确实收到了稳定政局的效果。直到贞观三年（629年）四月以后，李渊可能觉得自己长期住在太极宫，养尊处优，不大合适，才主动提出要迁居长安城西的弘义宫中，并以此宫“有山林胜景，雅好之”[①] 为由，执意离去。唐太宗推辞再三，最终答应了李渊请求，并将此宫改名“大安宫”。由于此宫最早是武德五年时高祖李渊为世民所建，规模狭小，地形低湿，对于“蕃夷朝见及四方观听”，有所“不足”，唐太宗便在监察御史马周的建议下，在太极宫东北部地形高敞的龙首原上，为高祖营建大明宫。但到贞观九年五月，大明宫尚未竣工，高祖病逝，被葬献陵。大明宫半途而废，直到唐高宗即位以后，又重新修建，才最终代替了太极宫的地位，成为唐朝的政治中心。

裴寂也应是晋阳起兵时的元老功臣，并与李渊关系亲密，交往深厚，所以在唐室初建之时，即被任为尚书右仆射，官至宰相，权高位重。但此人却才能平庸，又嫉贤妒能。高祖武德二年（619年），曾唆使李渊诛杀了罪不至死的功臣刘文静。在秦王和太子、齐王的争斗期间，公开站在建成一边。但在政变结束以后，李世民并没有迁怒于他，而是仍然使居相位。贞观二年（628年），唐太宗在祭祀南郊时，还让裴寂和长孙无

① 《唐会要》卷三十《宏义宫》。

忌与自己“同升金辂”，并对裴寂说：“以公有佐命之勋，无忌亦宣力于朕，同载参乘，非公而谁？”① 直到贞观三年（629年）年初，由于受到沙门法雅“妖言”惑众之罪的牵连，唐太宗才将其贬官削职，放归乡里。后来裴寂死于静州贬所。

总之，由于李世民在政变之后，及时地宽赦了太子、齐王党羽，又妥善安置了高祖李渊和宰相裴寂，使都城长安内外和全国的政局迅速得到了安定。

二、便桥之盟与渭水之耻

武德九年八月二十四日，即唐太宗登极称帝后的半个多月，东突厥颉利和突利二可汗在盘踞夏州朔方（今陕西靖边白城子）的军阀梁师都的勾引下，大举南侵。

梁师都原为隋末朔方郡府兵军将，后杀郡丞唐宗，据郡造反，并建梁称帝，北附突厥，经常侵扰雕阴（治今陕西绥德）、弘化（治今甘肃庆阳）和延安（治所今属陕西）诸郡。武德九年八月，由于师都部将多有叛梁降唐者，形势窘迫，师都便亲往突厥牙帐，向颉利可汗陈说了唐高祖退位和秦王登极的消息。于是颉利可汗认为这是大掠中原的天赐良机，便与突利可汗麾军十多万，大举南侵。八月二十八日，不到五天时间，突厥主力已进至长安西北 40 多里的咸阳渭水便桥北岸，并派心腹执失思力单骑来到长安，面见太宗，炫耀武力，勒索财物，并观察虚实。消息传来，京师震动，长安戒严。这时，帝座尚未暖热的唐太宗并不慌张。因为他从 18 岁时雁门勤王，后又留居太原数年，对突厥内情早有了解。他深知突厥大肆寇边，旨在掠夺人畜金帛，积蓄财富，用以维持生活之用。因为突厥所居住的蒙古草原，只长牧草，仅事牧畜，日常生活中的很多

---

① 《旧唐书》卷五十七《裴寂传》。

物品都要依靠对中原的掠夺维持。这次大举入侵，自然也不例外，并无抢夺帝位之虑。因此，他一面下令将突厥使者执失思力逮捕囚禁，不予放遣；一面调集长安驻军，排列阵势，以张声威。布置停当以后，太宗便与高士廉、房玄龄、萧瑀等六骑人马，驰至便桥以东，与颉利隔渭水对话，并斥责其负约之责。接着，唐军主力相继抵达，旌旗遍野，盔甲鲜明，人马嘶鸣，其势甚盛。太宗麾军稍却，严阵以待。颉利看到唐军阵容整齐，执失思力被囚不归，唐太宗又挺身轻出，毫无惧色，便心生疑忌。当时便请求罢兵讲和，太宗应允，双方休兵一日。第二天，唐太宗再次来到便桥，与颉利一起斩白马，在便桥结盟。颉利在结盟以后，由于获得了大批财物金帛，便引兵北撤。就这样和突厥势在必行的一场拼搏厮杀，最终化干戈为玉帛。唐王朝虽损失了一些府库财物，但却避免了一场流血战争，维护了政局的稳定，其所得当大于所失。事后，宰相萧瑀曾向太宗询问退兵之策时，太宗回答说：

> 吾观突厥之众虽多而不整，君臣之志唯贿是求，当其请和之时，可汗独在水西，达官皆来谒我，我若醉而缚之，因袭击其众，势如拉朽。又命长孙无忌、李靖伏兵于豳州以待之，虏若奔归，伏兵邀其前，大军蹑其后，覆之如反掌耳。所以不战者，吾即位日浅，国家未安，百姓未富，且当静以抚之。一与虏战，所损甚多；虏结怨既深，惧而修备，则吾未可以得志矣。故卷甲韬戈，啖以金帛，彼既得所欲，理当自退，去意骄惰，不复设备，然后养威伺衅，一举可灭也。将欲取之，必固与之，此之谓矣。①

① 《资治通鉴》卷一百九十一，高祖武德九年八月。

太宗这段话中所说的一旦双方交兵，唐军打败突厥“易如反掌”云云，明显带有自矜之意，自不足信。但他正确分析了突厥南侵的目的，采取“啖以金帛”和“静以抚之”的策略，兵不血刃，顺利达到使突厥退兵的目的，却是符合事实的。但因为这次“胜利”是用牺牲金帛的方法才换来突厥退兵的，在太宗看来，这仍然是一件不光彩的事情，所以时隔不久，唐太宗就将这次与颉利订立的便桥之盟称为“渭水之耻”[1]，也为他后来积极训练府兵，整饬兵制，准备伺机对东突厥的侵扰进行大规模的自卫反击，以及最终灭亡东突厥汗国，埋下了伏笔。

① 《新唐书》卷九十三《李靖传》。

第五章

积极推动体制改革与大力提高行政效率

第一节　继承与完善君臣朝参制度与树立帝王勤政自律风范

一、唐以前君臣朝参制度概述

我国古代的君臣朝参制度是自夏商周以来逐渐形成的君臣议决和处理国家政务的一项政治制度。但现存文献记录君臣朝参制度的最早时代却始自西周，且所载内容大多语焉不详，只知自西周以降，古代君臣的朝参仅有“三朝”之制，即外朝、治朝和内朝。但对“三朝”的具体位置、朝参的内容和时间以及参加朝参的官员范围等，均无详细说明，致使学术界至今对这一问题的研究仍存在着极大分歧，使人莫衷一是。

秦朝建立以后，由于始皇帝实行焚书坑儒政策，先秦典籍大多荡然无存，致使西汉初年君臣的朝参制度无所依从，以致出现了“群臣饮酒争功，醉或妄呼，拔剑击柱”的混乱现象，使高祖刘邦深为忧虑。于是遂派汉儒叔孙通召集鲁地诸生与其弟子，“采古礼与秦仪杂就之”，制订了一套简单易行的朝参之制及其礼仪法规，并在汉七年（前200年）长安长乐宫落成以后，按此仪式接受了百官朝贺，竟使高祖刘邦深为感动，说道：“吾乃今日知为皇帝之贵也。”[1] 但这一朝贺礼仪究竟如何进行，是否施行始终，因史籍阙载，故不得而知。汉宣帝即位以后，史籍仅云“上始亲政事”，“而令群臣得奏封事，以知下情。五日一听事，（自丞相）以下各奉职奏事，以傅奏其言，考试功能。”[2]由此可知，汉宣帝时又实行“五日一听事”的朝参之制，且有群臣“得奏封事”等内容。除此之外，汉代君臣朝参制度还包括哪些内容，“五日一听事”是否贯彻始终，期间有无变化，也因有关史籍疏于记载，故不得其详。东汉以降，直至魏晋南北朝和杨隋期间，汉初高祖刘邦所创行的朝贺礼仪和汉宣帝时实行的“五日一听事”之制，肯定都得到了不同程度的改进和完善，但亦因史书缺少完整记载，故治史者多无所知。

二、贞观年间的君臣“三朝”之制

根据有关文献记载可知，直到唐太宗即位以后的贞观年间，我国古代君臣在议决和处理军国政务时所行的“三朝”之制才得以全面实行并渐趋完善。唐太宗贞观年间的君臣“三朝”之制大致包括外朝听政、朔望朝参和常朝等三种形式，且朝参的地点、时间、内容以及参加官员的范围等均有所不同。贞观年间的“三朝”之制，虽起自高祖武德年间，但完善于唐太宗贞观时期。

唐代君臣的外朝听政最早是指唐高祖和唐太宗时期于每年元旦和冬至这天或其他时间在唐都长安太极宫南面正门承天门或太极殿举行的节日庆典、发布政令和接见周边少数民族政权和外国使者等重大的国事活动，参加者有在京的中央百官、诸

① 《汉书》卷四十三《叔孙通传》。
② 《汉书》卷八《宣帝纪》。

州朝集使和皇亲国戚等。因时人将承天门和太极殿称为“古之外朝”，故有“外朝听政”之说。正如《唐六典》卷八《尚书工部》条所说：“若元正、冬至大陈设、燕会、赦过宥罪、除旧布新、受万国之朝贡、四夷之宾客，则御承天门听政，盖古之外朝也。”《唐六典》卷四《尚书礼部》条对外朝听政中的“元日”（即大年初一）大朝会的礼仪规定记述尤详：“凡元日大陈设于太极殿，皇帝衮冕临轩，展宫悬之乐，陈历代宝玉、舆辂，备黄麾仗。二王后及百官、朝集使、皇亲、诸亲并朝服陪位。皇太子献寿，次上公献寿，次中书令奏诸州表，黄门侍郎奏祥瑞，户部尚书奏诸州贡献，礼部尚书奏诸蕃贡献，太史令奏云物，侍中奏礼毕。然后，中书令对供奉官献寿。时，殿上皆呼‘万岁！’……冬至大陈设如元正之仪，其异者，皇帝服通天冠，无诸州表奏、祥瑞、贡献。”

由此可知，唐高祖和太宗时期君臣的外朝听政多在太极宫南面正门承天门举行，有时也在太极宫正殿太极殿。而每年元旦和冬至两日的节日庆典是外朝听政中最为盛大的活动。这大概因为每年的正月一日，新春伊始，万象更新，庶民欢庆，唐代君臣在这天举行庆典，似有与民同乐之意。而冬至日即每年阴历十一月中旬，“一阳初生，万物潜动，所以自古帝王明主，皆以此日朝万国，观云物，礼大者，莫逾是时。”①

唐高祖武德年间，战事频繁，加之享国日浅，故外朝听政时有间断。唐太宗贞观年间，政局稳定，社会繁荣，声威远播，周边少数民族政权和外国使者及朝贡者，络绎不绝，故外朝听政渐趋固定。唐太宗曾创作有《正日临朝》一诗，生动地记述了元日在太极殿和承天门举行外朝听政时的盛大场面，并抒发了他的喜悦心情。其诗云：

① 《唐会要》卷二十四《受朝贺》。

条风开献节，灰律动初阳。
百蛮奉遐赆，万国朝未央。
虽无舜禹迹，幸欣天地康。
车轨同八表，书文混四方。

又据《旧唐书·音乐志》载：唐太宗自从制作了《秦王破阵乐》和《功成庆善乐》这两只乐舞以后，每到元日和冬至朝会之时，都要同时演奏这两种文武乐曲，更增加了节日的喜庆色彩。

由唐太宗完善并逐渐固定下来的外朝听政为后来的唐代诸君所继承，不过从唐高宗以后，外朝听政由太极宫的承天门和太极殿移到了大明宫的含元殿举行。

唐代君臣的朔望朝参亦称“大朝”，是指每月朔日（初一）和望日（十五）进行的朝参活动，参加者为在京的中央百司文武职事九品以上全部官员，地点是在太极宫正殿太极殿举行。其主要内容是参加官员须进行朝谒皇帝的隆重仪式。《唐会要》一书的有关部分曾对朔望朝参时的百官班序以及隆重仪式都有详细记述，恕不尽列。朝谒皇帝结束以后，唐代君臣有时还要进行奏议和决策军国政务。

根据有关文献记载，从唐太宗贞观年间开始，唐代君臣朔望朝参时奏议和决策军国政务的制度才得以认真实施。例如，贞观十六年（642年）“十二月壬午朔”，即十二月一日这天，太宗君臣在进行朝谒仪式结束以后，又“复召五品以上集太极殿前”，讨论原秦府幕僚、后任广州都督的党仁弘因贪“赃百余万，罪当死”，但太宗“哀其白首就戮”，遂“欲曲法”，为“求生理”这一刑事案件。最后，党仁弘“黜为庶人，徙钦州。”[1]

唐高宗以后，唐代诸帝仍继续贯彻实施了这一制度，并将地点移到了大明宫的宣政殿进行。但从唐玄宗天宝十一载(752年）开始，由于唐玄宗即位日久，惰性滋生，遂于是年下敕，以“荐食诸陵寝，有思慕之心”为由，将原来朔望两日在宣政殿接见大臣改为在紫宸殿会见大臣，被称“入阁”。安史乱后，朔望朝参大多变为君臣游宴玩乐，形同虚设。

唐代君臣的“常朝”亦称“常参”，是指君臣每天都要照例进行的朝参活动，也是唐代君臣议决军国政务的主要形式，所以它在君臣朝参制度中的作用最为重要。

参加常朝的官员主要是在京百司五品以上文官及供奉官、员外郎、监察御史和太常博士等[2]，而五品以上武官则于“每月五日、十一日、二十一日、二十五日参，三品以上，九日、十九日、二十九日又参。”[3]这就是说五品以上武官每月只参加4次常参，三品以上武官每月参加7次，而五品以上文官则要每天照例参加常朝。其中“供奉官”是指中书、门下两省及御史台的正副长官及其所属官员，而这些官员的官秩多在五品以上，亦有少数官员在五品以下和八品以上。由于这些官员经常参加常朝会议，故又有“常参官”[4]之称。

唐高祖和太宗时期君臣常朝的地点多在太极宫之北的两仪殿进行。又因为参加常朝的常参官每天进入太极宫后，都要经太极殿两侧东西阁门，转北进入两仪殿，故当时又把常朝称为“入阁”。正如《唐六典》卷七《尚书工部》所云：“（太极殿）

---

① 《资治通鉴》卷一百九十六，太宗贞观十六年十二月。

② 参看《唐六典》卷四《尚书礼部》条。

③ 《唐会要》卷二十五《文武百官朝谒班序》。

④ 《唐六典》卷二《尚书吏部》条。

又北曰两仪门，其内曰两仪殿，常日听朝而视事也。”宋人程大昌在《雍录》卷三《古入阁图》中又说：“予察《六典》，西内太极殿，即朔望受朝之所，盖正殿也。太极之北有两仪殿，即常日视朝之所也。太极两庑已有东西二上阁，则是两阁皆有门可入，入已，又可转北而入两仪也。是太宗时已有‘入阁’之制。”

唐代君臣的常朝内容大致包括朝谒君主、百官奏事、上封事和殿廷议事等多种形式，且亦从贞观年间开始，渐趋完善。

朝谒君主是唐代君臣朝参制度中必先履行的主要仪式，当然常朝亦不例外。《新唐书·仪卫志》中曾对这一朝谒仪式有详细记载，此不赘引。

朝谒君主的仪式结束以后，常参官都要依次坐入自己的班位之中，进行奏报国事活动，取“坐而论道之义”[①]，史称“百官奏事”。唐太宗即位之后，曾多次诏令常参官“自今诏敕行下有未便者，皆应执奏，毋得阿从，不尽已意。”并引导大臣们说：“朕今开怀抱，纳诤谏，卿等无劳怖惧，遂不敢言。”[②] 所以便迅速改变了“朝臣都不议事”的局面，并很快形成了君主虚心纳谏和臣下知无不言的和谐氛围。

上封事就是常参官可将自已对政事的看法写成奏书，呈报皇帝。其上书内容可由君主临时拟定，也可由上封事者自由选择。皇帝对这些奏书都要一一亲览，有的还要作出回应。这可能是因为每日常朝时的“百官奏事”时间较短，能够当面向皇帝陈述政事的官员人数受到限制。为了弥补常参的这一缺陷，遂有是制。据有关文献记载来看，唐太宗贞观年间常朝中的上封事制度执行得最好，并充分发挥了“裨益政教”的重要作

① （宋）邵博《邵氏闻见记》卷一。

② 《贞观政要》卷二《求谏》。

用。仅举数例：

贞观三年（629 年）四月，太宗命百官“上封事”，直言政事得失。中郎将常何因“以武吏不涉经学”，便将此事交与食客马周办理，马周为其草拟“二十余事”。第二天，常朝时常何遂将奏书呈给太宗。太宗阅后，因“事皆合旨”而大喜。当他知道此奏书是马周替常何所拟以后，当即在罢朝后派人召见，“与语甚悦”，遂任以“监察御史里行”之职。后来，马周官至中书令，升任宰相[①]。

贞观四年六月，唐太宗征发民夫修缮洛阳乾元殿，以备巡幸。给事中张玄素在“上封事”中严厉批评说：“承凋敝之后，役疮痍之人，费亿万之功，袭百王之弊。以此言之，恐甚于炀帝远矣。”太宗阅后大怒，便在第二天常朝时训斥玄素说：“卿以我不如炀帝，何如桀纣？”玄素毫无惧色地说：“若此殿卒兴，所谓同归于乱。”理正词严，说得太宗心悦诚服，只得下诏：“所有作役，宜即停之。”[②]

此后，为了表彰和鼓励群臣上书言事，太宗还常对“上封事称旨”者给予各种奖赏。例如贞观三年他就曾对宰相裴寂说：“比有上书奏事，条数甚多，朕总粘之屋壁，出入观省。所以孜孜不倦者，欲尽臣下之情。每一思政理，或三更方寝。亦望公辈用心不倦，以副朕怀也。”贞观六年，他又以御史大夫韦挺、中书侍郎杜正伦、秘书少监虞世南等“上封事称旨”，不但“设宴为乐”，而且“赐帛有差。”[③]与此同时，对有些官员在上封事时“多讦人细事”的现象，唐太宗也予以严厉批

① 参看《旧唐书》卷七十《马周传》。

② 《贞观政要》卷二《纳谏》。

③ 《贞观政要》卷二《求谏》。

评："自今复有为是者，朕当以谗人罪之。"[1]从而把上封事之制引向了正常轨道。

殿廷议事亦称"廷议"，这是唐代君臣常朝制度中议决政事最为主要的形式之一，始于唐高祖武德年间。据《资治通鉴》一书记载，民部尚书刘文静自以为才略、功勋均在裴寂之上，而位居其下，心中不平，故每"廷议"之时，常顶撞裴寂，"由是有隙"[2]。唐太宗即位后，鉴于"廷议"之事大多涉及军国要政，而参加"廷议"的官员人数众多，不易保密，而且还常常会出现议而不决的现象。因此，遂对"廷议"之制进行了若干改革，即每当朝谒君主和百官奏事结束以后，仅留中书、门下两省及三品以上官员，进行"廷议"，而且还允许谏官和史官同时参加谏言和记录言事。正如《资治通鉴》一书所载：唐太宗在贞观元年正月十五日颁布的制书中所云："自今中书、门下及三品以上入阁议事，皆命谏官随入，有失辄谏。"《唐会要》卷五十六《起居郎起居舍人》条也说："贞观中，每日仗退后，太宗与宰臣参议政事，即令起居郎一人，执简记录，由是贞观注记政事，称为毕备。"后来，《资治通鉴》一书作者司马光又在该书卷二百一十一，玄宗开元五年九月条下概括说道："贞观之制：中书、门下及三品官入奏事，必使谏官、史官随之，有失则匡正，美恶必记之。"

有关史书记录唐太宗贞观年间与中书、门下两省及三品以上官"廷议"政事，以及谏官参加谏言、史官记录言事的史实，俯拾皆是，恕不尽列。

最后，还需说明的一点就是，无论是在太极宫承天门举行的外朝听政，还是每月朔望在太极殿举行的朔望朝参，抑或是

---

① 《资治通鉴》卷一百九十四，太宗贞观十年八月。
② 《资治通鉴》卷一百八十四，高祖武德二年二月。

每天在两仪殿举行的常朝之制，都须在黎明时分宫门开启以后举行，直至上午时分结束。故唐代君臣均须在黎明之前起床洗沐，黎明时分按时朝参。有的官员的私人住宅由于距宫城较远，故多要在“夜半”动身，寒来暑往，略无休息。

唐太宗在即位之后，由于勤政自律，励精图治，宵衣旰食，无论是酷热的夏季，还是严寒的冬季，都能坚持每天上朝理事，故朝参之制得到了较好实施。正如唐太宗曾对大臣所说：“朕每日坐朝，欲出一言，即思此言于百姓有利益否，所以不敢多言。”①皇帝勤政如此，大臣们自然不敢懈怠，只能“共沐恩波凤池上，朝朝染翰侍君王”了。唐太宗贞观年间，其所以能出现政治清明和经济繁荣的兴盛景象，当与此不无关系。

第二节　整顿官僚机构与提高行政效率

一、充分发挥三省六部制的决策、审议和执行职能

如前所述，隋文帝建隋以后，曾对魏晋南北朝以来的官制进行了一次较大规模的改革与整顿，在中央全面实行三省六部制，加强了中央集权，遂成了开创开皇治世的重要因素之一。唐承隋制。唐高祖武德年间在中央继续实行三省六部制，其组织机构及其职能亦大体沿袭隋朝。

唐初的中书省即隋时的内史省，其组织机构大致为中书令 2 人，中书侍郎 2 人，为本省正副长官。其下又有中书舍人 6 人，散骑常侍 2 人，补阙、拾遗、起居舍人各 2 人，通事舍人 16 人，主书、主事 4 人。定员 42 人。主要职责为替皇帝起草

① 《贞观政要》卷六《慎言语》。

政令。由于中书令身兼宰相之职，权高位重。中书侍郎又“掌贰令之职，凡邦国之庶务，朝廷之大政，皆参议焉。”[①]故中书省起草政令之责就具体落在了6位中书舍人身上。故此职后为文人所企慕，被称为“文士之极任，朝廷之盛选。”[②]中书舍人之下的散骑常侍、补阙、拾遗、起居舍人、通事舍人等，均属言谏、记注之官，职能是在常朝廷议时进谏时政得失和记录天子言事等。

唐初的门下省亦沿袭隋朝，其组织机构为侍中2人，黄门侍郎2人，为本省正副长官。其下又有给事中4人，散骑常侍2人，谏议大夫4人，补阙、拾遗、起居郎各2人等。该省主要职掌为审议和封驳政令。“封”是指封还由中书省替皇帝草拟的政令诏书，“驳”是指驳回由尚书省呈上的臣下章奏。由于该省正长官侍中“掌出纳帝命，缉熙皇极，总典吏职，赞相礼仪，以和万邦，以弼庶务，所谓佐天子而总大政者也”，身兼宰相之职。而黄门侍郎“掌贰侍中之职，凡政之弛张，事之与夺，皆参议焉”[③]。故门下省审议封驳之职主要由4名给事中负责，故其选任者尤须劲正刚直之人。给事中以下属官同中书省中书舍人之下的属官，均负责言谏和记注之职。

唐初的尚书省亦沿隋制，为政务机关，负责执行政令。由于该省事务繁杂，故组织机构最为庞大，有尚书都省和下属的六部二十四司。尚书都省是尚书省的总官署，在都省理事的官员有尚书令1人，左右仆射各1人，左右丞各1人，此外还有左右司郎中、员外郎等。

都省之下为尚书六部：即吏、民、礼、兵、刑、工。各部

---

① 《唐六典》卷九《中书省·中书侍郎》。

② 《通典》卷二十一《职官典·中书令》。

③ 《唐六典》卷八《门下省·黄门侍郎》。

长官均为尚书。每部之下又设四司。各部又有郎中1人，员外郎1人，各尽其责，执行本部司的具体事务。

以上所述，就是唐高祖武德年间继承隋制，在中央设立的三省六部的基本情况。但由于秦王世民虽兼任尚书令之职，其多数时间率军征讨，很少参与朝廷政务。不久，齐王元吉又兼任门下省长官侍中之职，亦不过问政事。大权遂落入右仆射裴寂之手，陈叔达、萧瑀和封德彝等人虽忝职宰相之任，但多是拱手敷衍而已。加之后来秦王和太子、齐王之间的矛盾日益加深，高祖李渊的“诏敕”与太子“令”和秦王、齐王的“教”相互“并行”，致使有关部门“莫知所从，唯据得之先后为定。”[①]给政局带来很大混乱，致使“政刑纰缪，官方弛紊。”[②]为此，唐太宗即位以后，遂对武德年间的三省六部制进行了如下改革：

首先，就是改革宰相制度。隋和唐初的三省正长官即中书省的中书令、门下省的侍中和尚书省的尚书令及左右仆射均为宰相，其中尤以左右仆射的权力最大，为宰相之首。唐太宗贞观年间，鉴于尚书令一职曾由己任，并未履行宰相之责，故在他登极称帝以后，虚设不授，左右仆射遂成为尚书省正副长官。同时，太宗不再以皇室子弟任以宰相之职，用以避免因宰相的权力过大而侵夺皇权，使政出多门的现象，由此杜绝。另外，从贞观元年开始，唐太宗有意将一些资历较浅或官品较低但才能出众的官员，给其加上“参知机务”、“参议朝政”、“参知政事”、“专典机密”以及“同中书门下三品”和“同中书门下平章事”等头衔，使其成为宰相，可入政事堂与正宰相们议决国事。例如，贞观元年（627年），杜淹“寻判吏部尚书，

① 《资治通鉴》卷一百九十，高祖武德五年十一月。

② 《旧唐书》卷五十七《裴寂传》。

参议朝政。”[1]魏徵于“贞观二年，迁秘书监，参与朝政。”[2]贞观四年，戴胄以民部尚书、太子左庶子“参议朝政”[3]等。又如，贞观十七年，唐太宗下诏以元老萧瑀为太子太保、李勣为特进、太子詹事“并同中书门下三品”[4]。这样，不但为宰相群体输送了新鲜血液，扩大了宰相人数，保证了国家政令的前瞻性和准确性，又避免了宰相权力过重，给政局带来威胁，保持了政局稳定。与此同时，唐太宗为了充分发挥宰相“总领百官，仪形端揆”的主导作用，曾多次告诫左右仆射房玄龄和杜如晦说：“公为仆射，当广求贤才，随才授任，此宰相之职也。比闻听受辞讼，日不暇给，安能助朕求贤乎！”于是，又颁布敕书说：“尚书细务属左右丞，唯大事应奏者，乃关仆射。”[5]这样，就使宰相在国家政务中的主导作用得到了充分发挥。

其次，就是充分发挥中书、门下两省对政令的决策和封驳职能，使其相互牵制而又相辅相成，并严厉禁止两省官员之间的私情、颜面，尽量减少和预防政令的纰漏和错谬。他曾多次警告大臣，如果不能认真履行各省职能，将带来“亡国”之祸和“家国俱灭”的恶果。正如他在贞观元年对门下省官员王珪所说：“元置中书、门下，本拟相防过误。人之意见，每或不同，有所是非，本为公事。或有护己之短，忌闻其失，有是有非，衔以为怨。或有苟避私隙，相惜颜面，知非政事，遂即施行。难违一官之小情，顿为万人之大弊。此实亡国之政，卿辈

① 《旧唐书》卷六十六《杜如晦附叔淹传》。
② 《旧唐书》卷七十一《魏徵传》。
③ 《旧唐书》卷七十《戴胄传》。
④ 《新唐书》卷六十一《宰相表一上》。
⑤ 《贞观政要》卷一《政体》。

特须在意防也。”[1] 贞观三年，太宗又对大臣们郑重说道：“中书、门下，机要之司。擢才而居，委任实重。诏敕如有不稳便，皆须执论。比来唯觉阿旨顺情，唯唯苟过，遂无一言谏诤者，岂是道理？若惟署诏敕、行文书而已，人谁不堪，何烦简择，以相委付？自今诏敕疑有不稳便，必须执言，无得妄有畏惧，知而寝默。”[2] 不仅如此，他在同年四月，还将武德年间一度实行过但不久又被废除的“五花判事”之制，重新“申明”，并付诸实施，即“凡军国大事，则中书舍人各执所见，杂署其名，谓之‘五花判事’。中书侍郎、中书令省审之，给事中、黄门侍郎驳正之。”据说从此以后，国家政令“鲜有败事”[3]。

二、确定官员编制与保持官员队伍纯净

贞观元年，唐太宗曾对中书令房玄龄说：“致治之本，惟在于审。量才授职，务省官员。……当须更并省官员，使得各当所任，则无为而治矣。卿宜详思此理，量定庶官员位。”玄龄等遵从这一旨意，经过调查研究，“由是所置文武六百四十员”。太宗当即批准，并对玄龄说：“自此傥有乐工杂类，假使术逾侪辈者，只可特赐钱帛以赏其能，必不可超授官爵，与夫朝贤君子比肩而立，同坐而食，遣诸衣冠以为耻累。”[4] 这段史料最早载于唐人吴兢所撰《贞观政要》一书之中。后来，晚出的几部记载唐史的重要史书大都载有此事，并进行了大量删减。如《通典》卷十九《职官典》记载说，唐太宗曾“大省内

① 《贞观政要》卷一《政体》。
② 《贞观政要》卷一《政体》。
③ 《资治通鉴》卷一百九十三，太宗贞观三年四月。
④ 《贞观政要》卷三《择官》。

官，凡文武定员六百四十有二而已。”《资治通鉴》卷一九二，太宗贞观元年十二月条也说太宗“命玄龄并省，留文武总六百四十三员。”《新唐书》卷四十六《百官志》亦云：“太宗省内外官，定制为七百三十员。”

据此，现代的很多研究者几乎众口一词地认为唐太宗曾把中央政府机构的官员从原来的“二千多人”，精简为“六百多人”，比“隋朝、唐初和后来开元年间的数字少四分之三”。甚至有人还把这件事誉为贞观善政之“首”，推崇备至，大加赞颂。其实，这些都是过誉之词，与事实并不相符，很难成立。

首先，从以上诸书记载的文字来看，有以下几个含混不清的问题：即唐太宗在贞观初年所定的“六百四十员”、“六百四十二员”抑或“七百三十员”，究竟是经过“大省内官（即在京官员）”以后保留的中央机构的官员总数，还是“省内外官（即州县官员）”以后保留的全国政府机构的官员总数？对于如此“重大”的一件事诸史的记载为何会出现如此疏误和抵牾？

假使说太宗在贞观初年果真将中央政府的官员由原来的二千多人减少到了六百多员，那么，由高祖李渊创建的中央官僚机构的组成和官吏设置，将会发生一个巨大变化。然而遍检史书，对待此事都未详细记载，竟未留下片言只语。

再说，精简机构，裁减官员，绝非易事。因为这将意味着不少人因此就要由原来坐食俸禄、权势在身的官僚一变成为承担赋役而受人驱使的“布衣”百姓。所以，这些人绝不可能轻易就范。唯独唐太宗这次大规模地“精简”官员，竟没有引起任何骚动和不安，这是令人不可思议的。

据此，笔者认为所谓唐太宗贞观年间的“简政省官”说是根本不能成立的。唐太宗在贞观初年对中央或地方政府机构的官员根本没有、也不可能进行大刀阔斧地精减裁撤。

因为高祖李渊建唐以后，由于“士大夫以乱离之后，不乐仕进”，因而无论是中央还是地方的官僚机构，都未出现“官员不充”的局面。直到贞观初年，这种状况并未改变。虽然史书对唐初和贞观年间中央和地方政府的官员人数，缺少记载，但可以肯定地说，当时中央和地方政府的机构重叠和官吏冗滥的现象是根本不存在的。这样，唐太宗还有进行“精简官员”的必要吗？

其次，唐太宗在贞观元年以后，为了进一步稳定政局，建立新的统治秩序，曾先后采取了一系列招贤纳士、广求人才和多引官吏等措施。同时，还大兴学校，盛奖科举，网罗学士，详见后文所述。这样，数年以后，全国的官僚机构，特别是群士趋之若鹜的中央政府机构，便逐渐出现了人浮于事的现象。到了贞观十年，治书侍御史刘洎就曾在上疏中着重指出：“比者纲维不举，并为勋亲在位，尚书不能断决，故事稽延案牍。……至于懿亲之勋，宜优礼秩，久防贤路，殊为不可。将欲救弊，且宜精简。”[①] 如果说唐太宗在贞观初年就已将中央机构的官员精简了“四分之三”的话，那么刘洎在向唐太宗上疏中大声疾呼的“且宜精简”的话头，岂不成为了杞人忧天和多此一举！

因此，将上引《贞观政要》所载唐太宗指示房玄龄“所置文武总六百四十员”这段史料，说成是唐太宗贞观年间的“简政省官”这一观点是不成立的。

笔者认为，唐太宗命令房玄龄并省官员，乃是针对武德年间和贞观初年由于选拔官吏中已经出现的弊病而逐渐造成地方和中央政府机构的臃肿这一现象，提出的一个改革方案而已。尽管这个改革方案，反映了唐太宗见微知著和勇于革新的政治才干，但是由于种种原因，这个方案当时并没有，也不可能付

① 《通典》卷十三《科举典·历代制下》。

诸实践。因为当时的吏部之法，“虽已为弊病，而未甚流滂，故公卿辅弼或有未之觉者。太宗初知其微而未及更。”① 既然当时官吏选拔方面的弊病“未甚流滂”，唐太宗对此虽“初知其微而未及更”，这个改革方案也就未能付诸实行，所以在官僚中间也就没有引起大的骚动，唐太宗身边的“公卿辅弼”才多“有未之觉者”。

另外，唐太宗命令房玄龄并省官员，最后所置文武六百四十员，乃是经过裁“量”以后所拟定的“庶官员位”，即全国内外（包括中央百司和地方州县）政府机构的官员编制。制订这一官员编制的目的，由上引《贞观政要》所载唐太宗最后对房玄龄所说的话语中已作出了明确回答：“自此傥有乐工杂类，假使术逾侪辈者，只可特赐钱帛以赏其能，必不可超授官爵，与夫朝贤君子比肩而立，同坐而食，遣诸衣冠以为耻累。”其实唐太宗这段话是有鲜明针对性的。因为早在武德初年，唐高祖就曾把后宫乐舞胡人安比奴授以散骑侍郎之职。当时就有大臣李纲直言进谏：“古者乐工不与士齿，虽贤如子野、师襄，皆世不易其业。唯齐末封曹妙达为王，安马驹为开府，有国家者以为殷鉴。今天下新定，建义功臣，行赏未遍，高才硕学，犹滞草莱。而先擢舞胡为五品，使鸣玉曳组，趋翔廊庙，非所以规模后世也。”但高祖却拒而不纳，并说：“吾业已授之，不可追也。”② 武德四年九月，秦王世民平定洛阳王世充以后，高祖又派后宫贵妃来到洛阳选择隋时宫女及接收府库珍宝之时，贵妃等人又私从秦王世民处“求宝货及为亲属求官”，当即遭到世民拒绝：“宝货皆已籍奏，官当授贤才有功者。”此事已见前文所述。由此可知，唐高祖武德年间，在设官任职方

① 《通典》卷十三《科举典·历代制下》。

② 《资治通鉴》卷一百八十六，高祖武德元年十二月。

面，已经出现了将“乐工杂类”等辈已“超授官爵”的弊病，给官僚队伍造成了极大的混乱。对此，唐太宗才命令房玄龄“量定庶官员位”，并明确表示对“乐工杂类”，“不可超授官爵”。这就是唐太宗确定官员编制的举措，此举措在一定程度上保证了官员队伍的纯净，并能达到提高行政效率的目的。

三、重视地方州县官员的选拔

贞观十一年（637 年），时任侍御史的马周在给唐太宗的上疏中详细陈述了重视选任州、县官吏刺史和县令的重要性。他说：“治天下者以人为本。欲令百姓安乐，唯在刺史、县令。县令既众，不可皆贤，若每州得良刺史，则合境苏息。天下刺史悉称圣意，则陛下可端拱岩廊之上，百姓不虑不安。”并郑重指出：“朝廷必不可独重内臣、外刺史、县令，遂轻其选，所以百姓未安，殆由于此。”唐太宗当即接受了这一谏言，并当即对大臣们说：“刺史朕当自简择；县令诏京官五品以上，各举一人。”其实，对于慎重选择地方州县官员重要性的认识，唐太宗早已有所觉察。贞观二年，他就曾对大臣们说：“朕每夜恒思百姓间事，或至夜半不寐。惟恐都督、刺史堪养百姓以否。故于屏风上录其姓名，坐卧恒看，在官如有善事，亦具列于名下。朕居深宫之中，视听不能及远，所委者唯都督、刺史，此辈实治乱所系，尤须得人。”①

正因为唐太宗君臣对选拔州县地方官吏的高度重视，所以在贞观年间先后出现了一大批政绩优异和以清正廉洁著称的州县良吏。载于史册的就有善养百姓的邓州（今属河南）刺史陈君宾，其政绩曾受到太宗的下诏褒奖；又有“所在清平流誉，百姓呼为慈父”的“通、巴二州”刺史李桐客；又有开凿无棣

① 《贞观政要》卷三《择官》

河，引鱼盐于海，变水害为水利，受到百姓编歌赞颂的沧州（治今河北沧州西南）刺史薛大鼎等[1]。总之，他们的杰出政绩，都为贞观盛世的出现做出了巨大贡献。

第三节　重视法制建设与坚持儒法并用

一、修订《唐律》

唐太宗不仅重视政治体制改革，而且还十分重视法治建设。在太宗看来："国家纲纪，唯赏与罚"，"赏当其劳，无功者自退；罚当其罪，为恶者咸惧。"[2] 因此，他在即位之初，即命宰相房玄龄和杜如晦召集"学士法官"，以隋文帝开皇年间修订的《开皇律》为蓝本，以唐高祖武德年间修成的《武德律》为基础，重新修订刑律。历时 10 年，于贞观十一年（637 年）正月，终于修成了一部体制严谨、内容完整的封建法典，即《贞观律》，亦称《唐律》。该律共 30 卷，律文 502 条，分为 12 篇：即《名例》《卫禁》《职制》《户婚》《厩库》《擅兴》《贼盗》《斗讼》《诈伪》《杂律》《捕亡》《断狱》等。后来，唐高宗永徽年间，宰相长孙无忌又奉旨对该律逐条进行了详细地解释疏证，于永徽四年（653 年）颁行，这就是现存至今的我国古代最早最完整的一部封建法典——《唐律疏议》。由于这部法律承上启下，内容完备，不仅为后来的历代王朝提供了法律范本，而且也对当时世界各国，特别是东亚的朝鲜半岛三国及日本等发生了深远影响。故《唐律》后被称为世界五大法系之一的中华法系的代表，在我国法制史上占有极其重要的地

---

① 参见《旧唐书》卷一百八十五上《良吏传上》。

② 《贞观政要》卷三《封建》。

位。

唐太宗时期的法律制度除《唐律》以外，还有令、格、式三种内容，同律相辅而行，只是内容不同，作用有异，即“律以正刑定罪，令以设范立制，格以禁违止邪，式以轨物程事。”[①] 即“令”是有关国家制度方面的具体规定，“格”是内外官署衙门进行行政事务的规范，“式”是国家机关的办事细则和公文程式，“律”则是对违反令、格、式和犯有各种罪恶者所应判处的法律规定。故《新唐书·刑法志》说：“凡邦国之政，必从事于此三者（指令、格、式）。其有所违及人之为恶而入于罪戾者，一断于律。”故律、令、格、式四者中以律为主。

二、贞观法制的特点

通过有关文献所载唐太宗的立法思想、执法实践以及《唐律》的具体内容，贞观年间的法制建设大致呈现以下特点：

首先，唐太宗有鉴于历代王朝，特别是隋炀帝时期重在“治民”而忽视“治吏”，导致吏治败坏和社会混乱的历史教训，明确提出要把官吏的“不遵法式”和违法乱纪等现象作为整顿吏治的主要内容，写入律令之中。故《唐律》12 篇中，除《名例》篇外，其余 11 篇中共规定了涉及官吏犯罪的条款大约就有 200 多条，占到了全律内容的三分之一以上。特别是《职制》和《诈伪》2 篇，主要是专门惩治官吏犯罪的法律条文。这样，就使我国古代“官刑入律”的思想得到了进一步的继承和发展，标志着惩治官吏犯罪的立法及其实施已经进入到了成熟阶段。这无疑会对整饬贞观吏治，促进贞观盛世的形成，起到巨大的推动作用。

---

① 《唐六典》卷六《尚书刑部》。

早在唐太宗即位之初，他就曾对大臣们说："朕见隋炀帝不以官人违法为意，性多猜忌，惟虑有反叛者。朕意不然，但虑公等不遵法式，致有冤滞。"[①]这就是说，唐太宗所坚持的"官刑入律"的立法思想，是从隋炀帝时"不以官人违法为意"和"惟虑有反叛者"的历史教训中总结出来的。所以，他就特别注意对官吏"不遵法式"等犯罪行为的惩治处罚，并在贞观七年的诏令中对官吏犯罪首先划分"公罪"和"私罪"两种刑名。其诏曰："三品以上，犯公罪流，私罪徒。"[②]这种对官吏所犯罪行的惩治原则，后为制订《唐律》时所沿用，标志着对官吏犯罪的惩治更趋向准确性和科学性。

《唐律疏议》卷二《名例》篇中还有对官吏所犯"公罪"和"私罪"的释文：即所谓"公罪"，是指官吏"缘公事致罪而无私曲者"；所谓"私罪"，是指官吏"不缘公事，私自犯者"，或"虽缘公事，意涉阿曲，亦同私罪。"综合《唐律疏议》一书所载《唐律》中有关官吏所犯"公罪"，大致包括署置国家机关官员人数超过限制，非法兴建土木工程，非法征收赋役，出使越权干预政事，擅自修改律令，代人判署公文，无故旷职，贡举非人，考核不实，稽误文书，贻误公事，书奏有误，泄露国家机密等擅权越职和怠渎职责行为，均属公罪。而贪赃枉法，监守自盗，行贿受贿，监临受财，勒索财物，弄虚作假，辄立碑铭，妄报灾情等，则均属私罪。由于官吏所犯"公罪"和"私罪"的性质不同，给国家造成的损失各异，故处罚原则也有明显区别：即公罪从轻，私罪从重；首犯从重，胁从从轻；监临主守从重，下属官员从轻，以及"自觉举，免其罪"等。

---

① 《魏郑公谏录》卷三。

② 《唐会要》卷四十《君上慎恤》。

总之，由于《唐律》对官员违法行为的合理入律，不仅对官员犯罪可以起到巨大的震慑和预防犯罪的作用，而且对执法部门对犯罪官员的处治提出了相应的法律条文，使其可以做到“有法可依”，有罪必纠。

其次，唐太宗特别强调法律的稳定性、简约性和明确性。

贞观十年（636年），即《唐律》已经修成和即将颁布之时，唐太宗就明确指出：“法令不可数变，数变则烦，官长不能尽记，又前后差违，吏得以为奸。”[①]这就是说，唐太宗要求立法者要谨慎立法，不可掉以轻心。既立之后，则“必须审定，以为永式。”只有对现成法律保持相对稳定，才能显示法律的严肃性和权威性，否则，朝令夕改，随意改动，不但“官长不能尽记”，而且也容易使有些官吏“得以为奸”。在这一立法思想的指导下，自《唐律》颁行以后，经太宗之世，“用之无所改变”[②]。此后，在唐朝立国的289年间，唐代诸帝大多奉行《唐律》，并未进行过大规模地变易改动，都是遵循了唐太宗这一立法思想的。

唐太宗在强调法律稳定性的同时，还十分注意法律的简约性和明确性。他曾对大臣强调说：“国家法令，惟须简约，不可一罪作数种条。格式既多，官人不能尽记，更生奸诈，若欲出罪即引轻条，若欲入罪即引重条。数变法者，实不益道理，宜令审细，毋使互文。”[③]这段话的意思是说国家法令需要简单明晰，清楚准确，不能含混模糊，前后矛盾。否则，不但会对官员执法带来麻烦，而且还会给有些官吏的任情喜怒，出入人罪，提供法律借口。因此，综观《唐律》律文，整齐划一，简

① 《新唐书》卷五十六《刑法志》。

② 《资治通鉴》卷一百九十四，太宗贞观十年十二月。

③ 《贞观政要》卷八《赦令》。

明扼要，条款清晰。再加上后来长孙无忌所作疏议，更加清楚明白，易于操作。这都与唐太宗的立法思想息息相关。

第三，唐太宗特别强调官员们在执法时要公正无私，“奉法”行事，不能践踏法律，“不遵法式”，否则，任何完整、严密的法律都会变成一纸空文。更为重要的是，唐太宗还能带头“守法”，不以至高无上的皇权凌驾于法律之上。这样，就为臣下的公正执法树立了良好榜样。这在中国皇权至高无上的古代社会是十分罕见和难能可贵的。根据有关文献记载，唐太宗带头“守法”和一般官吏犯颜执法的事例史不绝书，仅举数例：

贞观元年，唐太宗听说有些士人在铨选官吏时，有“诈伪资荫”，弄虚作假的现象，十分恼怒，当即下了一道敕令：“令其自首，不首者罪至于死。”不久，一名“诈伪资荫”的士人即被查出，太宗当即命大理寺审理。大理寺官员戴胄按照法律规定，将此人判为流刑。太宗知道后，便把戴胄召来，当面质问说：“朕下敕不首者死，今断从流，是示天下以不信。卿欲卖狱乎？”戴胄果断答道：“陛下当即杀之，非臣所及。既付所司，臣不敢亏法。”太宗又说：“卿自守法，而令朕失信邪？”戴胄理直气壮地回答说：“法者，国家所以布大信于天下；言者，当时喜怒之所发耳。陛下发一朝之忿而许杀之，既知不可而置之于法，此乃忍小忿而存大信也。若顺忿违信，臣窃为陛下惜之。”太宗思忖良久，才转怒为喜，和颜悦色地对戴胄说：“法有所失，公能正之，朕何忧也！”[①]像唐太宗这样“忍小忿而存大信”，以及执法官戴胄这样“犯颜执法”的事例，载于史书者，不胜枚举。

还是贞观元年，吏部尚书太宗皇后长孙氏之兄长孙无忌因被召入宫，情急之下，未解佩刀即由东上阁门进入两仪殿前，

① 《旧唐书》卷七十《戴胄传》。

守卫阁门的监门校尉亦未发觉无忌带刀入宫，无忌所带佩刀后被守卫殿门的卫士发觉。太宗便召集大臣，审理和判处这次重要案件。因为按照当时的律令规定，带刀入宫为“十恶”之罪，当死无赦。尚书右仆射封德彝认为守卫阁门的校尉大意失职，当判极刑。而长孙无忌由于情急生误，情有可原，可判罚铜二十斤。太宗当即表示赞同这一判决。但大理少卿戴胄却驳斥说：“校尉不觉与无忌带入（佩刀），同为误耳”，怎能够同罪而异罚呢？因此，坚持认为无忌“罚铜”，是“未为得衷”。太宗听后，觉得戴胄说得很有道理，便改变初衷，对大臣们说：“法者，非朕一人之法，乃天下之法也。何得以无忌国之亲戚，便欲阿之？”于是，下令大臣重新定罪，但封德彝仍固执己见，戴胄也坚持不下。最后，唐太宗只得“免校尉之死”①，使这宗案件得到了较为公正的判处。

贞观三年，濮州刺史庞相寿在任职期间贪赃百万，劣迹昭彰。被人举报后，拘捕于长安狱中，接受审理。后因相寿能主动退赔赃款，故从轻判以撤职处分。但相寿自恃原为秦府幕僚，为秦府立有功劳，故上书太宗，请求复职留任。太宗接到奏书后，不但答应相寿继续担任刺史之职，还赏赐绢帛百匹，告诫其“更莫作罪过”。此事被魏徵得知后，当即批评太宗“以故旧私情”为枉法行事，是大错特错的。如果对秦府幕僚都一一“恃恩私足”，就会使“善者”为之惧怕不已。太宗听后，“欣然纳之”，遂向相寿表示说自己是“四海天子”，“不可偏于一府恩泽”。最后，相寿只得“默然流涕而去”②。

由于唐太宗能带头“守法”，故贞观年间官吏们不畏权贵，公正执法的事例更是层出不穷，举不胜举。

---

① 《贞观政要》卷五《公平》。

② 《魏郑公谏录》卷一。

贞观七年（633年），唐太宗第三子蜀王李恪有位妃子杨氏，其父杨誉依仗权势，在京师长安为非作歹，抢人妻女，掠为奴婢，屡犯国法，无人敢管。时任刑部都官郎中的薛仁方依法将杨誉逮捕入狱，严加讯问。杨誉之子时任“千牛”，为太宗身边侍卫之官，却趁机诬陷仁方对皇亲国戚，“横生枝节”。太宗闻此，龙颜大怒，当即就要对仁方处以杖刑。魏徵挺身而出，为仁方辩解，并痛斥这些“旧号难治”的国家贵戚如杨誉者流，都是危害国家的“城狐社鼠”，若不以法治理，必将“自毁堤防”。最后，太宗只得赦免了仁方，惩治了杨誉[①]。

贞观十一年，蜀王李恪被任为安州总管。李恪自恃是皇帝爱子，故不亲政事，经常出外打猎，使百姓的农事受到很大损害。御史台官员侍御史柳范不畏强权，据理“奏弹”。不久，李恪受到了“免官”和削邑的处分。但太宗却以蜀王长史权万纪“不能匡正”李恪为由，要处死万纪。柳范又犯颜进谏说：“房玄龄事陛下，犹不能止畋猎，岂得独罪万纪？”太宗闻言大怒，“拂衣而入”。过了很长一段时间，太宗独自召见柳范，询问为何“面折”于我？柳范答道：“陛下仁明，臣不敢不尽愚直。”太宗遂转怒为喜，终于赦免了万纪之罪[②]。

正是由于唐太宗和大臣们的公正执法，所以官员们大多清正严谨，“制驭王公、妃主之家，大姓豪猾之伍，皆畏威屏迹，无敢侵欺细人。商旅野次，无复盗贼，囹圄常空，马牛布野，外户不闭。”[③]出现了社会秩序良好，百姓安居乐业的太平景象。

① 参看《魏郑公谏录》卷二。

② 参看《资治通鉴》卷一百九十五，太宗贞观十一年十月。

③ 《贞观政要》卷一《政体》。

三、坚持仁义为本和刑罚为末的原则，儒法并用

唐太宗虽然重视立法，并能够带头“守法”，终于成为一代“守法”名君而彪炳史册，但他在整饬吏治和提高统治职能方面，并没有纯任法律，也没有把希望完全寄托在执法之上，而是在进行法制建设的同时，还大力推行儒家学说，实行仁政。这是唐太宗的治国方略和先秦法家以及秦始皇奉行的以法治国的策略的最大区别。正如他在贞观元年对大臣们所说：“朕看古来帝王以仁义为治者，国祚延长，任法御人者，虽救弊于一时，败亡亦速。既见前王成事，足是元龟，今欲专以仁义诚信为治，望革近代之浇薄也。”[①]后来，大臣魏徵也在上疏中谏言说：“惟奉三尺之律，以绳四海之人，欲求垂拱无为，不可得也。故圣哲君临，移风易俗，不资严刑峻法，在仁义而已。”魏徵认为：“仁义，理之本也；刑罚，理之末也”[②]。由此可知，唐太宗在贞观年间所坚持的是仁义为本，刑罚为末的治国原则，儒法并用，而非纯任法律。其具体表现大致有以下几个方面：

首先，在严格惩治违法官员的同时，还经常对大臣们进行廉洁为官的思想教育，把“道德教化”和惩治犯罪相互结合，收到了显著的社会效果。

《贞观政要》卷六《贪鄙》篇中记载了唐太宗对大臣进行反腐倡廉教育时的很多教诲，情真意切，言简意赅，说理透彻，感人至深，又通俗易懂，至今读来，仍觉受益匪浅，故摘录其中几段谈话，以飨读者。

---

① 《贞观政要》卷五《仁义》。

② 《贞观政要》卷五《公平》。

贞观初，太宗谓侍臣曰："人有明珠，莫不贵重，若以弹雀，岂非可惜？况人之性命甚于明珠，见金钱财帛不惧刑网，径即受纳，乃是不惜性命。明珠是身外之物，尚不可弹雀，何况性命之重，乃以博财物耶？群臣若能备尽忠直，益国利人，则官爵立至。皆不能以此道求荣，遂妄受财物，赃贿既露，其身亦殒，实为可笑。"

贞观二年，太宗谓侍臣曰："朕尝谓贪人不解爱财也，至如内外官五品以上，禄秩优厚，一年所得，其数自多。若受人财贿，不过数万，一朝彰露，禄秩削夺。此岂是解爱财物？规小得而大失者也。昔公仪休（春秋时鲁国国相——引者注）性嗜鱼，而不受人鱼，其鱼长存。且为主贪，必丧其国；为臣贪，必亡其身。"

贞观四年，太宗谓公卿曰："卿等若能小心奉法，常如朕畏天地，非但百姓安宁，自身常得欢乐。……若徇私贪浊，非止坏公法，损百姓，纵事未发闻，中心岂不常惧？恐惧既多，亦有因而致死。大丈夫岂得苟贪财物，以害及身命，使子孙每怀愧耻耶？卿等宜深思此言。"

上述这些关于告诫人们为官不可贪浊，唯需"兢兢业业"，"小心奉法"的道理，对于我国今天的反腐倡廉亦有深刻的教育作用，当年对贞观大臣的上述教诲，所收到的社会效果当是可以想见的。

不仅如此，唐太宗还经常用勤政爱民、遵纪守法等为官和做人的道理对皇室子弟和诸王、太子等人进行循循善诱。因为他深知这些龙子龙孙们从小"生自深宫"，长于富贵，不知民间疾苦，不懂人情世故，如果不勤加教戒，将来就有家国俱丧的危险。因此，他不但为太子和宗室诸王精心挑选德高望重的官员，作为辅弼，而且还经常对他们耳提面命，谆谆教诲。

贞观十年，太宗曾对自己的四个儿子，即荆王元景、汉王元昌、吴王恪和魏王泰当面告诫说，一定要“先修德行”，“使善事日闻”，千万不要“纵欲肆情，自陷刑戮。”

贞观十八年，当他的第九子晋王李治被立为太子以后，鉴于长子承乾因沉湎酒色、纵欲过度终被废为庶人的教训，他更加注意对太子的教育，甚至做到了每事必诲：见其将要用饭，便说：“凡稼穑艰难，皆出人力，不夺其时，常有此饭。”见其乘马，便说：“能代人劳苦者也，以时消息，不尽其力，则可以常有马也。”见其乘舟，又说：“舟所以比人君，水所以比黎庶，水能载舟，亦能覆舟。尔方为人主，可不畏惧！”见其在弯曲的树木之下休息，便说：“此木虽曲，得绳则正，为人君虽无道，受谏则圣。”[①]后来，高宗李治继位以后，弘扬父风，励精图治，使贞观盛世得以延续发展，当与唐太宗时期的辛勤教导，不无关系。

其次，对有些犯罪官吏进行法律制裁之时，还辅之以仁义感化，引儒入律，有时也会收到意想不到的效果。

太宗的皇后长孙氏叔父长孙顺德曾是晋阳起兵的元老功臣，又参加了玄武门之变，故在太宗即位以后，以功官至左骁卫大将军之职，又为皇亲国戚，荣耀无比。但他却“素多放纵，不遵法度”。不久，他的监奴“受人馈绢事发”，太宗惜其有功，不忍加罪，“遂于殿廷赐绢数十匹，以愧其心。”有官员认为顺德“枉法受财，罪不可恕，奈何又赐之绢？”因而提出质疑。太宗回答说：“人生性灵，得绢甚于刑戮；如不知愧，一禽兽耳，杀之何益？”据说，从此以后，顺德“折节为政”，在泽州刺史任上，公正执法，将前刺史霸占境内膏腴之田数十顷，全部予以没收，分给了贫苦百姓。又对州内地方官贪污受

---

① 《贞观政要》卷四《教戒太子诸子》。

赌等事，严厉制裁，“一无所容，称为良牧。”[1]

第三，唐太宗在立法思想和执法实践中，还认真吸取儒家学说关于“宽仁慎刑”的主张，指示房玄龄和杜如晦等人在修订《唐律》时，要尽量坚持“革弊蠲苛”和“刑德化洽”的立法原则，实行以礼制律，刑礼相辅。房、杜等人根据太宗的这一指示精神，在拟定律文时，本着“意在宽平”的原则，对《开皇律》进行了大刀阔斧地删削，并化重为轻，“务在宽简”。其中“降大辟为流者九十二，流为徒者七十一”，其余“削烦去蠹，变重为轻者，不可胜纪。”又取消了鞭背和砍去脚趾等肉刑。[2]。

为了防止官吏在执法时的任情喜怒，草菅人命，使刑网日趋严密，因而造成不可挽回的损失，唐太宗特别对死刑的审批程序谨慎有加。因为他深知“死者不可再生”，如果一旦死刑有错，人头落地，就会造成不可弥补的损失。所以，早在贞观元年（627年），太宗就对大臣们说：“自今以后，大辟罪，皆令中书、门下四品以上及尚书九卿议之。如此，庶免冤滥。”[3]

贞观五年八月，相州人李好德因患精神疾病，“言涉妖妄”，太宗下令逮捕审问。大理寺法官张蕴古认为好德精神失常，不能自控，“法不当坐”。但监察官权万纪却认为好德之兄厚德现为蕴古家乡刺史，“情在阿纵，按事不实。”太宗闻讯大怒，当即下令将蕴古斩于长安东市。不久，他就觉得对蕴古的量刑过重，想收回成命，但为时已晚。便下诏说：“凡有死刑，虽令即决，皆须五覆奏。”据说，死刑均须“五覆奏”之后，方可行刑，“自蕴古始也”。接着，又对大臣们说：“守文定罪，

---

① 《旧唐书》卷五十八《长孙顺德传》。

② 参看《旧唐书》卷五十《刑法志》。

③ 《贞观政要》卷八《刑法》。

或恐有冤。自今以后，门下省覆，有据法令合死而情可矜者，宜录奏闻。”①从此以后，死刑审批程序逐渐完善，当有不少蒙冤被判死刑者，死里逃生。

总之，由于唐太宗在贞观年间修订《唐律》之时，坚持了“官刑入律”的法律思想，又特别强调法律的稳定性、简约性和明确性等立法原则；在执法实践中，又带头“守法”，维护法律尊严；又坚持仁义为本，刑法为末，儒法并用。不仅对贞观盛世的形成提供了可靠而又合理的法律保证，而且也极大地丰富和发展了我国古代的法制思想，为我们今天建设法制社会也提供了一定的历史借鉴。

第四节　盛奖科举与笼络天下学士

一、隋和唐初科举制的草创

如前所述，科举制是创始于隋文帝和隋炀帝时期的一种新的选官制度。科举制结束了魏晋南北朝时期实行九品中正制时门阀士族垄断选官权力的状况，为广大寒门庶族子弟打开了广阔的入仕之门，实现了我国古代在选官制度方面的一次重大变革。但由于科举制在隋朝实行的时间极短，故科举选官并未形成定制，仅出现了“进士科”而已，且由此科入仕的及第进士亦寥寥无几，故科举制在选官制度方面的重大意义并没有得到充分发挥。唐朝建立以后，唐高祖武德四年（621年）以前，由于统一全国的战争尚在激烈进行，社会秩序处于动荡之中，科举制未遑实行。只是从武德五年以后，天下渐趋平定，科举制才得以恢复。但经天下大乱以后，文人士子不乐仕进，就在

① 《资治通鉴》卷一百九十三，太宗贞观五年八月。

当年，参加科举考试的举子仅有二百余人，其中“诸州共贡明经一百四十三人，秀才六人，俊士三十九人，进士三十人。”①从武德五年至九年的五年中，全国共经考试而及第的秀才 6 人，进士 26 人②。由于应试者极少，官员不充，故还出现了“省符下诸州差人赴选官，州府及诏使多以赤牒补官”③的现象。所以，从隋初到唐武德年间，科举制并未发挥重要作用，实属草创阶段。

二、贞观年间科举制的兴盛

唐太宗称帝以后，由于天下承平渐久，社会安定，加上实施了偃武修文的治国方针，使得教育事业飞速发展，求学兴文之风日益浓厚，科举制才逐步兴盛，并为以后的走向成熟奠定了基础。科举制在唐太宗贞观年间的日益兴盛和渐臻完善，大致有以下表现：

首先，就是科举考试的科目日趋完备，进士科在众多科目中的地位日益提高。

如前所述，隋唐科举考试的进士科为炀帝所创，而明经、俊士、秀才等科则早已有之。故唐高祖武德五年首次开科举士时，即设置有以上诸科，而且主持科举考试的考功员外郎申士宁在当年只录取了秀才 1 人，俊士 14 人，无明经和进士及第者。武德七年二月，唐高祖曾颁布诏书说：“诸州有明一经以上未仕者，咸以名闻；州县及乡皆置学。”④仍未提及进士科。这说明唐高祖武德年间进士科在科举选官中并不占重要地位。

① 《唐摭言》卷十五《杂记》。
② 参看徐松：《登科记考》卷一。
③ 《资治通鉴》卷一百九十二，太宗贞观元年十二月。
④ 《资治通鉴》卷一百九十，高祖武德七年二月。

这种状况到了唐太宗贞观年间，才发生了根本性的改变。

贞观八年（634 年）三月，唐太宗出于对进士科的高度重视，曾下诏“加进士试读经史一部”[①]，使参加进士科考试的举子更能发挥其在读经阅史方面的特长。在此期间，太宗又下诏说，参加秀才科考试的举子，如果有“不第者，坐其州长。”据说，从此以后，秀才科“由是废绝”。从此，举子渐趋明经和进士二科。又因为“其进士大抵千人得第者百一二，明经倍之，得第者十一二。”[②]故进士的仕途明显优于明经，自然举子们就会趋之若鹜了。所以，五代时人王定保就说：“进士科始于隋大业中，盛于贞观、永徽之际。缙绅虽位极人臣，不由进士者，终为不美。”[③]参加科举考试的举子们重进士、轻明经的观念自贞观年间形成以后，终唐之世举子们相沿不改，以致浸以成俗，被编为谚语：“三十老明经，五十少进士。”[④] 意为举子们三十岁考中明经，可谓老于科场；五十岁考中进士，即谓少年得志。举子们对进士科的青睐，于此可见。

唐太宗于贞观二年（628 年）在为国子监所属六学增置儒学博士、增筑校舍和数幸国学的同时，又下令复置书学和算学，并“令置博士、学生，以备艺文，凡三千二百六十员。”[⑤]贞观六年二月，太宗又下诏“初置律学”[⑥]。由此国子六学又恢复了被唐高祖在武德年间已经废除的书学、算学，并增置了律学，自然科举考试中又新增了专门学习书法、数学和法律的

---

① 《唐会要》卷七十六《贡举中·进士》。

② 《通典》卷十五《选举典》。

③ 《唐摭言》卷一。

④ 《旧唐书》卷一百八十九上《儒学传序》。

⑤ 《旧唐书》卷一百八十九上《儒学传序》。

⑥ 《旧唐书》卷三《太宗本纪下》。

明书、明算和明法三科。至此，科举考试中常举的明经、进士、明法、明书、明算等五科俱备，终唐之世，沿而不革，当是科举制完善的重要标志。明书、明法、明算三科虽在唐朝的科举入仕中所处的地位甚微，但却对促进唐朝文学艺术事业的发展，起到了不可估量的作用。众所周知，唐朝的科举选官中的明经、进士等科均由尚书省吏部考功司考功员外郎所主持，考场设在吏部贡院，被称为常举之科。唐太宗贞观年间还创设了由皇帝亲自主持的科举考试，考场大多是在太极宫内殿廷举行，史称制举考试。

据《册府元龟》一书所载唐太宗于贞观三年所下诏书云："白屋之内，闾阎之人，但有文武才能，灼然可取；或言行忠谨，堪理时务；或在昏乱而肆情，遇太平而克己。亦录名状，与官人同申。"[①]文中所谓"文武才能，灼然可取"；"言行忠谨，堪理事务"；"在昏乱而肆情，遇太平而克己"等，当属皇帝主持制举考试的具体科目；"亦录名状，与官人同申"，当指由皇帝所亲自主持的制举考试。由此，清人徐松在其所编《登科记考》一书中说："按此诏所言，即制举科目之始。"[②]

又据《旧唐书》卷一九〇上《文苑上·崔信明传》云："（信明于）贞观六年，应诏举，授兴世（县）丞。"这当是见于记载的唐朝制举及第的最早记录。徐松在《登科记考》卷一中据薛稷撰《故洛州洛阳令郑府君碑》，补入贞观七年"应制及第"者郑敞 1 人。又据《旧唐书》卷七十八《张行成传》云："又应制举乙科，授雍州富平县主簿，理有能名。秩满补殿中侍御史，纠劾不避权戚，太宗以为能，谓房玄龄曰：'观古今用人必因媒介，行成者，朕自举之，无先容也。"张行成

① 《册府元龟》卷六十七《求贤一》。

② 《登科记考》卷一。

当为贞观年间制举入仕，自属无疑。所有这些，都说明唐科举选官中的制举考试，创始于唐太宗贞观年间。此后，有唐一代沿而不改，遂成为唐代科学选官的又一途径。唐太宗完善科举制度的历史功绩当是不可否认的。

其次，唐太宗贞观年间更加明确和扩大了参加常举考试的举子范围。高祖武德年间规定的参加常举考试的举子大致共有两类：一类是由国子监所属各类学校毕业的学生，时称“生徒”；一类是由州县学毕业的学生及自学成才者，时称“乡贡”。唐太宗时又增加了守卫京城的府兵卫士。《旧唐书》卷一八九上《儒学传序》中说，贞观二年，唐太宗在大兴国学的同时，还诏令“玄武门屯营飞骑，亦给博士，授以经业。有能通经者，听之贡举。”这说明从贞观二年以后，戍守宫城的屯营卫士也可以参加常举考试。虽然有关文献没有此类卫士因参加贡举而及第入仕的记载，但说明当时参加科举考试的人员范围确实有所扩大，而且也为后来武则天创设“武举”科目开了先河。

再次，规范了常举考试的内容及其考试方法。隋和唐初的常举考试均以儒家经典为主要内容，考试方法则有帖经、墨义和策问三种。所谓帖经，就是“以所考经掩其两端，中间唯开一行，裁纸为帖，凡帖三字，随时增损，可否不一，或得四、得五、得六者为通。”[1] 总之，帖经主要考试举子们对经文的背诵是否熟练。墨义即口试，就是主考官将经书中所要提问的问题写成题签，置于签桶之中，让考生抽取试题后，作出口头回答。策问则源于汉代的贤良对策，隋唐时又分为“方略策”和“时务策”两种。大致均由主考官根据有关治国方略、时政方针和时事政策方面的问题，拟出问策，考生据以作出策文。

---

① 《通典》卷十五《科举三·历代制下》。

类似今天的命题作文。主考官按所答内容和行文程式等定出成绩。正如《唐语林》一书所云："唐朝初，明经取通两经，先帖文，乃按亲疏试墨策十道。秀才试方略策三道，进士试时务策五道。"这当是对隋和唐初常举考试方式的较早记录。但由于武德年间儒家经典无有定本，主考官在对举子进行帖经和墨义时所据经书版本很难选择，且很难确定答案的正确与否，所以就只能侧重策问，这就会在录取及第者时形成一定偏差。贞观七年，唐太宗令颜师古等人编辑整理《五经定本》；贞观十四年，又颁布了孔颖达的《五经正义》。从此，国子六学不但有了统一的经书教材，而且科举考试的经书内容也有了统一版本，从而就能较为客观地考出举子们的文化素质和文学修养，也为主考官的录取工作提供了统一标准。

第四，规范了铨选官员的考试和录取时间。隋和唐初经科举及第的明经、进士等人只是取得了做官的资格（即出身），仅为迈向入仕之门的第一步。要想真正步入仕途，还要经过由尚书省吏部侍郎主持的铨选考试，铨选及第以后，才能脱去麻布"褐衣"，换上官服，故时人又称铨选考试为"释褐试"。只有皇帝主持的制举考试及第后，才可直接做官，这是唐代科举选官中常举和制举的最大差别。另外，任期已满的前资官和在中央官署衙门服役的流外官等也要通过吏部铨选，才能步入仕途和迁转官职。因此，铨选当是隋唐选官制度的又一重要内容。吏部铨选的任官标准有四条：即身、言、书、判。所谓"身"，即指"体貌丰伟"；"言"，即"言辞辩证"；"书"，即"楷法遒美"；"判"，即"文理优长"。选官原则是"四事（指身、言、书、判）皆可，则先德行，德均以才，才均以劳。"①

唐朝初年，由于干戈屡动，战乱相继，直到武德四年

① 《新唐书》卷四十五《科举志》。

(621年）以后，兵革渐息，“百姓安业，士不求官，吏不求禄”，官员不充，以致出现了“省符下诸州差人赴选，州府及诏使多以赤牒补官”的现象，致使铨选考试完全流于形式。到了唐太宗贞观年间，由于求官者与日俱增，“勒赴省选，集者七千余人”，于是隋时实行的每年十一月铨选开始，到次年三月铨选结束的选官规定，使铨选者感到时间短“促”，不能满足求官者的欲望。于是吏部侍郎刘林甫遂“奏四时听选，随到注拟，人以为便。”不久，唐太宗又以“关中米贵”为由，“始分人于洛州选。”[①]这种为了满足求官者的欲望和补充中央及地方州县官员的需要，将隋和唐初的铨选定期之制改变为“四时听选”之制，并在都城长安和东都洛阳两地进行，相继实行了将近20年时间。直到贞观十九年（645年），中书令兼吏部尚书马周鉴于尚书省吏部在“四时听选”工作期间，“略无休暇”，且易生弊端，“始奏选人取所由文解，十月一日赴省，三月三十日毕。”[②]此后，唐代的铨选即遵循此制，每年十月一日到户部报到，次年三月三十日铨选结束。

由此可知，从隋朝创始的科举制，历经唐高祖武德年间，直至唐太宗贞观时期，才渐趋完善，并日益兴盛。不仅由吏部员外郎主持的常举科目已成定制，考试内容和考试方法整齐划一，主次分明，又增加了由皇帝主持的制举考试，进一步扩大了士人的入仕途径，而且由尚书省吏部侍郎主持的铨选制度也日益规范。从而使科举制逐渐成为国家选拔官员的主要途径，为广大文人学士特别是寒门素族的子弟打开了广阔的入仕之途。据《登科记考》一书所载，唐太宗贞观二十三年期间的科举考试基本上都连年举行，从未中断。仅进士一科及第者就达

① 《资治通鉴》卷一百九十二，太宗贞观元年十一月。

② 《通典》卷十五《科举三·历代制下》。

190多人。贞观十八年（644年），一次录取进士就达24人，几乎是武德时期五年录取进士人数的总和。每年参加常举考试的举子人数达到二三千人，超过了武德年间参选士人人数10倍以上。所以唐人赵嘏写诗称赞说："太宗皇帝真长策，赚得英雄尽白头。"有一年，唐太宗还在常举考试结束，私幸皇城端门之上，看到新进士鱼贯而入，拜见座主，情不自禁地说："天下英雄入吾彀中矣！"[1] 所有这些，都说明科举制在贞观年间已充分发挥了笼络天下学士的作用。

第五节　整顿府兵制度与加强国防建设

一、唐太宗对国家战备与国防建设的指导思想

唐太宗吸取了历史上秦始皇、汉武帝和隋炀帝等帝王因为穷兵黩武和连年用兵而招致国家败亡的历史教训，又借鉴了先秦时期一些腐儒只讲仁义而不修战备的狭隘观点，他在贞观年间不但坚持尊儒崇经和偃武修文的治国方略，大兴文治，而且还重视战备，整顿军事体制，加强国防建设。从而建立了一支强大的武装部队，并不断完善军事领导体制，注意军队的合理布局。不但极大地强化了专制主义的集权统治，而且在巩固边防和维护国家统一方面取得了一系列重大胜利。边功之盛，亘古罕有。因为唐太宗在经历了隋末战乱和唐初的统一战争之后，深深体会到了国家军队在维护统治和巩固边防方面的重要意义。所以，他在登极称帝以后，经常对大臣们说："兵甲者，国之凶器。土地虽广，好战则民凋；邦国虽安，亟战则民殆。

① 《唐摭言》卷一。

凋非保全之术，殆非拟寇之方，不可以全除，不可以常用。”① 这就是君主应具备的用兵之道。这些对国家军队和内外战争的正确认识，就是唐太宗在贞观年间大力改革军事制度，不断加强国防建设的指导思想。

二、改革府兵制度

唐太宗贞观年间对军事制度的改革主要体现在对府兵制的改革方面，因为府兵制是当时最主要的军事制度。

如前所述，府兵制创始于西魏、北周时期，是当时执政的宇文泰在关中地区实行的一种军事制度。经隋文帝的改革以后，变成了一种寓兵于农的军事制度，并由此而建立了一套完整的军事指挥和领导体系，为维护社会秩序和巩固国防建设起到了巨大作用。但在隋末农民起义的打击下，由隋文帝苦心经营的这一军事体制迅速土崩瓦解。一部分府兵兵士因生活所迫，纷纷加入到了农民起义军的行列，由国家官兵变成了农民武装；一部分府兵则为各地大小军阀所控制，变成了私人军队。隋朝的军事体系也随之瘫痪解体。唐朝建立之初，高祖李渊迫于统一战争之需，着手恢复和建立府兵体系。武德二年(619 年)，高祖分关中为 12 道，每道各置 1 军，共 12 军，原属各道的军府均隶 12 军统领，每军置军头、副军头各 1 人。不久，又将各军改为骠骑将军府，改军头为骠骑将军，副军头为车骑将军。军下有坊，置坊主 1 人，遂使府兵制的基层组织初具规模。与此同时，中央亦沿袭隋制，设置了府兵的最高领导机构，即十二卫和东宫十率，分别以大将军和将军为各卫正副长官。至此，府兵制规模大体完备。但由于当时战事繁忙，这些编制时置时废，并不固定，府兵兵士“寓兵于农”和“兵

---

① 《贞观政要》卷九《征伐》。

农合一”的性质并不显著。更重要的是由于秦王世民和太子建成及齐王元吉之间的矛盾日益加剧，常使中央十二卫及所属十二军同亲王所率六府之间形成对立之势，严重干扰了皇帝对府兵的控制与指挥，不利于集权统治。唐太宗即位后，即对府兵制进行了大力整顿。

贞观十年（636年），唐太宗首先在全国各州府普遍设立了府兵制的基层组织——折冲府。折冲府由隋末的鹰扬府和唐初的骠骑府演变而来，但名称已发生改变，且遍布全国各地。折冲府设于有关州府，以设置地的山川地形或名胜古迹命名。各府均有固定范围，时称“地团”、“军团”或“乡团”。府兵由所在地团的成年男子轮番服役，番期为兵，自备衣粮，但可免租调，其余时间务农，农闲时仍需习武。这就是府兵制“寓兵于农”性质的体现。

折冲府按照地团大小和府兵人数多少，分为上、中、下三等，上府1200人，中府1000人，下府800人。每府置折冲都尉1人，左右果毅都尉各1人，为折冲府正副长官，其下还有别将、长史、兵曹参军等。如遇征发当府卫士出征，则由折冲都尉和当州刺史共同察验符契，相合乃发。

关于唐贞观年间全国所置折冲府的数量诸史记载不一，其中所载数字最少者为574府，最多者为800府。据《新唐书·地理志》所载和近人考校补逸，唐贞观年间和唐前期全国所置有名称和位置可考的折冲府约有627个，全国府兵的总兵力约60万人。这些折冲府在全国十道的分布情况大致如下：关内道共置289府，分布在2府17州，其中京兆府有131；河南道有府73，河东道166，河北道51，山南道15，陇右道33，淮南道9，江南道7，剑南道11，岭南道6。由此可知，当时唐都长安所在的关内道所置军府应占全国折冲府总数的三分之一以上，而京兆府又占关内道折冲府总数的一半以上。这样，就形成了“举关中之众以临四方”和“内重外轻”的军事布局，大大加强了以皇帝为中心的君主专制统治。

被编制在折冲府内的府兵卫士的主要职责是番上宿卫和番代征防两种。番上宿卫是指保卫都城长安。这是府兵兵士一项经常性任务，按折冲府所在地距长安的路程远近，分番服役。宿卫京师的府兵兵士要按各折冲府和中央十二卫的隶属关系，在各卫大将军的率领下，执行具体的宿卫任务。番代征防是府兵的另一任务，其中“防”是固定上番，即每个折冲府都要在固定的边防地区防守卫戍，唐朝廷在这些边防冲要之地均设有军、镇、守捉等机构，而这些边防要塞亦有严密的组织和指挥体系。“征”则是临时差遣，即遇有紧急军务，由尚书兵部按照皇帝诏敕，向各军府颁布符契，折冲府长官和州刺史勘验无误后，府兵随即出征。

唐太宗贞观年间的折冲府一般设在全国州府，州府之下的县、乡等行政机构则设团、旅、队、火等府兵机构，属于折冲府之下的基层组织。

贞观年间府兵的最高领导机构仍沿袭隋和武德旧制，为设在京师长安的十二卫，每卫设大将军1人，将军2人，为每卫的正副长官，其下还有长史1人，录事参军1人，仓、兵、骑、胄四曹参军各1－2人。其中左右卫，掌宿卫宫禁和皇城四面，统领武成、武安等50个折冲府宿卫京师的府兵卫士，军号骁骑；左右骁卫，职掌同左右卫，统领永固等49府，军号豹骑；左右武卫，掌同左右卫，统宜阳等50府，军号羽骑；左右领军卫，掌同左右卫，统万敌等60府，军号射弓；左右金吾卫，掌宫中、京城巡警及京畿烽燧、道路，统同轨等50府，军号佽飞。十二卫虽是府兵的最高领导机构，但十二卫大将军仅有对府兵的统领权，而无发兵和调兵权。征兵命令只能由尚书省兵部发布，而尚书兵部则要接受中书、门下两省的监督和领导，而中书、门下两省则要绝对服从皇帝旨意。这样，府兵的领导权由各级机构相互牵制，最终保证了皇帝权力的至高无上。

唐太宗于贞观年间不仅完成了对府兵制度的全面改革，而且还特别重视对服役府兵的军事训练。太宗在即位伊始，即亲自带领卫士在殿廷教习骑射，并告诫卫士说："戎狄侵盗，自古有之，患在边境少安，则人主逸游忘战，是以寇来莫之能御。今朕不使汝穿池筑苑，专习弓矢。居闲无事，则为汝师；突厥入寇，则为汝将。庶几中国之民可以少安乎！"据说，"由是人思自励，数年之间，悉为精锐。"[①] 贞观年间，唐太宗相继取得了一系列赫赫战功，主要就是依靠了这支训练有素的府兵军队。

由于府兵卫士按番服役，而"每番总人数至多八万到十二三万，而宿卫京师的经常需要好几万人。所以可资调遣出征或防守外地的人数不会很多，即使集中调遣，充其量也不能超过两番总数，除留供宿卫外，不可能多于十万人。"[②]为了弥补府兵兵力的不足，在遇有重大战事时，唐太宗还使用招募之法，征集兵源，史称兵募。如唐太宗在贞观十八年用兵辽东时，就曾"发天下甲士，招募十万，并趋平壤，以伐高丽。"[③] 当时，"远近勇士，应募及献攻城器械者不可胜数"，唐太宗自豪地说："朕今征高丽，皆募愿行者，募十得百，募百得千，其不得从军者，皆愤叹郁邑，岂比隋之行怨民哉！"这说明府兵制在兴盛时期的贞观年间，募兵制作为府兵的补充制度，依然存在，只是府兵制为当时军制的主体，募兵制为补充形式而已。

① 《资治通鉴》卷一百九十二，高祖武德九年九月。

② 谷霁光：《府兵制考释》，上海人民出版社 1962 年版，第 174 页。

③ 《旧唐书》卷三《太宗本纪下》。

直到唐玄宗开元年间，由于府兵制渐趋瓦解，募兵制才代之以兴，成了唐后期的主要兵制，并给唐后期的政治、经济带来了严重影响，以致在安史之乱以后，很多朝廷大臣都发出了恢复府兵制的呼吁！由此可以看出，唐太宗贞观年间整顿府兵制度，使其进入全盛时期，确实为贞观盛世的出现提供了重要的军事保证。

第六节　修订《氏族志》与加强政权建设

一、贞观《氏族志》的修订过程

唐太宗于贞观十二年（638 年）重修《氏族志》，应是当时国家政治生活中的一件大事。这件事情的经过大致如下：

贞观初年，唐太宗在一次宴会时同大臣们的谈话中，“尝言及山东、关中人，意有同异”，即对山东士族表示了不满情绪，而对关中士族却流露了惺惺相惜之意。当时，参加宴会的殿中侍御史张行成由于没有理解太宗谈话的言外之意，便跪地上奏说：“臣闻天子以四海为家，不当以东西为限，若如是，则示人以隘狭。”当时，太宗虽“善其言”①，但从此却萌生了重修《氏族志》的念头。

何谓《氏族志》，唐太宗为什么要重修《氏族志》？

所谓《氏族志》者，就是专门为官僚地主特权阶层门阀士族所撰修的家谱，也称谱牒。修撰《氏族志》这一风气形成于魏晋南北朝时期。

这是因为自从曹丕在代汉建魏前夕，接受了吏部尚书陈群的建议，实行了九品中正制，到曹魏后期，由于担任州郡选官

① 《旧唐书》卷七十八《张行成传》。

的大中正或中正官全被门阀士族所把持，他们把选官标准定在了门第的高下和族谱的贵贱之上，而完全放弃了九品中正制原有的道德和才能标准。这就为门阀士族们提供了“平流进取，坐致公卿”的优越条件，以致在两晋和南朝时期出现了“上品无寒门，下品无势族”的门阀政治。正如唐代人柳冲所说：“魏氏立九品，置中正，尊世胄，卑寒士，权归右姓已。其州大中正、主簿，郡中正、功曹，皆取著姓士族为之，以定门胄，品藻人物。晋、宋因之，始尚姓已。”①

但从东晋南朝时期，门阀士族就已经出现了盛极而衰的局面。这是因为在这一时期统治集团内部爆发了一连串的武装冲突，一部分失败的门阀著姓有的被族灭，有的被贬官削职，相继失去了昔日显赫的政治地位，出现了“旧时王谢堂前燕，飞入寻常百姓家”的现象。与此同时，三吴和江南地区发生了多次农民大起义，也使东晋南朝的很多士族受到沉重打击。更为重要的是，由于门阀士族均可以凭借崇高的郡望和优越的门第，“平流进取，坐致公卿”，故其子弟大多“不乐武位”，又不屑“竞智尽心，以邀恩宠”，所以，他们便在思想观念上只口谈玄虚，崇尚宗教、玄学；生活方式上只追求奢侈豪华，“熏衣剃面，傅粉施脂”，“出则车舆，入则扶持”；在仕途道路上也只想做一些职闲廪重的“清官”。这样，门阀士族的势力便从自己的顶峰跌落下来，出现了盛极而衰的趋势。与此同时，寒门素族的势力乘机崛起，不但逐渐握取了中央大权，而且也操纵了地方权力。这些庶族新贵为了改变自己原来卑微的郡望和低贱的门第，一方面不惜花费巨额聘礼，与士族联姻，致使士族原来保持的内部互通婚姻的旧章，受到冲击，出现了“婚宦失类”的现象。另一方面，这些庶族新贵还大肆篡改家

① 《新唐书》卷一百九十九《儒学中·柳冲传》。

谱，“诈入士流”，一跃而为“昨日卑细，今日便成士流”的假冒士族，出现了“士庶不分”和“士庶同流”的现象。而处于盛衰剧变中的士族门阀为了继续保持自己原来的崇高郡望和优越的门第，便大修家谱，注重谱牒。而各代王朝的统治者也不惜花费巨资，聘请士人为国家撰写士族家谱，以便为他们在“按谱索官”时，提供真实的依据。于是，修撰家谱便逐渐成为一门专业学问，时称“谱牒学”或“谱学”。同时，还出现了一些以研究谱牒为事的行家里手。但从东晋南朝开始，由于政治形势的发展变化，不少王朝的最高统治者在选官方面已不再把门第和郡望看成首要条件，已经出现了“罢门资之制”和“选无清浊”的趋势，为隋和唐朝最终罢废九品官人法，创行科举制开了先河。但由于旧士族观念的根深蒂固而不易立即根除，所以在官方修撰的《氏族志》中，那些已经失势的旧门阀士族仍占据着显著地位。特别是老牌的山东士族，如崔、卢、李、郑，东南侨姓的王、谢、袁、萧，江东吴姓的朱、张、顾、陆，关中高门的韦、杜、裴、柳，代北虏姓的元、长孙、宇文等，仍高居志首，不可摇动。这样，就势必会出现当朝新贵和老牌士族在政治地位和思想观念方面的矛盾现象。即老牌士族虽“世代衰微”，但却在《氏族志》上名列前茅；朝廷新贵虽官位显赫，但却在《氏族志》上名落龙尾。

唐朝建立以后，关陇李姓一跃而成为皇室贵胄，一大批元老功臣也相继登上了朝廷内外的高官显位。但他们和老牌士族之间在政治地位和思想观念方面的矛盾，并没有得到丝毫改变。相反，由于受到“尚姓”观念的影响，一些“新官之辈”和“丰财之家”，却因郡望低微，门第下等，而对老牌士族“慕其祖家”，羡其郡望，争先恐后，“竞结婚姻，多纳货贿，有如贩鬻。”[①] 一些老牌士族为了提高自己的门第郡望，也极力广索聘礼，以多为贵。

对此，唐太宗遂在贞观六年与宰相房玄龄商议了重修《氏族志》之事，并指示说：“比有山东崔、卢、李、郑四姓，虽累叶陵迟，犹恃其旧地，好自矜大，称为士大夫。每嫁女他族，必广索聘财，以多为贵，论数定约，同于市贾，甚损风俗，有紊礼经。既轻重失宜，理须改革。”此言一出，作为新贵代表的宰相房玄龄当然全力支持。于是太宗便诏令吏部尚书高士廉、御史大夫韦挺、中书侍郎岑文本和礼部侍郎令狐德棻等人刊正姓氏，重修《氏族志》，并提出了修志的具体方法和修志原则：“普责天下谱牒，兼据史传，剪其浮华，定其真伪，忠贤者褒进，悖逆者贬黜。”[②]

高士廉等人接受了这一诏令之后，不敢怠慢，经过五年多时间的辛勤工作，终于在贞观十一年编成了一部涉及全国著姓的《氏族志》，共有士族“三百九十八姓”和“二千一百杂姓”。但名列首位的仍为山东旧姓崔氏，即现任黄门侍郎的崔民干家族。唐太宗翻阅了这部新修的《氏族志》后，当即对高士廉等人进行了严厉批评：“汉高祖与萧（何）、曹（参）、樊（哙）、灌（婴）皆起闾阎布衣，卿辈自今推仰，以为英贤，岂在世禄乎？高氏（此指北齐高洋家族）偏据山东，梁、陈僻在江南，虽有人物，盖何足言？况其子孙才行衰薄，官爵陵替，而印然以门地自负，贩鬻松槚，依托富贵，弃廉忘耻，不知世人何为贵之？今三品以上，或以德行，或以文学，致位贵显。彼衰世旧门，诚何足慕，而求与为婚，虽多输金帛，犹为彼所偃蹇，我不知其解何也？今欲厘正讹误，舍名求实，而卿曹犹

① 《唐会要》卷八十三《嫁要》。

② 《贞观政要》卷七《礼乐》。

以崔民干为第一，是轻我官爵徇流俗之情也。”并下令对这部《氏族志》再加刊定，并明确指示刊定原则：“专以今朝品秩为高下”。高士廉等人根据这一原则，又经过了一段时间的修改，终于修成了《氏族志》一百卷，共收士族“凡二百九十三姓，千六百五十一家”，且“以皇族为首，外戚次之，降崔民干为第三。”太宗遂于贞观十二年正月，“颁行天下”①。

唐太宗于贞观年间重修《氏族志》的原因及其大致经过就是如此。

二、唐太宗重修《氏族志》的政治目的

唐太宗派人重修《氏族志》的目的何在，这件事究竟有何政治意义?

过去学术界很多人都一致认为唐太宗重修《氏族志》是对门阀士族势力的一次沉重打击，是对新兴庶族地主的有力扶持，促进了地主阶级内部阶级关系的新变动，加速了门阀士族势力的衰亡。甚至有人由此认为唐太宗是新兴地主阶级庶族势力的代表。

其实，这些观点都有失偏颇，且疏误丛生，故不能成立。

首先，如果此时唐太宗已经站在了门阀士族的对立面，成了他们的反对派，他在重修《氏族志》时，何以没有选择出身庶族的官僚担当此任，而要选择本身就是门阀士族的官僚修撰此志。而这项工作的总编辑高士廉是山东渤海著姓，韦挺为关中首姓甲门，岑文本为江南士族，令狐德棻是代北大姓。让出身士族的官僚专为士族重修《氏族志》时，要想对士族势力进行有意压抑或沉重打击，这是不可想象的。

其次，既然唐太宗已经给最后修订《氏族志》制订了“专

① 《资治通鉴》卷一百九十五，太宗贞观十二年正月。

以今朝品秩为高下”的修志原则，那么该志就应以皇族第一，外戚次之，而达官新贵如房玄龄、杜如晦等名列第三的次序依次排列，但新志却将黄门侍郎崔民干列为三等。这说明山东著姓崔氏的社会地位虽属皇族和外戚之下，但仍在其余二百多家士族之上。新志对士族的这种排列次序，最后竟然得到了唐太宗的认可，颁行天下。这能说是对士族势力的沉重打击吗？

再次，李唐皇室自高祖李渊开始，即以门阀著姓自居。他曾对宰相裴寂说：“我李氏昔在陇西，富有龟玉。降及祖祢，姻娅帝王”，“公复世胄名家，历职清要，岂若萧何、曹参起自刀笔吏也！惟我与公，千载之后，无愧前修矣。”[①]唐太宗在诏修《氏族志》之时，还一再对高士廉强调说：“我与山东崔、卢、李、郑，旧既无嫌。”[②]明显带有讨好之意。后来，他还提议要对李唐宗室和功臣子弟，实行世袭刺史之制，使其成为万世不变的特权阶层。如此等等，何以能说唐太宗重修《氏族志》一事，就表明他已站在庶族地主一边了呢？

有鉴于此，我们认为唐太宗重修《氏族志》的目的只能是为了消除对李唐王朝不利的旧士族观念，增加李唐王朝对各类士人的凝聚力，提高李唐王朝的政治威望，以此而巩固李唐王朝的统治，保持李唐王朝的长治久安。关于这一政治目的，还可以从以下几个方面来进行说明。

首先，从选官制度方面来看。如前所述，由于魏晋时期九品中正制发生蜕变，原来重德才、轻门第的选官标准，被后来的唯以门第高下的选官标准所代替，赋予了由两汉以来形成的门阀士族的特殊权力，导致了西晋门阀政治的形成。与此同时，以门第相尚的门阀观念也日渐深入人心。到了东晋南朝时

① 《唐会要》卷三十六《氏族》。
② 《旧唐书》卷六十五《高士廉传》。

期，这些老牌士族虽“世代衰弱”和“累叶陵迟”，但他们的社会地位却丝毫未减，他们所形成的“平流进取，坐致公卿”以及不屑“竞智尽心，不邀恩宠”的思想观念也与日俱增。这样，自然就会和当权者之间形成隔阂。降及唐朝，这种旧士族势力的思想观念也会和唐王朝推行的科举选官制度发生抵触，而严重影响李唐王朝用考试方法选拔官吏的既定制度。前文所述，贞观元年，唐太宗针对在铨选官吏时“诈伪资荫者”，特发敕令，“不首者死”，不惜违律重判，其目的是显而易见的。因此，为了巩固和发展科举选官制度，保证充足的选官来源，重修《氏族志》，消除陈旧的门阀观念，就是势在必行了。

其次，从治国方略来看。唐太宗即位之初，就已确定了尊儒崇经和偃武修文的治国方案，详见下述。而这些旧士族却在思想观念上信奉玄学宗教，鼓吹离经叛道的异端邪说，甚至不惜“弃廉忘耻”，高标门第，索要高额聘礼，卖婚求财，有如商贾。不但既亏仁义，又损名教，和唐太宗所奉行的治国方略格格不入。因此，重修《氏族志》也是为了贯彻以儒治国方略的需要。关于这一点，唐太宗在后来贞观十六年所下诏书中曾有明确表述，现摘录如下：

> 氏族之盛，实系于冠冕；婚姻之道，莫先于仁义。自有魏失御，齐氏云亡，市朝既迁，风俗陵替。燕赵右姓，多失衣冠之绪；齐韩旧俗，或乖德义之风。名虽著于州闾，身未免于贫贱。自号膏粱之胄，不敦匹敌之仪。问名惟在窃赀，结缡必归于富室。乃有新官之辈，丰财之家，慕其祖宗，竞结婚媾，多纳财贿，有如贩鬻。或贬其家门，受屈辱于姻娅；或矜其旧望，行无礼于舅姑。积日成俗，迄今未已。既紊人伦，实亏名教。朕夙夜兢惕，忧勤政道，往代蠹害，咸已惩革，惟此弊风，未能尽变。自今

以后，明加告示，使识嫁娶之序，务合典礼，知朕意焉。其自今年六月，禁卖婚。①

由此可知，唐太宗重修《氏族志》的目的，完全在于提高李唐王朝在士人心目中的政治威望，并顺利实施科举选官制度和贯彻执行尊儒崇经的治国方略而推行的一项政治举措。从贞观年间科举制大为兴盛和以儒治国方针的顺利实施来看，唐太宗重修《氏族志》的目的是达到并实现了的，并对贞观盛世的形成起到了不可估量的作用。

① 唐太宗：《刊正氏族诏》，载《全唐文》卷六。

第六章

调整君臣和君民关系与构建和谐社会

第一节　和谐的君臣关系

一、唐太宗对和谐君臣关系重要性的认识

唐太宗从历代王朝的盛衰兴亡的经验教训中，深刻认识到处理好君臣关系乃是促进国家政局稳定和长治久安的重要保证。正如他在贞观元年时曾对大臣们所说：“正主任邪臣，不能致理；正臣事邪主，亦不能致理。惟君臣相遇，有同鱼水，则海内可安”；“人欲自照，必须明镜；主欲知过，必藉忠臣。主若自贤，臣不匡正，欲不危败，岂可得乎？故君失其国，臣亦不能独全其家。”① 这段话的意思是说君主正直无私，臣下忠贞不贰，才能使国家大治。否则，君主正直而臣下奸邪，或君主奸邪而臣下忠贞，国家都不能得到很好治理。只有君臣关系像鱼水一样，才能使国家长治久安。与此同时，太宗身边的很多大臣也经常用“君臣合契”，才能使社稷长存这一道理向他进谏。如魏徵就曾在上疏中进谏说：“臣闻君为元首，臣作股肱，齐契同心，合而成体。体或不备，未有成人。然则首虽

① 《贞观政要》卷二《求谏》。

尊高，必资手足以成体；君虽明哲，必藉股肱以致治。”意思是说君臣关系就像人的大脑和四肢一样，缺一不可。只有大脑和四肢相互配合，一个人的身体才能活动自如。否则，如果缺少任何一个部分，人就不会具备完整的身体。作为国家元首的君主，不但自身要贤明睿智，而且还要依靠臣下的鼎力扶持，才能治理好国家。不仅如此，魏徵还经常引用儒家先圣所说的“君视臣如手足，臣视君如腹心；君视臣如犬马，臣视君如国人；君视臣如粪土，臣视君如寇仇”等至理名言，告诫太宗：“虽臣之事君无二志，至于去就之节，当缘恩之厚薄。然则为人君者，安可以无礼于臣下哉！”[①] 这就是说，如果君主把臣下看做手足，臣下就会把君主视为心腹；君主把臣下看做犬马，臣下就会把君主视为路人；君主把臣下看成粪土，臣下就会把君主视为仇敌。臣下如何看待君主，完全取决于君主对臣下所施恩惠的厚薄。因此，作为一国之君，对臣下绝不能轻慢无礼。

唐太宗对君臣关系在治理国家时的重要性的认识，是在他总结历代王朝特别是隋王朝短命而亡的历史教训中逐步产生并不断加深的。他曾对大臣说道：“隋炀帝暴虐，臣下钳口，卒令不闻其过，遂至灭亡，虞世基等寻亦诛死。前事不远，朕与卿等不得不慎，无为后所嗤！”他还说，隋朝的短命而亡，“炀帝无道”虽是首要原因，但臣下“亦不尽心”，“惟行谄佞，苟求悦誉”，也是原因之一。“君臣如此，何得不败？”[②]

正是基于对处理君臣关系重要性的深刻认识，唐太宗对此没有掉以轻心，而是采取慎重态度，对臣下待以诚信，推心置腹，认真执行唯才是举的任人原则，并能够虚心纳谏，遂使君

① 《贞观政要》卷三《君臣鉴诫》。

② 《贞观政要》卷三《君臣鉴诫》。

臣之间出现了和谐关系，情同手足，如鱼得水，构成了贞观盛世的一大亮点，也给后世留下了十分有益的历史借鉴。

二、以诚信对待臣下

唐太宗认为，诚信不仅是一个人的立身之本，更是君主处理和臣下关系的首要原则。因此，他常以“魏武帝（即曹操）多诡诈”，而“深鄙其为人”，并对大臣说：“朕欲使大信行于天下，不欲以诈道训俗。”[①]并且还把“自古皆有死，民无信不立”的伦理道德运用到处理君臣关系方面，留下了很多美谈佳话。

贞观初年，有人上书请求将朝臣中的奸佞之人，贬出长安。当太宗追问谁是佞臣时，上书者提出，请太宗假装无故愤怒，严厉训斥大臣，“若能不畏雷霆，直言进谏，则是正人；顺情阿旨，则是佞人。”太宗当即拒绝说：“流水清浊，在其源也。君者政源，人庶犹水，君自为诈，欲臣下行直，是犹源浊而望水清，理不可得。”[②]

贞观三年，唐太宗将魏徵任为秘书监，并让其参与朝政，行宰相之事。这时有位长安县人名叫霍行斌的，心怀嫉妒，便制造谣言，诬陷魏徵“谋反”，应杀无赦。唐太宗深知魏徵性格耿直，才能出众，自玄武门之变后归附朝廷，忠于吏职，谏言得失，不计私利，有致君尧舜之志，绝无反叛之理。遂断然指出：“魏徵，昔吾之仇，只以忠于所事，吾遂拔而用之，何乃妄生谗构！”遂下敕说：“不须鞫问，行斌宜付所司定罪！”魏徵闻讯，顿首拜谢，太宗安慰说：“卿之累仁积行，朕所自知，愚人相谤，岂能由己！不须致谢。”不久，太宗又专门为

① 《贞观政要》卷五《诚信》。
② 《贞观政要》卷五《诚信》。

此而向大臣颁布了一篇《谕侍臣绝谗构论》的论文，其中指出："朕历观前代，谗佞之徒，皆国之蟊贼也。或巧言令色，暗主庸君，莫不以之迷惑；忠臣孝子，所以泣血衔冤。"并说："朕每防微杜渐，用绝谗构之端，犹恐心力所不至，或不能觉悟。前史云：'猛兽处山林，藜藿为之不采；直臣立朝廷，奸邪为之寝谋。'此实朕所望于群公也。"①

不久，监察御史陈师合又以宰相杜如晦身兼数职，权力太重，便向太宗上奏了一篇《拔士论》，认为"一人不可总数职"云云。太宗当即说道："玄龄、如晦不以勋旧进，特其才可与治天下者。师合欲以此离间吾君臣邪!"②接着，又援引前事说，蜀汉后主刘禅虽然昏庸懦弱，北齐皇帝高洋虽狂妄悖逆，但其国能够统治有序，就是因为他们任用诸葛亮和杨遵彦为相，而不加猜疑的缘故，"朕今任如晦等，亦复如法。"③因此，他不但没有听信谗言，而且还把进谗者陈师合贬于岭外。

贞观九年五月，又发生了岷州都督、盐泽道行军总管高甑生诬告统帅李靖"谋反"之事。原来在此年年初宰相李靖奉诏率侯君集和高甑生等五路唐军西击吐谷浑时，高甑生因贻误军期，受到李靖斥责，甑生心怀怨恨，便与广州都督府长史唐奉义相互勾结，诬告李靖"谋反"。太宗闻讯后，虽对此事不肯相信，但仍指派法官进行调查。结果，查无实据。甑生和奉义"竟以诬罔得罪"④。

正是由于唐太宗以诚信待下，不妄加疑忌猜测，故使不少奸佞之人的谗言诬陷未能得逞，同时也赢得了多数文臣武将的

① 《贞观政要》卷六《杜谗邪》。
② 《新唐书》卷九十六《杜如晦传》。
③ 《贞观政要》卷六《杜谗邪》。
④ 《旧唐书》卷六十七《李靖传》。

尊敬和拥戴。

三、坚持任人唯贤的用人原则

按照唐代铨选官员的规定：凡五品以上文武官的选任，均不经吏部考试，而要由中书、门下提名，经审查合格后，报送皇帝，由皇帝“制授”。只有六品以下文武官的选任，要经尚书吏部“量资注拟”后，方可赴任。因此，凡属五品以上大官的选任，都归皇帝掌管。这是皇权至高无上的重要表现。

唐太宗在选任官员时，始终坚持唯才是举的用人原则。他曾多次对大臣说道：“为官择人，唯才是举，苟或不才，虽亲不用”；“致安之本，唯在得人”；“用得正人，为善者皆劝；误用恶人，不善者竞进。”① 因为在太宗看来，君主只有选用贤能，为官择人，才能使君明臣直，君臣相得，有同鱼水。结果，也必然会使天下太平，国家大治。否则，君主选任奸佞，听信谗言，就只能使君暗臣邪，狼狈为奸，沆瀣一气。结果，必然会使政局混乱，家国俱丧。因此，经过他发制任命的贞观大臣，都极一时一选，或德才俱备，或才兼文武，或出将入相，或清廉正直。真可谓人物荟萃，精英辈出。现略举一二，以窥其豹。

房玄龄，齐州临淄（今山东淄博）人。公元579年出生在一个书香门第之家。十八岁时即被本州推举为进士，及第后入仕，官至县尉。隋炀帝末年，秦王世民率部从渭北向长安挺进途中，玄龄投谒军门，世民一见如故，当即任为行军记室参军。这一时期，秦王每次获得军事胜利，众人竞求金宝，玄龄却首先选择各类人才，置于秦府之中，并与谋臣猛将发誓结盟，各致死力。玄龄在秦府十多年，经常掌管书记之事。唐太

① 《贞观政要》卷三《择官》。

宗称帝后，历任中书令、尚书左仆射、太子少师等职，为宰相之首。任职期间，忠于职守，殚精竭虑，不欲一物失所。听到别人的优点，就像自己的优点一样，倍加爱护。明达吏职，又有文才，审定法令，意在宽平。“不以求备取人，不以己长格物，随能收叙，无隔疏贱。论者称为良相焉。”其生平事迹详见新旧《唐书·房玄龄传》和《贞观政要》卷二《任贤》。

杜如晦，京兆万年（今陕西西安长安区）人。唐高祖武德年间历任秦王府兵曹参军、陕州总管府长史等职。当时，秦王府中很多俊杰之士，相继被调出秦府，引起了秦王担心。记室房玄龄说：“府僚去者虽多，盖不足惜。杜如晦聪明识达，王佐才也。若大王守藩端拱，无所用之；必欲经营四方，非此人莫可。”秦王世民从此更加礼重，视为心腹，经常参谋帷幄。当时军国多事，剖断如流，深为同僚佩服。玄武门之变后，如晦与玄龄之功，被列第一。贞观年间，历任侍中、尚书右仆射等职，与房玄龄共掌朝政。尚书省的组织规模及各种典章制度，都是玄龄和如晦二人所定，当时均获美誉，同被称为贞观“良相”。

魏徵，钜鹿（今属河北）人，从小父母双亡，家境艰难，但却喜欢读书，涉猎广泛，知识渊博。隋末曾参加河南瓦岗军，受到李密重用。瓦岗军失败后，又随李密入关降唐，被太子建成引入东宫，任为太子洗马，并劝太子要“早为之谋”，对秦王应先发制人。玄武门之变后，太宗不但不予治罪，反而厚加礼遇，擢拜谏议大夫，并多次引入卧内，访以政术。魏徵富有经国之才，性又耿直，无所屈挠。太宗每次和他谈话，无不悦其称旨。魏徵也很庆幸自己喜逢知己，竭力尽智，忠于职守。贞观三年，累迁秘书监，参与朝政，深谋远虑，多所弘益。贞观七年，又任门下省长官侍中之职。在任职期间，见政事有失，即直言进谏，毫无惧色。甚至在太宗盛怒之下，也能正言厉色，敢于面折廷争，多次使太宗理屈词穷，只得转怒为喜，收回成命，接纳谏言。故被太宗誉为冶锻金矿之“良工”。贞观十六年（642年），魏徵病逝后，唐太宗曾悲痛地说：“夫以铜为镜，可以正衣冠；以古为镜，可以知兴替；以人为镜，可以明得失。朕常保此三镜，以防己过。今魏徵殂逝，遂亡一镜矣。”因而，泪流满面，久久不能平息。

王珪，太原祁县（今属山西）人。唐高祖武德年间，在大臣李纲的荐引下，被任为东宫太子中允之职，甚得建成器重。武德七年，因受到庆州刺史杨文干谋反之事的牵连，被流放边地。唐太宗即位后，被征召回京，历任谏议大夫、黄门侍郎、侍中等职，与房玄龄、魏徵等同知国政。有一次，唐太宗召集玄龄、魏徵、李靖、温彦博、戴胄、王珪等众宰相饮宴议事，太宗让王珪对各位宰相的优缺点和为政特长进行“品藻”，并要“自量孰与诸子贤？”王珪当即不假思索，径直说道：“孜孜奉国，知无不为，臣不如玄龄。每以谏诤为心，耻君不及尧舜，臣不如魏徵。才兼文武，出将入相，臣不如李靖。敷奏详明，出纳惟允，臣不如温彦博。处繁理剧，众务必举，臣不如戴胄。至如激浊扬清，嫉恶好善，臣于数子，亦有一日之长。”王珪对众宰相和自己优劣特长的评价不但得到了太宗的认可，而且也为被评价的各位宰相所认同，“谓之确论”。这说明王珪不但有知人之鉴，而且有自知之明。

李靖，京兆三原（今属陕西）人。隋末曾任马邑郡丞。当他得知李渊正在策划晋阳起兵之事时，曾想亲赴江都，向炀帝举报。不料行至长安，因交通阻断，遂留京师。李渊攻克长安后，李靖被逮捕入狱，判处斩刑。李靖临刑大呼：“公起义兵除暴乱，不欲就大事，而以私怨斩壮士乎？”秦王世民也从中营救，李渊遂舍而不罪。高祖武德年间，曾与唐宗室李孝恭平定了割据荆州的萧铣和占有江淮的辅公祏，官至扬州大都督府长史。唐太宗贞观年间，历任刑部尚书、兵部尚书、中书令等职。贞观四年，李靖与李勣率军平定了东突厥汗国。不久，又率领五路唐军，西征吐谷浑，大破其国。被封卫国公。李靖非凡的军事才能曾得到高祖李渊的高度称赞，把他和古代名将韩信、白起、卫青、霍去病相提并论。他不但在军事实践上表现了杰出的军事才能，为唐的统一战争立下了丰功伟绩，而且在军事理论上也有很深造诣。所著《大唐卫公李靖兵法》有很高的军事学术价值。以此而成为我国古代著名的军事家。

马周，博州茌平（今属山东）人，从小父母双亡，孤单贫困，但好学不倦，学识渐长。由于他志气宏远，性格放达，不修边幅，所以不为乡里敬重。唐太宗贞观初年，马周在密友的资助下，携资西行，来到京城长安，谋求仕途。后在卖饼妇人的指点下，投靠在中郎将常何家中，当了一名食客。贞观三年，关中大旱，粮食歉收，百姓乏食。太宗诏令在京的五品以上文武官都要上书，畅言为政得失。常何因是一介武夫，对上书无能为力，只好向马周求助。马周便精心替他撰写了一篇包括二十多条建议的奏章。唐太宗看后，十分高兴。经过召见交谈，唐太宗对马周谈吐、才能惊喜不已，当即让他在门下省供职，还专门为他设置了一个“御察御史里行”的官职。不久，即升为监察御史。在此期间，马周经常针对政事得失，上书进谏，多有针砭，因此就进一步赢得了太宗信任，并由衷地说：“我对马周，一时不见，便很思念。”同僚们也将他和先秦时的纵横家苏秦、张仪，相提并论。贞观十八年，马周被破格提拔为中书令兼太子右庶子。唐太宗曾用飞白体给马周亲书了如下条幅：“鸾凤凌云，必资羽翼。肱股之寄，诚在忠良。”马周在贞观之际由一位布衣百姓，官至宰相，位极人臣，固然由于他的才华横溢，机智多谋和能言善辩，但唐太宗的任人唯贤和求贤若渴以及欲使天下大治的政治抱负，是他得此机遇而飞黄腾达的重要因素。

如此等等，不一而足。但如何才能做到任人唯贤，唯才是举？唐太宗在这方面已进行了很多探索，并积累了不少有益的任贤经验。

四、唐太宗任人唯贤的六条经验

唐太宗在任人唯贤方面所积累的六条经验，大致如下：

其一，不分亲疏、贵贱，不分地域远近，不拘一格，选用贤能。

任人唯亲是与任人唯贤背道而驰的一条用人路线，因此，唐太宗在坚持任人唯贤之时，特别自觉抵制任人唯亲。贞观元年，唐太宗登极伊始，就有人上书奏言：秦府幕僚中有很多人尚未得官，因而请求给这些人"授以武职，追入宿卫。"唐太宗当即指出："朕与公等衣食出于百姓，此则人力已奉于上，而上恩未被于下，今所以择贤才者，盖为求安百姓也。用人但问堪否，岂以新故异情？凡一面尚且相亲，况旧人而顿忘乎！才若不堪，亦岂以旧人而先用？今不论其能不能，而直言其嗟怨，岂是至公之道耶？[①] 因此，他把秦府幕僚中才能卓著如房玄龄、杜如晦等，"制授"为五品以上官，其余数百名秦府故旧则要参加吏部铨选，接受"量资注拟"。未能选中者，就只有归老田亩。但对疏远之从，即使是敌对势力中才能杰出者，唐太宗也不宥偏见，破格提拔，用之不疑。如魏徵、王珪等虽原属东宫骨干，因才能出众，故在贞观年间均官居高位，就是明显例证。

另外，在选官中看重门第、资历，轻视贫贱、低微，也是与任人唯贤格格不入的用人陋习和陈腐观念。唐太宗于贞观六

① 《贞观政要》卷五《公平》。"

年令高士廉重修《氏族志》，并针对“世代衰微，全无冠盖”的山东士族，“恃其旧地”，“婚姻之间，则多邀钱币”的社会风气进行了严厉批评，并不惜以重法惩治在铨选中“诈伪资荫者”，都是为了贯彻不分贵贱、任人唯贤原则的具体体现，已如前述。贞观五年，唐太宗又破格重用出身微贱的山东士人马周，就是他不分贵贱、地域，唯才是举的典型事例。

其二，在任官时“进之以六正，戒之以六邪。”即重用和奖拔“六正”之臣，而贬黜和淘汰“六邪”之人。

何谓“六正”？六正者：“一曰，萌芽未动，形兆未见，昭然独见存亡之机，得失之要，预禁乎未然之前，使主超然立乎显荣之处。如此者，圣臣也。二曰，虚心尽意，日进善道，勉主以礼义，谕主以长策，将顺其美，匡救其恶。如此者，良臣也。三曰，夙兴夜寐，进贤不懈，数称往古之行事，以励主意。如此者，忠臣也。四曰，明察成败，早防而救之，塞其间，绝其源，转祸以为福，使君终以无忧。如此者，智臣也。五曰，守文奉法，任官职事，不受赠遗，辞禄让赐，饮食节俭。如此者，贞臣也。六曰，家国昏乱，所为不谀，敢犯主之严颜，面言主之过失。如此者，直臣也。是为六正。”

何谓“六邪”？六邪者：“一曰，安官贪禄，不务公事，与代浮沉，左右观望。如此者，具臣也。二曰，主所言皆曰善，主所为皆曰可，隐而求主之所好而进之，以快主之耳目，偷合苟容，与主为乐，不顾其后害。如此者，谀臣也。三曰，内实险诐，外貌小谨，巧言令色，妒善嫉贤，所欲进，则明其美、隐其恶，所欲退，则明其过、匿其美，使主赏罚不当，号令不行。如此者，奸臣也。四曰，智足以饰非，辩足以行说，内离骨肉之亲，外构朝廷之乱。如此者，谗臣也。五曰，专权擅势，以轻为重，私门成党，以富其家，擅矫主命，以自贵显。如此者，贼臣也。六曰，谄主以佞邪，陷主于不义，朋党比周，以蔽主明，使白黑无别，是非无间，使主恶布于境内，闻于四邻。如此者，亡国之臣也。是谓六邪。”①

由此可知，所谓六正者，即圣臣、良臣、忠臣、智臣、贤臣、直臣；所谓六邪者，即具臣、谀臣、奸臣、谗臣、贼臣、亡臣。这条“进六正”而“戒六邪”的任贤原则，虽是大臣魏徵在贞观十四年向太宗的上疏中首次提出，但从贞观年间选任官吏的事实来看，唐太宗是一直使用这条原则，选任官员的。因此，贞观大臣中的“圣、良、忠、智、贤、直”等六正之臣，大有人在。仅举一例，贞观九年五月，唐军与吐谷浑在赤水（今青海共和附近）发生激战，唐将薛万彻、万均兄弟因轻骑急进，为吐谷浑骑兵包围，薛氏兄弟皆中枪失马，唐军死伤过半，情势异常危急。左领军大将军铁勒族契苾部人契苾何力率数百骑往救，奋力抗击，所向披靡，万彻兄弟由是获免。但事后薛万均却贪天之功以为己有，并诋毁契苾何力。何力不胜愤怒，当即拔出佩刀，要刺杀万均，被众将阻拦。太宗闻讯大怒，便想将万均削职免官，并将其官职授予何力。何力固辞不受，并对太宗说道：“陛下以臣之故解万均官，群胡无知，以陛下为重胡轻汉，转相诬告，驰竞必多。且使胡人谓诸将皆如万均，将有轻汉之心。”唐太宗觉得何力讲得有理，便只得收回成命。② 契苾何力是少数族人，尚能深明大义，“使主超然立乎显荣之处”，“勉主以礼义，谕主以长策”，这不是真正的“圣臣”和“良臣”吗？

其三，通过遣使访察、官人推荐、举行制举考试等多种渠道，搜罗人才，任用贤能。贞观元年，唐太宗即位之初，就委派宰相封德彝举荐贤才，但却迟迟未见所举之人。太宗追问缘

① 《贞观政要》卷三《择官》。

② 参看《资治通鉴》卷一百九十四，太宗贞观九年七月。

由，封德彝答道："未见有奇才异能之人。"太宗当即批评说："前代明王使人如器，皆取士于当时，不借才于异代。岂得待梦傅说，逢吕尚，然后为政乎？且何代无贤，但患遗而不知也。"[1] 此后，他还多次派遣朝臣，巡察天下，考察风俗，亦负责向朝廷举荐贤能之人。

从贞观五年开始，唐太宗曾先后 4 次发布《举荐官敕》，下令在京五品以上官都要积极向朝廷举荐官吏，并要将春秋举荐官作为制度，认真施行，并须将这些被荐士人"引试都堂，访以理术，兼商量事务状，考其理识通者及考第事迹，定为三等，并举主姓名录奏"。考试之日，"仍令御史一人监试"[2]。后来，官员举荐遂成为贞观年间选任官员的一条重要途径。

关于唐太宗创设制举，由皇帝规定科目，亲自在殿廷考试举人，择优选任，使其不经铨选，直接进入仕途。前文已述，此处不赘。

贞观十三年，唐太宗还想使用"令人自举"的方法，选任贤能。为此，他对大臣们说："朕闻太平后必有大乱，大乱后必有大治。大乱之后，即是太平之运也。能安天下者，惟在用得贤才。公等既不知贤，朕又不可遍识。日复一日，无得人之理。今欲令人自举，于事何如？"但大臣魏徵却以"愚暗之人，皆矜能伐善，恐长浇竞之风"为由，表示"不可令其自举"[3]。因此，这个方法未能行用。但由此亦可说明唐太宗求贤若渴的迫切心情。

其四，在为官择人之时，"因其材而取之，审其能以任之，用其所长，弃其所短。"不求全责备，不轻信虚名，循名责实，

---

① 《贞观政要》卷三《择官》。

② 《唐会要》卷八十二《冬荐》。

③ 《贞观政要》卷三《择官》。

言实相符。真正做到用人如器，选官得当。综观唐太宗所用贞观重臣，各有所长，亦有所短。但他们都能在任职期间，发挥所长，避其所短，为贞观盛世贡献各自力量。例如，宰相房玄龄“孜孜奉国，知无不为”；李靖“才兼文武，出将入相”；温彦博“敷奏详明，出纳惟允”；戴胄“处繁理剧，众务必举”；魏徵“谏诤为心，耻君不及于尧舜”；王珪“激浊扬清，嫉恶好善”①。如此等等，恕不尽列。

贞观十一年，御史台官员奏弹官员凌敬“乞贷之状”，即在公务之外，用文稿赚取润笔钱帛。太宗闻讯，当即召来举荐凌敬的大臣魏徵，大加责备。魏徵回答说：“臣等每蒙顾问，常具言其长短。有学识，强谏诤，是其所长；爱生活，好经营，是其所短。今凌敬为人作碑文，教人读《汉书》，因兹附托，回易求利，与臣等所说不同。陛下未用其长，惟见其短，以为臣等欺罔，实不敢心伏。”② 太宗听后，觉得有理，便接受了这一建言。亦不再追究凌敬之过，而只是给他改变了职务而已。

其五，及时表彰和奖励有功之臣，力争赏当其功，罚当其罪，不以功掩罪，也不以罪掩功，赏罚得当。这样，就增强了臣下对君主的信任，提高了君主对臣下的凝聚力，密切了君臣关系。

唐高祖武德九年九月，唐太宗登极伊始，就论功行赏，并将房玄龄、杜如晦的功勋列为第一。这时，太宗叔父淮安王李神通以皇亲自居，争抢功勋，并说：“臣举兵关西，首应义旗，今房玄龄、杜如晦等专弄刀笔，功居臣上，臣窃不服。”但唐太宗却坚持“不可以私恩滥与勋臣同赏”的原则，反复强调

① 《贞观政要》卷二《纳谏》。

② 《贞观政要》卷二《纳谏》。

说："玄龄等运筹帷幄，坐安社稷，论功行赏，固宜居叔父之先。"终于平息了这场争功风波。[①]

此后，唐太宗看到大臣每进一言，每行一事，只要对政事有益；派兵出征，每攻一城，每争一地，只要对战事有利，他都及时地给予表彰、奖励，从未间断。

贞观十七年二月，为了表彰文武大臣在创建唐朝、平定天下和贞观年间的丰功伟绩，唐太宗亲自选择了 24 人，令宫廷画师阎立本将他们的图像绘画在长安太极宫三清殿之侧的凌烟阁内，并令褚遂良题写阁名，太宗御题赞语。这就是著名的"凌烟阁二十四功臣"。这二十四名被图像的功臣是"赵公长孙无忌、赵郡元王孝恭、莱成公杜如晦、郑文贞公魏徵、梁公房玄龄、申公高士廉、鄂公尉迟敬德、卫公李靖、宋公萧瑀、褒忠壮公段志玄、夔公刘弘基、蒋忠公屈突通、郧节公殷开山、谯襄公柴绍、邳襄公长孙顺德、郧公张亮、陈公侯君集、郯襄公李世勣、胡壮公秦叔宝"[②]。不久，侯君集因勾结太子承乾，以谋反罪被杀。有人以此请求将君集图像从凌烟阁中抹去，但受到太宗拒绝，仍保留了君集为国立功的这段历史。后来，图画功臣像于凌烟阁，以示对为国立功之臣的最高奖励，为以后历代唐帝所继承，使其成为君臣相得的一条重要纽带。

其六，殷切关怀臣下的起居生活和身体健康。唐太宗认为关怀臣下的起居生活和身体健康不仅是联络君臣感情，密切君臣关系，促进君臣关系和谐发展的重要途径，而且也是君主实行"治吏不治民"这一治国方针的重要手段。因此，他虽然日理万机，国事繁忙，但仍把大臣的生老病死和家庭生活等琐碎之事，时常牵挂于心，给予高度关注，留下了很多动人事迹。

① 参看《资治通鉴》卷一百九十二，高祖武德九年九月。
② 《资治通鉴》卷一百九十六，太宗贞观十七年二月。

这在古代封建帝王中是不可多见的，实属难能可贵。

贞观四年，宰相杜如晦病重弥留，唐太宗亲幸其家，“抚之流涕，赐物千段。”如晦死后，他诏令著作郎虞世南撰写碑文，用以表达他的思念之情，诏文曰：“朕与如晦，君臣义重。不幸奄从物化，追念勋旧，痛悼于怀。卿体吾此意，为制碑文。”不久，唐太宗和大臣们在一次宴会中，吃到了一只味道极美的甜瓜，又想起了如晦，不觉泪流满面，当即将甜瓜留下一半，派人祭奠于如晦灵堂之前。又说：“朕闻黄银多为鬼神所畏。”便把自己所佩黄金玉带亲自解下，令房玄龄送至如晦家中。又过了一些时日，太宗忽在梦中与如晦相见，看到如晦有若平生。第二天，常朝之时，他便把此事告知房玄龄，并声泪俱下。接着，又派人送去御膳，以示悼念。直到如晦周年忌日那天，太宗仍不忘派人到如晦家中，对其妻、子女表示慰问。史称“终始恩遇，未之有也。”①

贞观十六年，大臣魏徵病笃，太宗亦亲幸其第，“抚之流泪”。当他看到魏徵家中未有正屋，只住了几间厢房，太宗当即将为自己营建寝殿的建筑材料，全部用于为魏徵建造新居，“五日而成”。他自知魏徵一生节俭，便派人送去“素褥布被而赐之，以遂其尚。”②

宰相房玄龄于贞观二十二年留守长安时，旧疾发作，病势渐危。这时驾幸玉华宫的唐太宗闻讯后，当即派人将玄龄用肩舆抬至玉华宫中，君臣抱头痛哭，使随驾大臣都感动不已。接着，太宗又下令遍访名医，为玄龄治病，并每天按时供给御膳，一日数次报告病情变化。如果玄龄病情稍有好转，他便喜形于色；如闻病情恶化，便面带愁容。回到长安后，玄龄病入

---

① 《旧唐书》卷六十六《杜如晦传》。

② 《旧唐书》卷七十一《魏徵传》。

膏肓，太宗又常派宫人候问。为了能及时得到病情汇报，他派人“凿苑墙开门”，另辟捷径，以期尽快得知病情消息。玄龄弥留之际，太宗又亲临其家，“握手叙别，悲不自胜。”①

贞观十二年，秘书监虞世南病逝，唐太宗“哭之甚恸”，并写下一道手敕，表彰了世南的为政业绩，对大臣说道：“今其云亡，石渠、东观之中，无复人矣，痛惜岂可言邪！”接着，又作诗一首，将自己和世南之间的友谊比作伯牙和知音钟子期，叹息道：“钟子期死，伯牙不复鼓琴。朕之此诗，将何以示？”遂令人将此诗焚于世南灵前，“冀世南神识感悟”②。

唐太宗不仅对身边文臣关爱备至，而且对出征武将也亲近有加。

贞观十六年，兵部尚书李世勣突遇暴疾，百药不治，病情渐重。唐太宗心急如焚，听说用胡须之灰可以治疗这种疾病，便自剪胡须，为李世勣和药。世勣“顿首见血”，流泪向太宗“恳谢”，太宗回答说：“吾为社稷计耳，不烦深谢！”。③

右武侯大将军、襄州都督张公瑾英年早逝，太宗听到噩耗，悲痛不已。当公瑾出殡之时，太宗情不自禁，又放声痛哭。由于出殡之时，正逢辰日，按当时风俗，辰日最忌哭泣，故太史局官员据《阴阳书》上奏说：“日子在辰，不可哭泣。”太宗当即拒绝，并说：“君臣之义，同于父子，情发于衷，安避辰日？”④

关于文武大臣生老病死，受到太宗慰问关怀和临哭吊唁的记载，史不绝书，恕不尽列。

---

① 《旧唐书》卷六十六《房玄龄传》。

② 《旧唐书》卷七十二《虞世南》。

③ 《旧唐书》卷六十七《李勣传》。

④ 《旧唐书》卷六十八《张公瑾传》。

总之，由于唐太宗坚持任人唯贤和唯才是举的用人原则，并能够不分贵贱，不避亲疏，不论地域，采用多种渠道，选贤任能，用其所长，避其所短，严格区分六正、六邪，进六正而戒六邪，因而组建了一支精悍的官员队伍，使贞观时期出现了人才荟萃、精英辈出的兴盛局面。而且君臣之间关系融洽，情同手足，有如鱼水，为贞观盛世增添了新的色彩。

五、虚心纳谏，终成一代名君

唐太宗认为，君主能够虚心纳谏，臣下能够进谏直言，不但能使政事无失，国家大治，而且也能使君臣关系建立在坚实的基础之上，家国永保，富贵长存。否则，如果君主刚愎自用，拒纳谏言，臣下就会畏惧逆鳞之祸，缄口无语。这样，不但会使纲纪紊乱，政事纰缪，而且也会使国祚短促，家国俱丧，最终会使君臣关系走向破裂。正如他在贞观初年对大臣们所说："人欲自照，必须明镜；主欲知过，必藉忠臣。主若自贤，臣不匡正，欲不危败，岂可得乎？故君失其国，臣亦不能独全其家。"接着，他还从隋朝短促而亡的事实中，总结出如下教训："至于隋炀帝暴虐，臣下钳口，卒令不闻其过，遂至灭亡，虞世基等寻亦诛死。前事不远，公等每看事有不利于人，必须极言规谏。"① 贞观三年，他又对大臣们说："君臣本同治乱，共安危。若主纳忠谏，臣进直言，斯故君臣合契，古来所重。若君自贤，臣不匡正，欲不危亡，不可得也。君失其国，臣亦不能独全其身。"② 正是有鉴于此，他曾对隋文帝"性至察而心不明"这一弱点，进行了严厉批评。贞观四年，他曾向宰相萧瑀问道："隋文帝何如主也？"萧瑀回答说隋文帝

① 《贞观政要》卷二《纳谏》。

② 《贞观政要》卷三《君臣鉴戒》。

"亦是励精之主"时，太宗当即驳斥说："公知其一，未知其二。此人性至察而心不明。心暗则照有不通，至察则多疑于物。又欺孤儿寡妇以得天下，恒恐群臣内怀不服，不肯信任百司，每事皆自决断。虽则劳神苦形，未能尽合于理。朝臣既知其意，亦不敢直言。宰相以下，惟即承顺而已。"接着，他又说明了自己在这方面同隋文帝的区别："朕意则不然，以天下之广，四海之众，千端万绪，须合变通，皆委百司商议，宰相筹画，于事稳便，方可奏行。岂得以一日万机，独断一人之虑也。且日断十事，五条不中，中者信善，其如不中者何？以日继月，乃至累年，乖谬既多，不亡何待？"所以，他经常提示中央百官，若诏敕颁布以后，其中有"未稳便者"，必须及时"执奏"，不能"顺旨便即施行，务尽臣下之意。"①

在他的积极引导和劝说下，贞观年间的很多大臣都逐渐明确了君明臣直、君臣合契对治理国家和融洽君臣关系的重要性。其中以魏徵、杜如晦和王珪等人对这一问题的认识最为明确深刻。

贞观二年，唐太宗曾向魏徵问道："何谓明君、暗君？"魏徵当即答道："君之所以明者，兼听也；其所以暗者，偏信也。"接着，他还列举了很多王朝因君主偏听偏信而亡国的历史教训："秦二世则隐藏其身，损隔疏贱而偏信赵高，及天下溃叛，不得闻也。梁武帝偏信朱异，而侯景举兵向阙，竟不得知也。"如此等等。最后还说："是故人君兼听纳下，则贵臣不得壅蔽，而下情必得上通也。"② 太宗当即点头称是，很有英雄所见略同之感。

此后不久，唐太宗又向大臣们提出了这样一个问题：隋炀

---

① 《贞观政要》卷一《政体》。

② 《贞观政要》卷一《君道》。

帝刚愎自用，拒谏饰非，加之生性暴虐，动辄对进谏者淫刑滥杀。当时要想直言进谏，确实要冒生命危险。而“虞世基不敢直言，或恐未为深罪。”并举例说：“昔箕子佯狂自全，孔子亦称其为仁。”照此说来“及炀帝被杀，世基合同死否?”

杜如晦当即答道：“天子有诤臣，虽无道不失其天下”，“世基岂得以炀帝无道，不纳谏诤，遂杜口无言？偷安重位，又不能辞职请退，则与箕子佯狂而去，事理不同。”接着，他又列举西晋惠帝时宰相张华因在贾后废立太子之时，进谏之后未被采纳，又不引身自退，终被举兵入京的赵王伦“夷其三族”的事例，认为“虞世基位居宰辅，在得言之地，毫无一言谏诤，诚亦合死。”太宗当即表示赞同，并说：“若人主所行不当，臣下又无匡谏，苟在阿顺，事皆称美，则君为暗主，臣为谀臣。君暗臣谀，危亡不远。朕今志在君臣上下，各尽至公，共相切磋，以成治道。公等各宜务尽忠谠，匡救朕恶，终不以直言忤意，辄相责怒。”①

正因为贞观君臣对纳谏和进谏有了上述明确而又深刻的认识，才出现了君主虚心纳谏，臣下敢进直言，君臣之间保持了君明臣直的和谐关系，才最终赢得了贞观盛世的出现，唐太宗也以此成为了一代名君。

六、唐太宗虚心纳谏的三个特点

唐太宗贞观年间的虚心纳谏和臣下的直言进谏其所以蔚然成风，这是贞观君臣经过长期共同努力的结果，而且表现了以下三个显著特点：即“恐人不言，导之使谏”；闻过即改；能够容忍面折廷争。现分述如下：

唐太宗即位之初，由于多数大臣对太宗能否虚心纳谏，心

① 《贞观政要》卷二《求谏》。

情疑忌，故能直言进谏者，寥寥无几。对于多数大臣的这种畏惧心理，唐太宗是非常理解的，正如他对魏徵所说的那样："朕每思之，人臣欲谏，辄惧死亡之祸，与夫赴鼎镬、冒白刃，亦何异哉？故忠贞之臣，非不欲竭诚。竭诚者，乃是极难。所以禹拜昌言，岂不为此也！朕今开怀抱，纳谏诤，卿等无劳怖惧，遂不极言。"① 对此，他不但对大臣经常循循善诱，而且还"恐人不言，导之使谏。"即用实际事例，引导大臣直言进谏，使其消除疑虑，畅所欲言。

例如，高祖武德九年十二月，唐太宗即位之初，听说一些在中央官署衙门服役的胥吏中的行贿受贿之事，多有发生，十分恼怒，决心革除这一腐败现象。于是，他便暗中派人给一些胥吏送去财物，试探是否有人收受。不久，有位司门令史果然接受了绢帛一匹。太宗想把这位受贿令史判处极刑，杀一儆百，便召集大臣，在太极宫两仪殿讨论此事。多数大臣看到太宗震怒不已，便都缄口不语。这时，民部尚书裴矩挺身而出，直言进谏说："为吏受贿，罪诚当死。但陛下使人遗之而受，乃陷人于法也，恐非所谓'道之以德，齐之以礼。'"意思是说胥吏们接受贿赂，固当罪在不赦。但陛下派人行贿，从而陷人于法，这不合儒家之道。太宗看到裴矩能在大庭广众之下，直言进谏，便改变初衷，欣然接受了这一建议，便将这位收贿令史交大理寺据律判罪，并对大臣们说："裴矩能当官力争，不为面从，倘每事皆然，何忧不治？"② 宋人司马光在其所撰《资治通鉴》一书中记载此事后，曾深有感触地发表了以下议论："古人有言：君明臣直。裴矩佞于隋而忠于唐，非其性之有变也；君恶闻其过，则忠化为佞，君乐闻直言，则佞化为

① 《贞观政要》卷二《求谏》。

② 《资治通鉴》卷一百九十二，高祖武德九年十二月。

忠。是知君者表也，臣者影也，表动则影随也。”司马光这段话着重在表彰唐太宗的虚心纳谏，认为裴矩其所以“佞于隋而忠于唐”，是因为受到唐太宗“乐闻直言”影响的结果。其实，这番话并没有说出此事的真正意义。因为太宗即位之初，大臣尚未积极进谏，裴矩何以知晓太宗是“乐闻直言”的明君呢？因此，这件事当是体现太宗在即位之初，“恐人不言，导之使谏”这一纳谏特点的，应对很多大臣起到了诱导作用，开创了臣下直言进谏的先河。从这个意义上来说，裴矩比起其他大臣，确实要高明一些。

唐太宗认为，作为一个君主仅能纳谏，还远远不够。如果在纳谏之时，不能择善而从，闻过即改，就不能充分调动臣下进谏直言的积极性，也不能充分发挥纳谏的重要作用。只有做到闻过即改，才能真正使政事无失，君明臣直。有关唐太宗在虚心纳谏时闻过即改的事例极多，略举一二。

贞观元年，唐太宗把黄门侍郎王珪邀入太极宫内寝殿饮酒，身旁有位侍酒美女。酒过三巡之后，太宗便指着这位侍酒美女对王珪说，庐江王李瑗将这位美女之夫杀死以后，将她纳以为妾。暴虐如此，所以他因谋反被杀，当是必然之理。王珪听后，大惑不解，便站起身来，郑重地问道，陛下认为庐江王的这种杀夫纳妾的做法，是对，还是不对？太宗惊奇地反问说，世上哪有杀夫纳妾之理，你还要向我询问是非曲直，这是什么意思？王珪回答说，为臣听说《管子》一书中载有这样一件事：齐桓公来到郭国后，召集当地父老问道：郭国因何而亡？父老回答说：这是因为郭国君主“善善”而“恶恶”的缘故。意思是说因为郭君喜欢善事而讨厌恶事的缘故。桓公说：照这样说来，郭君是一位贤明之主，何以会失国呢？父老回答说：不然。郭君虽“善善而不能用，恶恶而不能去，所以亡也。”意思是郭君虽喜欢善事，但却不做善事；虽讨厌恶事，但却经常在做恶事，这就是郭国灭亡的原因。现在这位美女又在陛下宫中为妃，我想陛下可能认为庐江王的做法是无可非议的。如果陛下认为庐江王杀夫纳妾的做法是不对的，这就和郭君犯了同样的错误，“所谓知恶而不能去也”。太宗弄明白了王珪的意思后，非常高兴，知道自己犯了和庐江王李瑗同样的错误，便“遽令以美人还其亲族”[①]。

贞观二年，隋时曾任通事舍人的郑仁基有位女儿，年方二八，长得花容月貌，亭亭玉立，楚楚动人。长孙皇后访求得之，便奏请纳入宫中，充作嫔妃。太宗应允，当即将其聘为“充华”，并撰写了诏书，准备发出。这时，大臣魏徵却听说此女已许配姓陆的一户人家，便立即入宫，向太宗面谏说：陛下为人父母，抚爱百姓，应当忧其所忧，乐其所乐，以百姓之心为心。所以，君主住在宫室台榭之中，就希望百姓有栋宇之安；吃着山珍海味，就希望百姓无饥寒之患；后宫嫔妃成群，就希望百姓有家室之欢。这就是做君主的一般道理。现在郑氏之女，业已许人，陛下却取之不疑，这难道是为民父母之道吗？太宗听后大吃一惊，急忙用手诏作答，深刻自责，并下令停发诏册，停派策使，准许郑女还归陆氏。但宰相房玄龄、温彦博等人却认为郑女许配陆氏之事，并非属实，诏书已经撰成，不可中止。接着，陆氏也有抗表奏上，表示先前虽有财礼相聘之事，但并未举行订婚仪式。并说：“外人不知，妄有此说。”太宗这时也半信半疑，便召来魏徵问道，群臣所奏，或许是顺从旨意。陆氏为何要奏说无许配之事？魏徵回答说，以臣所见，陆氏的意图很明显，认为陛下也和太上皇一样。太宗又问，此话怎讲？魏徵接着说，太上皇在攻占长安以后，得到了辛处俭之妻子并宠爱异常。后来得知此妇人原为辛处俭的妻

① 《贞观政要》卷二《纳谏》。

子，便将时任太子舍人的辛处俭调出东宫，贬为万年县丞，使处俭经常心怀恐惧，只怕“不全首领”。陆氏以为陛下现在虽然给予包容，但恐以后暗加陷害。所以“反复自陈，意在于此，不足为怪。”听到这里，太宗笑着说：“外人意见，或当如此。然朕之所言，未能使人必信。”接着又下敕说道：“今闻郑氏之女，先已受人礼聘，前出文书之日，事不详审，此乃朕之不是，亦为有司之过。授充华者宜停。”[①] 此事一经传出，长安城内外之人，莫不对太宗的闻过即改称赞不已。

此外，诸如唐太宗接受臣下谏言，取消农忙时打猎、停止土木之役等事，还有很多，恕不尽列。

唐太宗能够容忍臣下的面折廷争和声色俱厉的进谏忠言，是他在虚心纳谏中最为重要和难能可贵的一个特点，也是他能够成为一代名君的主要标志。因为在皇权至高无上的古代社会，能够虚心纳谏和从谏如流的帝王已是不可多得，能够容忍臣下用最为激烈的方式进谏，而不加罪责者，更是凤毛麟角，寥若星辰。

贞观元年，宰相封德彝鉴于有些州县府兵兵源不足，便奏请将不到服役年龄的中男身体健壮者，简点入军。唐太宗当即应允，并指令中书舍人起草了一份简点强壮中男加入府兵的敕令，准备交门下省审查批复后，由尚书省施行。但当敕令送达门下省后，时任门下省给事中之职的魏徵却拒绝签署、盖印。封德彝再三说明此敕已经太宗同意，但魏徵却坚决拒绝，态度强硬。于是太宗便把门下省长官侍中王珪和魏徵一起召入宫中，正襟危坐，厉声向魏徵质问说：“中男如果身材矮小，自可不必简点入军；如果身体壮伟，亦能简点入军。这件事到底与你有何干系，竟如此固执，不肯签署？朕不知你到底是何用

① 《贞观政要》卷二《纳谏》。

意?”魏徵这时也十分严肃地说:“臣闻竭泽而渔,并不是打不到鱼,但明年无鱼;焚林而猎,并不是得不到野兽,但明年无兽。如果中男可以简点入军,这些人所承担的租赋杂徭,将何取给?”接着又说,陛下经常说要以诚信待人接物,想使百姓都无矫伪之心。但自登极以来,就有好几件大事,“皆是不信,复何取信于人?”并接连列举了好几件有失民心,不讲信用的具体事由。太宗当时虽觉得魏徵态度强硬,言词激烈,听后心情很难保持平和。但经过仔细分析,却又觉得魏徵所说有理有节,无懈可击,只得转怒为喜,和颜悦色地说道:“我看到你固执不已,还以为你对此事不大清楚。既然你认为此事是国家不遵法度,不讲信用,便是人情不通。”最后只得表示:“我不寻思,过亦深矣。行事往往如此错误,若为致理?”于是“乃停(简点)中男”①。

史称魏徵相貌和一般人并无差异,但却很有胆略,常常犯颜直谏,终能扭转君主之意。有时遇到太宗盛怒之时,他的神色丝毫不屈,太宗只能息怒减威。有一次在拜谒高祖献陵返回途中,魏徵向太宗问道,听说陛下要去终南山游幸打猎,一切都准备停当,“而竟不行,何也?”太宗笑着说,当初确有进山打猎的想法,但恐怕卿直言进谏,“故中辍耳。”又有一次,太宗曾得到了一只心爱的“佳鹞”,便置于左臂之上,在宫中赏玩。这时适逢魏徵入宫奏事,太宗急忙将鹞藏在怀中。魏徵有意拖长奏事时间,“鹞竟死怀中”②。像唐太宗这样因害怕大臣犯颜进谏,而主动匿死宠物和放弃嗜爱之事的古代皇帝,在中外历史上确属罕见。

总之,由于唐太宗能以诚信对待臣下,用人不疑,拒绝谗

① 《贞观政要》卷二《纳谏》。

② 《资治通鉴》卷一百九十三,太宗贞观二年十月。

言；又能不分亲疏、贵贱和地域远近，任人唯贤；并能用其所长，弃其所短，不求全责备；在任贤中又注意区分忠贞、奸佞，进六正而戒六邪；赏不遗功，罚不阿贵；关心臣下生活起居，不以帝王自居而轻侮大臣，平等待下；又能虚心纳谏，闻过即改，甚至能够容忍臣下面折廷争。故使君臣关系和谐融洽，有同鱼水。这当是促成贞观盛世出现的主要原因之一，也是国事无失、政局稳定的主要表现。

第二节　正确处理君民关系

一、坚持"先存百姓"的"为君之道"

如何处理君主和民众的关系，确实是关系到王朝盛衰兴亡的头等大事。唐太宗由于经历了盛极一时的隋王朝如何在农民起义的沉重打击下土崩瓦解的，亲身体验了隋朝灭亡的深刻教训。因此，就对正确处理君民关系的重要性有了更为深刻的认识，并明确提出了"为君之道，必须先存百姓"这一英明论断。

唐太宗的"为君之道"是在贞观初年同大臣们的一次谈话中首次提出的："为君之道，必须先存百姓，若损百姓以奉其身，犹割股以啖腹，腹饱而身毙。若安天下，必须先正其身，未有身正而影曲，上治而下乱者。"① 这段话的意思是说要想成为一个好的君主，就必须首先要让老百姓能够生活下去。如果损害百姓利益，来满足君主的嗜欲需要，就好像是割自己腿上之肉，来填饱自己的肚皮一样，肚子吃饱了，但自己必定毙命。如果想要天下大治，君主就必须端正自己的行为。如果身

① 《贞观政要》卷一《君道》。

体端正，影子就不会弯曲；只有上层行事无曲，下层百姓就不会作乱。后来，唐太宗还在同大臣的谈话中，多次提出了这样的观点："可爱非君，可畏非民。天子者，有道则人推而为主，无道则人弃而不用，诚可畏也。"①

唐太宗对君民关系的这一认识以及提出"为君之道，必须先存百姓"这一英明论断，是他继承了先秦时期儒家学说的杰出代表荀子和孟子等人的有关论点以及吸取了历代王朝、特别是隋王朝短命而亡的历史教训的结果。

例如，贞观十四年，魏徵就曾在上疏中向太宗进谏说："荀卿子曰：'君，舟也；民，水也。水所以载舟，亦所以覆舟。'故孔子曰：'鱼失水则死，水失鱼犹为水也。'故唐、虞战战慄慄，日慎一日。安可不深思之乎？安可不熟虑之乎？"②唐太宗不但当即接受了这一观点，而且后来还用以教戒太子李治。当他看到太子乘舟，便说："舟所以比人君，水所以比黎庶，水能载舟，亦能覆舟。尔方为人主，可不畏惧。"③

早在贞观初年，当唐太宗和大臣讨论隋亡的教训时，就曾深刻指出："隋开皇十四年大旱，人多饥乏，是时仓库盈溢，竟不许赈给，乃令百姓逐粮。隋文帝不怜百姓而惜仓库，比至末年，计天下储积，得供五六十年。炀帝恃此富饶，所以奢华，遂致灭亡。炀帝失国亦此之由。"最后，他还指出："凡理国者，务积于人，不在盈其仓库"，"但使仓库可备凶年，此外何烦储蓄！后嗣若贤，自能保其天下；如其不肖，多积仓库，徒益其奢侈，危亡之本也。"④

---

① 《贞观政要》卷一《政体》。
② 《贞观政要》卷三《君臣鉴戒》。
③ 《贞观政要》卷四《教戒太子》。
④ 《贞观政要》卷八《辨兴亡》。

唐太宗正是基于对君臣关系的正确认识，才提出了“为君之道，必须先存百姓”这一英明论断。这不但是对历代王朝、特别是隋朝二世而亡历史教训的高度总结，而且也是对先秦儒家民本思想的继承和发展，从而也使唐太宗成了古代最为关注民生的一位开明君主。

二、实行重农政策

唐太宗认为开明君主要坚持“必须先存百姓”的“为君之道”，最为重要的就是要首先实行重农政策，大力发展农业生产，使百姓衣食有余，安居乐业，才能使国富民强，社稷永存，君民关系也就会像舟水一样，顺流而下，风平浪静，无覆舟之虑。正如他在贞观二年对大臣所说：“凡事皆须务本。国以人为本，人以食为本，凡营衣食，不以失时为本。”[①]这段话中一连出现了四个“本”字，其中第一个“务本”之“本”，当指农业；第二个“以人为本”之“本”，当指农民；第三个“以衣食为本”之“本”，当指粮食、布帛；第四个“以不失时为本”之“本”，当指君主要把农业、农民和粮食、布帛等当成首要之事。这不但符合当时的国情，也符合民心民意，也和君主所代表的国家利益息息相关。这就把我国传统的重农政策和民本思想有机地结合起来，并给予了极大发展。关于这一思想认识，他在后来同大臣的谈论中，表述得更加清楚明确：“国以民为本，人以食为本，若禾黍不登，则兆庶非国家所有。”意思是说百姓是国家之本，粮食是人命之本。如果粮食歉收，国家就会失去百姓。失去百姓的国家，就会必然灭亡，代表国家的君主不也会随之毙命吗？如果要想国家兴盛和长治久安，就必然要把发展农业生产，放在首要地位。

① 《贞观政要》卷八《务农》。

土地是农业的命脉，也是当时经济价值最为珍贵的社会财富，因此，占有土地数量的多少就成了当时区分贫富贵贱的主要标志。因此，官僚地主和富商大贾总是千方百计利用自己的权势地位和经济实力，大肆兼并土地，以致出现了“富者田连阡陌，贫无立锥之地”的不合理现象，结果，就导致了阶级矛盾的日益激化，最终就会导致爆发大规模的农民起义。这当是古代社会地主和农民这对基本矛盾的发展规律。

唐承隋制，继续实行自北魏孝文帝以来的均田制度。如前所述，均田制是我国中古时期实行的一个主要的土地制度，它是北魏统治者继承并发展了曹魏时期的屯田制和西晋的占田制，又参照了鲜卑拓跋族古老的土地分配制度而创行的一种新的土地制度。其主要内容就是国家用法令形式，规定了普通百姓所占露田和桑麻田的具体数量，其中露田为种植谷物的土地，桑麻田是种植经济作物的土地。同时，也规定了各级官吏的占田数量。由于均田制规定官吏所占土地种类多，有永业田、职分田和公廨田等名目，而且数量也远远超过了百姓的土地数量，所以这一土地制度对制止官僚地主兼并土地的作用，并不显著。但它对官僚地主占有土地的最高数量，有了明确规定，所以对这些人的限外占田，仍然起到了一定的抑制作用。再加之北魏时期，由于黄河流域经历了“五胡十六国”的长期战乱，人口锐减，荒闲之地较多，均田制得到了较好实施，并对广大农民占田垦荒，扩大耕地面积，起到了一定的推动作用。

唐朝初年，由于经历了隋末大乱，州县萧条，人烟稀少，闲荒和无主土地大量存在，为唐初实施均田制提供了有利条件。唐高祖于武德七年（624 年）四月，统一战争基本结束以后，继承隋制，颁布了在全国各地实行均田制的诏令。但由于国家草创，政务繁殷，加之皇室内部的夺嫡之争，愈演愈烈，故均田制并未得到认真施行。唐太宗即位之后，由于坚持重农政策，并采取了诸多措施，才使均田制得到了较好实施。

将人多地少的狭乡之民迁往人少地多的宽乡之地，这是唐太宗贞观年间实施均田制的主要措施。这是因为贞观初年虽然有些地方因人烟稀少，土地荒芜，均田制得到了较好实行，很多原来无地或少地的农民通过垦辟荒地，重新获得了土地，并得到了国家认可，使隋时土地兼并的严重趋势得到了不同程度的缓解。但在一些人多地少的“狭乡”之内，农民占田不足的现象仍然十分严重。贞观十八年二月，唐太宗来到雍州新丰（今陕西西安临潼区）零口镇进行视察时，发现这里的一个成丁受田仅有30亩，不足均田制规定数量的三分之一，而老年人和儿童的受田就更是少得可怜。为此，太宗心情忧虑，坐卧不宁，直到半夜时分，还不能入睡。不久，他便颁发诏令：“雍州录尤少田者给复，移之宽乡。”[①]意思是将长安所在关中地区占田在30亩以下的均田农民，免除他们的赋役负担，将他们迁徙到地多人少的宽乡居住。其实，早在贞观初年，“朝廷立议，户殷之处，得徙宽乡。”[②] 只是因为受到一些人的激烈反对，并未得到施行。唐太宗发布了这一诏令后，移民工程才得以顺利实行，不仅使狭乡农民普遍占田不足的现象得到了很大的改变，而且也扩大了耕地面积，从广度和深度方面都促进了农业生产的发展。

贞观年间，唐太宗还将一些国家闲置的苑囿苗圃等分给无地或少地的农民。如贞观十一年，东都洛阳周围遭遇水涝灾害，很多农民由此失去土地，生活无着。为此，唐太宗当即宣布将洛阳附近明德宫和飞山宫周围的“园圃”予以废除，分给

① 《册府元龟》卷一百〇五《帝王部·惠民》。

② 《旧唐书》卷一百九十一《方伎·崔善为传》。

洛州的“遭水之家”[1]。不久，又将洛阳附近占地 126 里的芳华苑的部分建筑毁弃，“以赐居人”[2]。

收夺官吏部分职分田，授给均田农民，这是唐太宗实施均田制又一重要举措。

职分田是均田制规定的官吏所占永业田和公廨田之外的又一种占田名目，其地租收入作为官吏俸禄之外的国家补偿，带有封建国家有意偏袒和优恤官吏的显著特点。贞观十年，唐太宗鉴于关中地区和一些狭乡因地少人多，均田农民普遍占田不足，便下诏宣布：“有司收内外官职田，除公廨田园外，先给逃还贫下户及欠丁田户。其职田以正仓粟亩率二升给之。”[3]

另外，唐太宗还一再强调要对违犯均田制规定，依仗权势，肆意掠夺和抢占农民土地的不法官吏，要按其罪行大小，严加惩治。贞观初年，泽州刺史长孙顺德在侦知“前刺史张长贵、赵士达并占境内膏腴之田数十顷”的不法行为后，据律“劾而追夺，分给贫户。”[4]这说明贞观年间唐太宗关于严厉打击非法抢占均田农民土地的诏令，是得到贯彻执行的。这同隋文帝开皇年间推行均田制时出现的“正恐朝臣功德不立，何患人田有不足”的现象，恰好形成了鲜明对照。

劝课农桑，不夺农时，是唐太宗推行重农政策的又一措施。唐太宗为了改变人们遗存的所谓“农不如工，工不如商”的思想观念，他曾将社会上出现的“带犊佩牛，弃坚就伪，求伎巧之利，废农桑之基，以一人耕而百人食”的现象，斥之为“秋螟”，即专吃禾苗的蝗虫，危害重大。因此，他极力提倡

① 《唐会要》卷三十《诸宫》。

② 《元河南志》卷四。

③ 《册府元龟》卷五百〇五《邦计部·俸禄一》。

④ 《旧唐书》卷五十八《长孙顺德传》。

“禁绝浮华，劝课耕织，使民还其本，俗反其真，则竞怀仁义之心，永绝贪残之路。”并认为“此务农之本也”[1]。因此，有些地方官遵照太宗旨意，先后将境内外“浮伪”之人，“并遣务农，各令属县有游手怠情者，皆按之。”[2] 使务农之人，逐年增加，为农业生产的发展，提供了更多的劳动人手。

贞观五年，唐太宗决定给太子承乾举行加冠之礼时，有人建言“二月为吉”，并请届时举行大规模的礼仪活动。唐太宗却认为二月正是关中百姓的春耕大忙季节，兴师动众，举行加冠之礼，“恐妨农事”，遂下诏“改用十月”农闲时进行[3]。贞观十四年秋，唐太宗准备去栎阳（今陕西高陵境内）打猎。县丞刘仁轨认为这时百姓的秋收秋种尚未结束，“非人君顺动之时”，便上表谏止。太宗当即宣布取消这次打猎活动，并将仁轨提升为新安县令[4]。唐太宗用实际行动，做到了不夺农时。

水旱雪霜等自然灾害对农业生产的破坏极大，也会给农民的生产、生活带来严重影响。为此，每当自然灾害发生时，唐太宗都要派遣使者，视察灾情，及时对灾民进行安抚，赈济财物，减免赋税，帮助他们抗灾自救。

贞观二年，京城长安周围大旱不雨，蝗虫成灾。唐太宗来到长安城北禁苑视察灾情，看到蝗虫肆虐，禾稼须臾而尽。他便顺手捉来一只，对天盟誓说：“人以谷为命，而汝食之，是害于百姓。百姓有过，在予一人，尔其有灵，但当蚀我心，无害百姓。”说完，就要将这只蝗虫吞入腹中。左右大臣急忙上前劝说，要他珍惜龙体。但太宗却严词拒绝，并说：“所冀移

---

① 唐太宗：《帝范·务农》。

② 《旧唐书》卷六十一《窦威附兄子轨传》。

③ 参看《贞观政要》卷八《务农》。

④ 参看《贞观政要》卷十《畋猎》。

灾朕躬，何疾之避!”当即吞食了这只蝗虫。据说，“自是蝗不复为灾。”[1]这条资料虽不可信，但它所表现的唐太宗的重农思想和重农政策，还是不容置疑的。

不久，尚书左丞戴胄鉴于“每岁水旱，皆以正仓出给，无仓之处，就食他州，百姓多数饥乏”，便建议仿效隋文帝在开皇年间创办社仓的办法，“请自王公以下，爰及众庶，计所垦田稼穑顷亩，每至秋熟，准其见苗以理劝课，尽令出粟”，“各纳所在，立为义仓。”[2]太宗当即应允。同年四月，“初诏天下州县，并置义仓。”[3]其征收办法是自王公以下，凡有土地者，“亩税二升，粟、麦、粳稻，随土地所宜”，“商贾无田者，以其户为九等，出粟自五石至于五斗为差”，皆贮于义仓之中。如遇水旱灾害，“则以赈民，或贷为种子，则至秋而偿。”[4]后来，关中又发生了多次自然灾害，太宗下令开仓放粮，并允许未设义仓的州县百姓，可到设置义仓的州县就食。由于义仓存粮充足，“逐粮户到，递相安养，人人自安，曾无怨言。”

总之，由于唐太宗认真实施均田制度，又劝课农桑，不夺农时，设置义仓，防御自然灾害，因而使农业生产得到了迅速恢复发展，社会经济出现了繁荣景象，广大农民的生活也得到了极大改善。

三、轻徭薄赋，宽减赋役

赋税和徭役是古代国家向广大百姓进行剥削，用以维护封建统治的主要手段。赋役的繁简轻重，和国计民生息息相关，

① 《旧唐书》卷七十《戴胄传》。
② 《旧唐书》卷七十《戴胄传》。
③ 《旧唐书》卷二《太宗本纪上》。
④ 《新唐》卷五十一《食货志》。

密不可分。很多统治者利用他们手中掌握的国家权力，不断加重对百姓的赋役剥削，用以满足他们的私欲，维持自己的奢侈生活。这种对百姓的肆意剥削，一旦超出了广大人民的承受能力，就会迫使他们铤而走险，揭竿起义，进行武装反抗，甚至会把统治者的国家机器打得粉碎，使其葬身于农民起义的汪洋大海之中。对于历代王朝盛衰兴亡的这一规律，唐太宗早已有了清醒认识。例如，他在登极伊始，与大臣们讨论如何“止盗”这个问题时，针对有人提出“请重法以禁之”的观点，太宗就曾明确指出：“民之所以为盗者，由赋繁役重，官吏贪求，饥寒切身，故不暇顾廉耻耳。朕今去奢省费，轻徭薄赋，选用廉吏，使民衣食有余，则自不为盗，安用重法邪?”[①]不仅如此，唐太宗还把历经隋末战乱和唐初统一战争以后的百姓，比做大病初愈之人，“弥须将护，若有触犯，必至殒命。治国亦然，天下稍安，若便骄逸，必至丧败。”[②]

唐初的赋役制度初定于武德二年二月，定制于武德七年四月。其内容是均田农民每户每年纳租粟二石，调绢二丈、绵三两，或调麻布二丈五尺、麻三斤，每个成丁每年给国家服役二十天，如不服役，每天折绢三尺，是为庸。以上即是唐朝的租庸调制。并规定“水旱虫霜为灾，十分损四以上免租，损六以上免调，损七以上课役俱免。”[③]

唐高祖武德年间，由于国家草创，战事频繁，军费开支巨大，故高祖李渊很少发布减免赋税的诏令，有时不免还会出现税外加敛和役外另役的现象。

唐太宗贞观年间，由于天下大定，战事极少，军费税减，

---

① 《资治通鉴》卷一百九十二，高祖武德九年十一月。

② 《贞观政要》卷一《政体》。

③ 《旧唐书》卷八十四《食货志》。

故太宗减免赋役的诏令便不时出现。例如，武德九年八月，太宗即位伊始，就下诏“免关内及蒲、芮、虞、泰、陕、鼎六州二岁租，给复天下一年。”[①] 意思是位于关中地区的六州可免两年之租，而全国成丁可免一年徭役。此后，诏免局部地区赋役的记载前后共有十多次。例如，贞观六年六月，“山东诸州大旱，令所在赈恤，无出今年租赋”；贞观四年十月，“幸陇州，曲赦陇、岐二州，给复一年”；贞观七年八月，“山东、河东三十州大水，遣使赈恤。”[②] 如此等等，恕不尽列。

另外，修撰于贞观年间的《唐律》还对各级官吏非法兴造，即“非时科唤”和“驱使正夫”建造“池、亭、宾馆”者，在“修城郭筑堤防”时，“料请财物及人功多少违制者”，以及非法赋敛，即违反赋役制度和征收原则，随意“差科赋役”者，都制订了严厉的处罚律令。这就杜绝了各级官吏对百姓的税外加敛和役外加役，保证了对百姓的赋役宽减。

四、躬履节俭，去奢省费

唐太宗深知，要真正实施重农政策，劝课农桑，不夺农时，对百姓轻徭薄赋，君主必须躬履节俭，卑宫菲食，去奢省费。因为只有这样，才能节省国家开支，对百姓宽减赋役，最终实现“必须先存百姓”的“为君之道”。正如他在贞观四年对大臣们所说：“崇饰宫宇，游赏池台，帝王之所欲，百姓之所不欲。帝王所欲者放逸，百姓所不欲者劳弊。孔子曰：‘有一言可以终身行之者，其恕乎！己所不欲，勿施于人。’劳弊之事，诚不可施于百姓。”[③]否则，君主荒淫暴虐，纵欲游乐，

① 《旧唐书》卷二《太宗本纪上》。

② 《旧唐书》卷三《太宗本纪下》。

③ 《贞观政要》卷六《俭约》。

就会加重对百姓的剥削，引起百姓的怨恨，最终只能成为独夫民贼，被百姓所唾弃。

唐太宗对帝王必须躬履节俭的上述认识，也是在他不断汲取王朝兴亡的历史教训中逐渐得知并不断深化的。贞观六年，他曾对大臣们说："自古帝王凡有兴造，必须贵顺物情，昔大禹凿九山，通九江，用人力极广，而无怨讟者，物情所欲，而众所共有故也。秦始皇营建宫室，而人多谤议者，为徇其私欲，不与众共故也。"贞观九年，当他阅读《北齐书》时，看到北齐后主高纬"深好奢侈，所有府库，用之略尽，乃至关市无不税敛"，便对魏徵说道："朕常谓此犹如馋人自食其肉，肉尽必死。人君赋敛不已，百姓既弊，其君亦亡，齐主即是也。"[①] 贞观十六年，当太宗读《晋书·刘聪传》时，看到刘聪将要为皇后修造鷃仪殿，廷尉陈元达直言切谏，刘聪大怒，遂下令将元达斩首。皇后上疏请赦，词情真切，刘聪阅后，面有愧色，当即赦免了元达。于是太宗便告诫大臣说："人之读书，欲广闻见以自益耳，朕见此事，可以为深诫。"[②]

正是基于上述认识，所以，在贞观年间唐太宗躬履节俭的事例史不绝书，感人至深。

唐太宗登极伊始，看到高祖武德年间在太极宫和掖庭宫中所蓄养的宫女极多，从而给宫廷增加了很多沉重开支，便下诏释放了大批宫女。次年九月，关中少雨，中书舍人李百药看到宫中仍有很多无用宫女，便以"虚费衣食"和"阴气郁结"为由，上疏进谏。唐太宗当即下诏："妇女幽闭深宫，情实可愍。隋氏末年，求采不已，至于离宫别馆，非幸御之所，多聚宫人。此皆竭人财力，朕所不取。且洒扫之余，更何所求？今将

① 《贞观政要》卷八《辩兴亡》。

② 《贞观政要》卷六《俭约》。

出之，任求伉俪，非独以省费，兼以息人，亦各遂其情性。”于是派尚书左丞戴胄和给事中杜正伦于掖庭宫西门，简放宫女，“前后所出三千余人。”①

贞观元年，唐太宗想给自己修建一座寝殿，并已备足了材料，但当他远想秦皇之事，还是作罢，并为此下诏说：“雕镂器物，珠玉服玩，若恣其骄奢，则危亡之期可立待也。”

贞观二年初秋，大臣们看到唐太宗所居寝殿低下潮湿，便奏请在高敞之处，建一殿阁。但太宗却加以拒绝，并说：“朕有气疾，岂宜下湿？若遂来请，糜费良多。昔汉文（帝）将起露台，而惜十家之产。朕德不逮汉帝，而所费过之，岂为人父母之道也。”尽管大臣们再三奏请，但太宗终“竟不许”②。

唐太宗不仅自己率先节俭，而且还经常教导臣下不要奢侈。他曾下诏说：“自王公以下，第宅、车服、婚嫁、丧葬，准品秩不合服用者，宜一切禁断。”并对“勋戚之家”和民间盛行的“厚葬”之风，进行了严厉斥责：“勋戚之家多流遁于习俗，闾阎之内或侈靡而伤风，以厚葬为奉终，以高坟为行孝，遂使衣衾棺椁，极雕刻之华，灵辆冥器，穷金玉之饰。富者越法度以相尚，贫者破资产而不逮，徒伤教义，无益泉壤，为害既深，宜为惩革。”因此，他在诏书中强调说：“其王公以下，爰及黎庶，自今以后，送葬之具有不依令式者，仰州府县官明加检察，随状科罪。”

据说，从此以后，在贞观“二十年间，风俗简朴，衣无锦绣，财帛丰饶，无饥寒之弊。”③。

总之，由于唐太宗坚持了“必须先存百姓”的“为君之

① 《资治通鉴》卷一百九十三，太宗贞观二年九月。

② 《贞观政要》卷六《俭约》。

③ 《贞观政要》卷六《俭约》。

道”，又施行重农政策，劝课农桑，不夺农时，轻徭薄赋，躬履节俭，使贞观年间的社会经济呈现了繁荣兴盛的大好局面。史称“商旅野次，无复盗贼，囹圄常空，马牛布野，外户不闭。又频致丰稔，半斗三四钱，行旅自京师至于岭表，自山东至于沧海，皆不赍粮，取给于路。”[①]这是对贞观盛世的生动写照。所有这些，都说明贞观盛世是我国古代和谐社会的典范，也是唐太宗正确处理君臣和君民关系的必然结果。

第三节　抵制世俗邪说和编撰《帝范》

一、抵制世俗邪说

唐太宗不仅以他杰出的政治和军事才能彪炳史册，而且还以他在批判和抵制世俗邪说中所表现的大智大勇而著称于世。贞观二年，他曾对大臣们说：“神仙事本是虚妄，空有其名，秦始皇非分爱好，为方士所诈，乃遣童男童女数千人，随其入海求神仙。方士避秦苛虐，因留不归，始皇犹海侧踟蹰以待之，还至沙丘而死。汉武帝为求神仙，乃将女嫁道术之人，事既无验，便行诛戮。据此二事，神仙不妄求也。”并且还说：“君天下者，惟须正身修德而已，此外虚事，不足在怀。”[②]

根据有关史书记载，唐太宗在抵制和批判世俗邪说以及不妄求神仙方面的事迹很多，大致表现在以下方面：

首先，不好“祥瑞”。所谓“祥瑞”原是古代一些最高统治者假借自然界出现的一些奇异现象来为自己涂脂抹粉和炫耀“功德”的一种自欺欺人之举。后来，由于有些帝王乐此不倦，

① 《贞观政要》卷一《政体》。

② 《贞观政要》卷六《慎所好》。

用以填补他们的虚荣心和掩饰他们的种种罪行，于是争献“祥瑞”便逐渐成了一班拍马奉迎之徒进行邀宠献媚的惯用伎俩。结果，诸如“树木连理”、“生获麒麟”、“醴泉涌出”、“甘露夜降”、“庆云频至”、“青龙现身”、“猫鼠共乳”等异端邪说和奇谈怪论，便堂而皇之地被载入典籍，不绝于史。

武德九年（626 年）八月，唐太宗即位之初，此类“祥瑞”便扑面而来：“乙未，定州言景云见，莒州言凤凰二见，群鸟随之，其声若八音之类；壬戌，林州献祯石，隐起成文曰‘圣主某大吉，子孙五千岁’，素质玄字，篆隶相参；西麟州麟见”[①]。如此等等，不一而足。唐太宗对此却深表厌恶，发诏斥责说：“朕每见诸方表奏符瑞，惭惧增深。且安危在于人事，吉凶系于政术。若时主肆虐，嘉贶未能成其美；如治道休明，庶征不能致其恶。以此言之，未为可恃。”他命令各地在上奏这些“祥瑞”时，“不得苟陈虚词！”[②]

但这一诏书发布后，各地上奏“祥瑞”的表书仍有增无减，纷至沓来。唐太宗再次旗帜鲜明地说：“朕比见众议以祥瑞为美事，频有表庆贺。如朕本心，但使天下太平，家给人足，虽无祥瑞，亦可比德于尧舜。若百姓不足，夷狄内侵，纵有芝草遍街衢，凤凰巢苑囿，亦何异于桀纣”？“夫为人君，当须至公理天下，以得万姓之欢心，若尧舜在上，百姓敬之如天地，爱之如父母，动作兴事，人皆乐之，发号施令，人皆悦之。此是大祥瑞也。”最后他还明加禁止：“自此后诸州所有祥瑞，并不用申奏！”[③]真可谓义正辞严！据说，从此以后，上奏诸种“祥瑞”的日渐减少。

① 《册府元龟》卷二十四《帝王部·符瑞》。

② 《唐会要》卷二十八《祥瑞上》。

③ 《贞观政要》卷十《灾祥》。

其次，不举封禅。封禅是古代帝王举行祭祀天地的一种盛大的庆典活动之一。秦汉以降，历代帝王都把封禅看成是“建显号，施尊名，腾茂实以祈景福，以告成功”的神圣典礼，不仅耗费了大量人力、物力，而且也给社会带来了诸多不良影响。

贞观年间，史载大臣们曾奏请封禅先后约有六七次之多，但因唐太宗的多次坚决拒绝而终未成行。如贞观五年（631年）正月，以宗室李孝恭为首的诸州朝集使以“天下一统，四夷来朝”为由，首次奏请封禅。但唐太宗却在“手诏”中说：“自有隋失道，四海横流，百王之弊，于斯为甚。朕提剑鞠旅……遂荷慈睠，恭承大宝……但流遁永久，凋残未复，田畴多旷，仓廪犹虚，家给人足，尚怀多愧。岂可遽追前代，取讥虚美。所望恂恂济济，叶力尽诚，辅其不逮，致之王道。”[①] 于是这次封禅在唐太宗的婉言劝阻下作罢。

次年正月，以宰相房玄龄为首的众多大臣因“平突厥，年谷屡登”而齐集宫前，坚请封禅。但唐太宗仍严词拒绝，并列举了秦始皇大肆封禅而终不免于“亡国”，汉文帝不事封禅而不失为“贤君”等事例。最后，他还劝谕大臣说：“且事天扫地而祭，何必登泰山之巅，封数尺之土，然后可展其诚敬乎！”这时在场的魏徵在一边也附和说，应勤于政事，以实仓廪，而不应对这种“崇虚名而受实害”的封禅过于看重。加之“河南、北数州大水，事（指封禅）遂寝。”[②]

由于唐太宗的勤政精神和不信邪说的态度，遂使他成为我国封建社会两千多年历史中从未封禅的少数几个皇帝之一。

再次，不信阴阳。鼓吹阴阳的迷信学说相传源于商周之

---

① 《册府元龟》卷三十五《帝王部·封禅一》。

② 《资治通鉴》卷一百九十四，太宗贞观六年正月。

际。但这时的阴阳家们主要是为了“十宅吉凶”，而“取法壮大”而已。后来，随着谶纬神学的漫延发展，遂使阴阳学说的迷信色彩日益浓重。到了唐代以前，阴阳家更是著书立说，施展手段，蛊惑人心，骗人钱财，严重地毒化了社会风气。

贞观十五年（641 年）年初，当唐太宗看到这些阴阳家们所撰《阴阳书》后，深感其内容“渐至讹伪，穿凿既甚，拘忌既多”，遂诏令太常博士吕才以及有关学者十多人共加刊正，削其谬误，质正其理。学识渊博而又嫉恶如仇的吕才奉旨以后，经过对《阴阳书》的一番研究以后，对其中的歪理邪说进行了无情的揭露和痛快淋漓地批驳。

吕才在《叙禄命》一文中，针对阴阳家们宣扬的人的寿夭福祸乃至官爵利禄和相貌美丑等均由生辰八字决定的荒谬论调，列举了大量生动事例，予以驳斥，认为《禄命》之说的实质就是阴阳家们“高人禄命以悦人心，矫言祸福以尽人财!”他还在《叙葬书》一文中针对阴阳家们宣扬的所谓“富贵官品，皆由安葬所致；年命延促，亦由坟垅所招”等谬论，列举了《春秋》《左传》《礼记》等古代经书所载的“不择年月”、“葬不择日”、“葬不择时”等大量史实予以反驳。并深刻指出，只有“立身行道”，才能“扬名后世”；只有“日慎一日”，才能“泽及无疆!”① 所有这些论述都得到了唐太宗的赞扬和支持。当吕才的书稿撰成以后，唐太宗不仅赏赐了大量钱帛，而且还下令藏于秘府，并颁示天下。

二、编撰《帝范》

贞观十一年，著作郎邓世隆上表请求为唐太宗编辑一本文集，当即受到太宗拒绝，他说：“朕若制事出令，有益于人者，

① 《旧唐书》卷七十九《吕才传》。

史则书之，足为不朽。若事不师古，乱政害物，虽有词藻，终贻后代笑，非所须也。”并说梁武帝萧衍及昭明太子萧统父子和陈后主陈叔宝、隋炀帝杨广等人，都大有文集，但因为行事多为不法，宗庙社稷终以“倾覆”。因此，他认为“凡人主惟在德行，何必要事文章耶?”[1] 所以，唐太宗虽为一代名君，却并未有文集传世。由此可知，他对撰书文集之事并不感兴趣。但他在贞观晚年却编撰了一部《帝范》，共4卷12篇，三千余言，流传至今。

《帝范》一书是唐太宗于贞观晚年专为教戒太子而撰写的一部政治性著作，成书于贞观二十二年（648年）正月。书中全面总结了太宗称帝二十多年以来的为政经验，再参以历代帝王的兴亡治乱和优劣得失，即“披镜前踪，博览史籍，聚其要言，以为近诫云耳。”[2]书成以后，他还对太子语重心长地说：“修身治国，备在其中。一旦不讳，更无所言矣。”

《帝范》问世以后，唐人贾行和唐敬宗时秘书省著作郎韦肃曾为此书作注。但到宋代此书已佚一半，至元时又得完书。清人将其辑入《四库全书》和粤雅堂等丛书之中。

《君体》为《帝范》首篇，旨在说明为君者一定要“宽大其志”，“平正其心”，“抚九族以仁，接大臣以礼，奉先思孝，处位思恭，倾己勤劳，以行德义”，才是为君之体。

第二篇为《建亲》，全篇分析和概括了自西周以来，历秦、汉、魏时期在分封同姓诸侯方面的成败得失，提出了“莫若众建宗亲而少其力，使轻重相镇，忧乐是同，则上无猜忌之心，下无侵冤之虑。此封建之鉴也”。

第三篇《求贤》，深刻阐述了君主求取贤能之士的重要意

---

① 《贞观政要》卷七《文史》。

② 《帝范》序。

义，正如“舟航之绝海，必假桡楫之功；鸿鹄之凌云，必因羽翮之用”一样，“帝王之为国，必藉匡辅之资”。并列举大量事例，说明“不以卑而不用，不以辱而不尊”，是明君求贤最为难能可贵之处。

第四篇《审官》，旨在说明君主选用官吏要像能工巧匠使用木料一样，“直者以为辕，曲者以为轮，长者以为栋梁，短者以为拱角，无曲直长短，各有所施”，故“良匠无弃材，明主无弃士”。但要切记“有轻才者不可委以重任，有小力者不可赖以成职”。

第五篇《纳谏》，旨在说明君主应虚心纳谏，明辨是非，“言之而是，虽在仆隶刍荛，犹不可弃；言之而非，虽在王侯卿相，未必可容。其义可观，不责其辩；其理可用，不责其文”。这样才能使“臣无隔情于上，君能遍照于下”。否则，拒谏饰非，只能招致“身亡国灭”。

第六篇《去谗》，文中列举了大量事实，说明那些“争荣华于旦夕，竞势利于市朝”的谄谀、奸佞之徒，是“国之蟊贼”。而那些暗主庸君由于“逆耳之辞难受，顺心之说易从”，故只能得到“命因甘而致殒”的可悲下场。君主只有接纳谏言，忍受“苦喉”之“药石”，远离“甘口”之“鸩毒”，才能“病就苦而能消”，国运持久，兴旺发达。

第七篇《诫盈》，旨在说明君主应以俭、静为诫，因为“俭以养性，静以修身。俭则人不劳，静则下不扰”。否则，骄奢淫逸，恣其嗜欲，游幸无度，田猎不时，只能导致“人神怨愤，上下乖离，逸乐未终，倾危已至”。

第八篇《崇俭》，说明是崇尚节俭还是务为奢侈，这是“圣世之君”和亡国之君的重要区别。而“奢俭由人，安危在己”。如果能“处薄而行俭”，“舟车不饰，衣服无文”，就会像尧、舜那样，“约己而福延”。否则，不节骄志，不遏欲心，就会像桀、纣那样，“肆情而祸结”。

第九篇《赏罚》，说明君主对臣下所行赏罚应该像自然界的寒暑变化一样，公正无私，准确无误。只有真正做到了“赏者不德君，功之所致也；罚者不怨上，罪之所当抱”，才能像古书上所说的那样，“无偏无党，王道荡荡”。

第十篇《务农》，说明君主一定要坚持重农思想，实行重农政策。因为“食为人天，农为政本。仓廪实则知礼节，衣食足则知廉耻”。而要实行重农政策，最重要的就在于“禁绝浮华，劝课耕织，使人还其本，俗反其真，则竞怀仁义之心，永绝贪残之路”。君主还要特别注意“劝穑务农”和“遏奢禁丽”，因为如果君主不能“约己而禁人为非”，就好像“恶火之燃，添薪望其止焰；忿池之浊，扰根欲其止流。不可得也”。

第十一篇《阅武》，旨在说明君主要正确对待国家的武装力量和内外战争，因为“兵甲者，国之凶器”，“土地虽广，好战则民凋；邦国虽安，亟战则民殆。凋非保全之术，殆非御寇之方”。正确的态度是，对于兵甲，“不可以全除，不可以常用”，农闲习武，农忙耕织，安不忘危，富不好战。这就是君主的用兵之道。

第十二篇《崇文》，旨在说明君主应在不同历史时期采取贵武和崇文之术治理国家。即当“巨浪滔天，兴亡决乎一阵”之时，就要“贵干戈而贱庠序”；但在“功成设乐，治定制礼”之时，就要“轻甲胄而重诗书”。所以说，“文武二途，舍一不可。与时优劣，各有其宜。武士儒人，焉可废也。”

最后，唐太宗还在结语中一再告诫太子，上述十二篇，是“帝王之大纲”，君主的优劣得失和社稷的安危兴废，都在其间。这些为君之道，要理解并不困难，但要躬亲实践，坚持始终，这是最困难的。接着，唐太宗还对他的为政得失进行了客观评价，并告诫太子不要“以吾为前鉴”，而要“求古之哲王以为师”，要全力“崇善以广德”，千万不要“疑情以从非”，争取“业泰身安”，避免“业倾身丧”。由此可知，《帝范》一书是唐太宗专为太子李治编撰的讲述如何才能成为明主贤君的一部政治教材，几乎涉及了君主治国的方方面面，内容丰富，论述精辟。不仅可以从中窥见唐太宗在治国方面所表现的远见卓识，以及“贞观之治”形成的诸多原因，而且也对我们今天所从事的各项事业以及提高全民族的文化素质等方面，都能提供有益的历史借鉴。

第七章

“爱之如一”的民族观念与和谐开放的民族关系

第一节　安定漠北与接受“天可汗”尊号

一、平定东突厥汗国与妥善安置突厥降众

唐太宗即位以后，周边民族地区的形势仍很严峻：东突厥汗国和薛延陀汗国相继雄踞漠北，骚扰北境；西突厥汗国控制西域，威胁西北；吐谷浑占有青海，觊觎西境；吐蕃政权崛起于西藏高原，方兴未艾。唐太宗鉴于当时的社会经济尚处于恢复阶段，国家财政严重入不敷出，广大百姓家藏不丰，有的甚至啼饥号寒，食不果腹。因此，唐太宗坚持“为政之要，务全其本，若中国不静，远夷虽至，亦何所益”[①]的治国方略，积极改善政治体制，提高行政效力；调整君臣和君民关系，稳定政治局势，发展社会经济，改善民众生活和生产条件，增加国家财政收入。而对周边少数族上层首领发动的侵扰、抄掠活动，大多采取纳贿求和的策略，用以求得边境的安宁。但是，太宗深知单靠纳贿求和，决不能使周边地区恢复真正安宁，而

① 唐太宗：《政本论》，载《全唐文》卷十。

只有富国强兵，才能最终立于不败之地。因此，他在整饬内政，发展社会经济的同时，又大力整顿府兵制度，加强府兵的军事训练，提高军队的作战能力，改善国防设施，为开展自卫反击和保卫边防而积极备战。而当国力强盛时，他就把占据漠北草原地区的东突厥汗国作为首先用兵的打击对象。

贞观三年（629 年）八月，专门监视东突厥动静的代州（治今山西代县）都督张公瑾向太宗上表，陈述了应立即向东突厥发起进攻的 6 条理由：颉利暴虐，诛杀忠良，“主昏于上”；被其统治压迫的薛延陀等部聚众起义，“众叛于下”；颉利部将多次被起义的薛延陀部击败，颉利可汗之弟突利因此被迫南下归降，“兵挫将败”；漠北连年灾害，粮草缺乏；颉利疏远本族，亲信异姓；隋末逃奔漠北的华夏之人，也多有造反。如果大军北伐，“自然有应。”①

接此重要情报以后，唐太宗当即在北境布置重兵：兵部尚书李靖为定襄道行军总管，屯兵定襄（今属山西）；并州都督李世勣为通汉道行军总管，屯兵云中（山西大同）；华州刺史柴绍为金河道行军总管，屯兵金河（今内蒙古清水河附近）；营州都督薛万彻为畅武道行军总管，屯驻营州（治今辽宁朝阳）；任城王李道宗为大同道行军总管，屯兵灵州（治今宁夏灵武西）。五路大军，共十万之众，统归李靖和张公瑾统率，伺机进攻。

贞观四年（630 年）正月，唐军统帅李靖率精骑三千，突然由马邑驰至恶阳岭（今内蒙古和林格尔），向颉利盘踞的北定襄城（在今内蒙古和林格尔西北 20 公里处）发起进攻。颉利惊恐不已，以为唐军“倾国而来”，慌忙北遁碛口（今内蒙古呼和浩特北）。李靖率部紧追不舍。与此同时，李世勣率部

① 《旧唐书》卷六十八《张公瑾传》。

北出云中，在白道（今内蒙古呼和浩特北）大破突厥部众。颉利率残部退保阴山，自知大势已去，便遣使来到长安谢罪，表示愿意内附，身自入朝。唐太宗当即派鸿胪卿唐俭前往抚慰，又诏李靖率部迎接颉利归降。

贞观四年二月，李靖和李世勣在白道会师以后，经过分析，认为颉利“外为卑辞，内怀犹豫”，作出入朝谢罪的表示，目的在于赢得喘息之机。于是，“勒兵夜发”，向颉利牙帐发起突袭。突厥余众猝不及防，一触即溃，颉利连夜逃遁，终于在灵州附近被唐军俘获。至此，东突厥汗国灭亡，唐朝“斥地自阴山北至大漠，露布以闻。”[①]

东突厥汗国灭亡以后，突厥表示归降的部众约有十多万。如何安置突厥降众和巩固漠北地区的统治，是摆在唐太宗面前急待解决的一个重要问题。对此，唐太宗曾于贞观四年四月，召集左右大臣，针对这一问题，进行讨论。在讨论中大臣们大致提出了以下 3 种意见：多数大臣认为，突厥为患已久，现在好不容易将其击败，迫其归降，应乘此将他们迁徙中原，使其分散居住在兖（州治在今山东兖州）、豫（州治今河南汝南）一带，与华夏之人一起从事耕织。这样，十万突厥部众就可全部变成编户齐民。不但“中国有加户之利”，而且还可使“塞北常空”[②]，永绝后患。第二种意见认为，如果将突厥降众迁居中原，数年以后，就会繁衍一倍有余。那时数十万突厥之众，“居我肘腋”，逼近京畿，必将就成“心腹之疾”，“后患”无穷。因此，主张将其遣返漠北，“居其旧土”，然后，“分立酋长，领其部落，则永无后患矣”[③]，其中秘书监魏徵和中书

① 《资治通鉴》卷一百九十三，太宗贞观四年二月。

② 《旧唐书》卷一百九十四上《突厥传上》。

③ 《资治通鉴》卷一百九十三，太宗贞观四年四月。

侍郎颜师古是这种意见的代表。第三种意见与以上两种意见截然相反，认为如果将突厥之众迁至中原，使其耕织，就会和突厥原来的生活习性大相径庭，“非含育之道”。如果遣返漠北，“拒而不纳”，不但大“阻四夷”归降“之意”，而且亦非“天地之道”。因此，他们主张将突厥降众全部安置在黄河以南，使其“任情居住”，“不相统属”，又“选其酋长，遣居宿卫”。这样，既可使突厥“怀我德惠，终无叛逆”，又使其“力散势分，安能为害？”[①]中书侍郎温彦博力主此说，礼部侍郎李百药亦相附和。

经过激烈辩论，唐太宗最终采纳了温彦博等人的意见。不久，便将突厥降众安置在从幽州到灵州之间的广袤土地上，并设顺、祐、化、长四州都督府，以突利任顺州（侨治营州，治今辽宁朝阳）都督，并告诫其“善守中国法，勿相侵掠，非徒欲中国永安，亦使尔家族永全也。”接着，又在突厥原来居住的漠北故地分置北开、北宁、北抚、北安、北丰等六州，六州又分左右二部，左属定襄都督府，右属云中都督府。最后，还把突厥诸部归降的大小酋长，徙居京师长安，拜为将军、中郎将，布列朝廷，其中五品以上的高级官吏就有100余人，几乎占了朝官一半。随从这些酋长入居长安的“近万家”[②]。

唐太宗对突厥降众的上述安置，由于体现了泱泱大国天子对“万物”进行“天覆地载”的博大胸怀，消除了狭隘的民族偏见，因而赢得了东突厥和漠北各少数族酋长以及百姓的热情拥戴，纷纷尊唐太宗为“天可汗”。唐太宗十分愉快地接受了这一尊号，下制说：“今后玺书赐西域北荒之君长，皆称皇帝

① 《贞观政要》卷九《安边》。

② 《资治通鉴》卷一百九十三，太宗贞观四年五月。

天可汗。”[1]

二、平定薛延陀汗国与收复漠北

薛延陀原是铁勒族的一部分，由薛和延陀两部构成。隋时散居于东起蒙古草原、西至里海之间的广袤地域。突厥分裂后，分别臣属于东、西突厥汗国。两突厥汗国对其境内的薛延陀等铁勒诸族居民进行野蛮统治，而以东突厥汗国的统治最为残暴。这就自然会使薛延陀等铁勒诸部“仇敌怨偶，泣血拊心，衔悲积恨”[2]。因此，必然会激起这些少数族人民的武装反抗。随着薛延陀人民反抗斗争的日益高涨，东突厥汗国内部的统治危机也日益严重。

贞观元年，薛延陀等铁勒诸部趁东突厥境内发生特大自然灾害，相继起义。次年，居住于西突厥境内的薛延陀诸部也乘西突厥内乱之机，揭起反叛大旗。不久，西突厥境内起义的薛延陀7万余帐在酋长夷男的率领下，东逾金山，迁徙漠北，并被东突厥境内的薛延陀诸部“共推为主”，逐渐控制了漠北地区，迫使东突厥颉利可汗率部南迁，进入漠南，陷入了唐朝和薛延陀南北夹击之中。

贞观二年，唐太宗为了联合薛延陀夹击颉利，便遣使潜入漠北，册封夷男为真珠毗伽可汗。贞观四年三月，在唐朝和薛延陀真珠毗伽可汗夷男的夹击下，东突厥汗国灭亡，薛延陀汗国崛起漠北。

但薛延陀汗国真珠毗伽可汗夷男是个狂妄自大而野心勃勃的人。他在东突厥汗国灭亡以前，虽然对唐表示恭顺，经常遣使通好，但其真正目的却在借唐威望，稳定内部。一旦东突厥

① 《唐会要》卷一百《杂录》。

② 《隋书》卷八十四《铁勒传》。

灭亡，薛延陀汗国日益兴盛以后，夷男的野心日益显露，产生了与唐争锋的欲望。贞观六年（632 年），夷男出兵击败了西突厥肆叶护可汗，将势力伸入到准噶尔盆地，使薛延陀汗国的疆域在西面和北面都得到了很大的扩张，并摆出了与唐在西域地区加强争夺的态势。

对于夷男的这种扩张和军事行动，唐太宗早已明察秋毫。贞观十三年四月，唐太宗断然决定将散处黄河以南的突厥降众全部遣返黄河以北的漠南地区，使“复其故庭，继其先绪”①，用以阻止夷男南侵。

贞观十五年（641 年）十一月，薛延陀汗国真珠毗伽可汗夷男率众攻击黄河北岸的突厥族人。唐太宗闻讯，遂即派遣兵部尚书李世勣、右屯卫将军张庆贵、营州都督张俭、凉州都督李袭誉、右卫将军李大亮等五路唐军，全面迎击夷男。结果，夷男大败，率部逃奔漠北。唐太宗遂派兵将逃回黄河以南的突厥降人送还河北，并向夷男发出警告说：“举措利害，尔当自思”②。

夷男被唐军击败后，薛延陀汗国内部的各种矛盾迅速激化，使夷男的可汗地位受到极大威胁。他为了“将倚大国，用服其众”，遂于贞观十六年四月，“以前扰漠南，遣使谢罪。”③后又献马 3000 匹，貂皮 3.8 万张，玛瑙镜一面，向唐“请婚”④。唐太宗经召集大臣讨论以后，最后决定以新兴公主出嫁漠北，并遣兵部侍郎崔敦礼前往薛延陀，向夷男通报。又遣人将对夷男“和亲”的消息通报吐蕃等国，以致唐朝境内“五

① 《唐会要》卷九十六《薛延陀》。
② 《册府元龟》卷九百九十六《外臣部·责让》。
③ 《册府元龟》卷九百八十《外臣部·通好》。
④ 《资治通鉴》卷一百九十六，太宗贞观十六年九月。

尺童子，人皆知之。”接着，夷男又遣侄突利设献马5万匹，牛、橐驼万头，羊10万口，入唐谢婚。唐太宗在长安太极宫相思殿接见使者，大飨众臣，百官大臣和薛延陀使者济济一堂，“口歌手舞，乐以终日。”①

正当新兴公主将要亲赴漠北和亲之际，由薛延陀逃回的唐将契苾何力却慷慨进谏，认为公主不宜和亲漠北。原来铁勒契苾部唐将契苾何力于贞观十六年奉诏赴凉州（治今甘肃武威）省亲途中，被叛唐北逃的部众劫持漠北，夷男迫其归降，何力严词拒绝，夷男大怒，“欲杀之，为其妻所抑而止。”②唐和亲大使崔敦礼到达漠北后，始将何力救回。由于目睹了薛延陀以夷男为首的上层统治者对唐朝的深仇敌意，故何力入朝后，遂向唐太宗揭示了夷男请婚的真实意图，这就是想用“大国子婿”的身份，“增崇其礼，深结党援”，巩固汗位。一旦得逞，“微不得意，勒兵南下，所谓养兽自噬也。”③唐太宗接受了何力的进谏，决定拒婚。但又为了避“失信”之嫌，又采纳何力建议，命夷男备齐聘礼后，亲自送至灵州（治今宁夏灵武），并声称自己也要赴灵州与夷男“礼会”。由于薛延陀汗国“先无府藏，调敛其国，往返且万里，既涉沙碛，无水草，羊马多死”，夷男终因聘礼未备而未能成行，唐太宗以此遂“绝其婚”④。

贞观十九年（645年）九月，夷男可汗死，其嫡子拔灼乘“会丧”之际，发兵击杀了庶长兄曳莽，自立为颉利俱利失薛沙多弥可汗。拔灼生性残忍，专横暴戾，淫刑滥杀，“国人不

① 《旧唐书》卷八十《褚遂良传》。
② 《旧唐书》卷一百〇九《契苾何力传》。
③ 《通典》卷一百九十九《边防·薛延陀》。
④ 《唐会要》卷九十四《沙陀突厥》。

安”，内部矛盾急剧尖锐。为了转移国内部众的不满情绪，缓和矛盾，拔灼遂于贞观十九年十二月，乘唐太宗率唐军远征高丽之机，向唐北境发动袭击。但被驻守漠南的唐右领军大将军执失思力率部击败。不久，已从高丽前线返回并州（治今山西太原）的唐太宗当即派兵五路，迎击拔灼。又在从灵州到朔州之间的唐朝北境上，布置了一道坚固防线。多弥可汗拔灼整饬残部，正准备大举入塞，听到唐军已有防备，只得退却。

贞观二十年正月，仍在并州养病的唐太宗下令夏州都督乔师望与右领军大将军执失思力率部北进，出击拔灼。结果大破其众，拔灼轻骑逃走。同年六月，薛延陀汗国内部的回纥酋长吐迷度联合仆骨、同罗等铁勒诸部举兵造反，进攻拔灼，拔灼又败。这时，已经返回长安的唐太宗决定乘薛延陀汗国内乱之机，向多弥可汗发起进攻。汗国国内听说唐军大出，更加骚乱，一日数惊。多弥可汗拔灼在内外交困之际，无计可施，只得率数千骑逃奔突厥阿史那时健部，途中被叛乱的回纥部众所攻杀，其宗族亲党几乎被诛杀殆尽。

薛延陀多弥可汗被杀以后，国内叛乱诸部相互攻击，并争相遣使至唐军归降。薛延陀余众七万多人共立夷男之侄吐摩支为伊特勿失可汗。不久，吐摩支去掉可汗之号，遣使奉表唐廷，请求率部居住于郁督军山之北。太宗接表后，立即应允，并派兵部尚书崔敦礼前往安集。但世代居于郁督军山之北的敕勒九姓部众由于不堪忍受薛延陀的残酷压迫，遂遣使奉表，向太宗奏告，拒绝延陀入境，吐摩支麾军向敕勒九姓发起攻击。这时，唐太宗也担心吐摩支将来变成“碛北之患”，遂收回成命，并派李世勣率部与敕勒九姓夹击延陀。结果，吐摩支兵败被俘，押至长安，唐太宗赦而不罪，拜为右武卫大将军。至此，薛延陀汗国灭亡。

贞观二十年（646年）八月，唐太宗乘车驾北进，亲赴灵州，会见漠北归降的诸部酋长。行抵泾阳（今属陕西），与漠北归降的回纥、拔野古、同罗、仆骨、多滥葛、思结、阿跌、契苾、跌结、浑、斛薛等11姓铁勒部落所遣入贡使者相遇。太宗大喜，当即派遣使者前往漠北，慰问诸部酋长，并下诏自颂功德，欣慰之情，溢于言表。

同年九月，唐太宗抵达灵州，先期到达的敕勒诸部酋长所遣使者数千人，一致请求说："愿得天至尊为奴等天可汗，子子孙孙常为天至尊奴，死无所恨。"太宗欣然接受了"天可汗"尊号，并作诗以记其事："雪耻酬百王，除凶报千古。"①

唐太宗从灵州返回长安不久，回纥、仆骨、多滥葛、拔野古、同罗、思结、奚结、阿跌、契苾等铁勒诸部酋长，均入朝贡物。唐太宗在长安大明宫芳兰殿设宴款待，极欢而散。此后，又"五日一会"，接待极为隆重热情。

贞观二十一年（647年）正月，唐太宗下诏在漠北铁勒诸部设立羁縻6府7州，各州府均以本部酋长担任都督、刺史，对漠北实行羁縻统治。诸部酋长临行前夕，唐太宗又在天成殿设宴饯行，诸酋长欣喜若狂，欢呼雀跃，宛转尘中，并一直请求于回纥以南，突厥以北，开凿一条道路，谓之"参天可汗道，置六十八驿，各有马及酒肉以供过使，岁贡貂皮以充租赋，仍请能属文人，使为表疏。"唐太宗一一答应，"北荒悉平"②。

同年五月，唐太宗在长安城南翠微宫翠微殿大宴群臣时，兴奋地对大臣提出了这样一个问题：自古帝王虽平定中夏，但都不能征服夷狄，而现在却既定中夏，又征服夷狄，是何缘故？群臣都称赞太宗"功德如天地，万物不得而名言"云云，太宗却不以为然，他自己总结了五个原因：诸如"见人之善，若己

① 《资治通鉴》卷一百九十八，太宗贞观二十年九月。

② 《资治通鉴》卷一百九十八，太宗贞观二十一年正月。

有之"；"弃其所短，取其所长"；"见贤者则敬之，不肖者则怜之，贤不肖各得其所"；"正直之人，比肩于朝，未尝黜责一人"；其中最为重要的一条就是"自古贵中华，贱夷狄，朕独爱之如一，故其种落皆依朕如父母。"①这说明唐太宗在处理同少数民族的关系时，就已经萌生了民族平等的思想观念。这在大汉族主义占统治地位的中古时代，能有这一思想认识，确实是难能可贵的。

第二节　击破吐谷浑与重开"青海丝路"

一、吐谷浑的复兴及对唐西境的侵扰

吐谷浑部落本是鲜卑族慕容氏的一支，最早居住于西拉木沦河（今西辽河）上游。公元 3 世纪 80 年代其先祖慕容吐谷浑西迁至今青海一带，并建立吐谷浑汗国，都城伏俟城（今青海湖西岸布哈河附近）。吐谷浑以畜牧业著称于世，其中养马业最为兴盛，青海湖一带所产"龙种"、"青海骢"等名马，载于史册。隋时吐谷浑伏允可汗与隋联姻，向隋称臣，友好交往。隋炀帝即位以后，伏允可汗自恃兵强马壮，开始不断寇掠隋西北边境，一度中断了隋和西域之间进行经济和文化交流的陆上丝路和青海丝路。大业五年（609 年），隋炀帝在西巡途中，调集大军，击败吐谷浑，占据伏俟城，伏允可汗南逃党项。炀帝遂在吐谷浑故地设置西海、河源、鄯善和且末四郡，并巡幸至河西重镇张掖（今属甘肃），高昌、西域 27 国君长皆伏地谒见，并"献西域数千里之地"，使陆上丝路和青海丝路畅通无阻，并逐渐兴盛。

① 《资治通鉴》卷一百九十八，太宗贞观二十一年五月。

隋末大乱以后，吐谷浑伏允可汗又卷土重来，复其故土，进入复兴阶段。不久，伏允又率部进入河西，继续骚扰西北边境。唐朝建立以后，伏允可汗为了赢得喘息之机，便频繁遣使，请求与唐在边境开展互市，唐高祖欣然答应。于是双方经过互市，吐谷浑从唐境获得了大量生活必需品，唐朝也“资于戎狄，杂畜被野。”[①]但是，随着吐谷浑势力的不断强盛，伏允可汗逐渐不满足从互市中获得的财富，便趁着唐朝忙于统一战争之机，勾结党项羌人，大肆侵扰河陇地区。唐太宗即位以后，伏允可汗虽然曾遣使入贡，又为其子请婚，但仍继续侵扰唐境。面对吐谷浑的大肆入侵，唐太宗一面积极备战，一面又对吐谷浑之南的党项羌人进行策反活动，削弱吐谷浑的同盟力量，积极准备对吐谷浑发动大规模的军事进攻。

二、唐军击破吐谷浑与青海丝路的开通

贞观八年（634年）三月，伏允可汗在其宠臣天柱王的唆使下，发兵进犯凉州（治今甘肃武威），又执留唐朝使者鸿胪卿赵德楷，拒不放还，虽经多次派人劝谕，伏允“终无悛心”[②]。同年六月，唐太宗遂派左骁卫大将军段志玄为西海道行军总管，右骁卫将军樊兴为赤水道行军总管，率边兵及党项、契苾之众，沿黄河南北二道西进，向吐谷浑发起进攻。唐军在这次对吐谷浑的作战中，由于主帅段志玄在士兵疲惫之时，逗留不进，贻误战机，伏允可汗尽驱牧马西遁，并未受到重创。故在唐军返回鄯州（治今青海乐都）以后，伏允又驱兵入侵凉州。两天以后，唐太宗又发布《讨吐谷浑诏》书，历数

① 《唐会要》卷九十四《吐谷浑》。

② 《旧唐书》卷一百九十八《西戎·吐谷浑传》。

其“肆情拒命”、“剽掠边鄙”和“拘我行人”[1]等罪行，决定对吐谷浑再次用兵。

贞观八年十二月，唐太宗派六支唐军分三路向吐谷浑发动进攻：以兵部尚书侯君集为积石道行军总管，刑部尚书任城王李道宗为鄯善道行军总管，凉州都督李大亮为且末道行军总管，岷州都督李道彦为赤水道行军总管，利州刺史高甑生为盐泽道行军总管，老将李靖为西海道行军大总管，统帅六支唐军，分三路进击吐谷浑。

贞观九年正月，唐军主帅李靖听取了侯君集的建言，令李道宗率部先进，欲趁吐谷浑主力“尚未走险”之时，“长驱疾进，掩其不虞”，出奇制胜。道宗部在库山（今青海湟源南）山后发动突袭，伏允大败，遂“悉烧野草，轻兵走入碛”[2]中，逃至柏海（今青海鄂陵湖、扎陵湖）附近，企图疲惫唐军。李靖又采纳侯君集建议，决定乘吐谷浑“鼠逃鸟散，斥候亦绝，君臣携离，父子相失”之际，进军“取之”。于是兵分两路：一路由李靖率李大亮、薛万彻、万均兄弟及契苾何力等部从北道进击，另一路由侯君集和李道宗率部由南道追赶。

同年四月，北路军李靖部先后在曼头山（今青海日月山）和牛心堆（今青海湟中西）、赤水源（今青海恰卜恰河上游）等地大败吐谷浑军。与此同时，李大亮部也在蜀浑山（今卜恰河上游）重创吐谷浑军。不久，南、北两路唐军在赤水会合，攻克了吐谷浑首府伏俟城，伏允可汗被迫北逃突伦碛（今新疆且末、和田之间）中。李靖坐镇伏俟城，令李大亮、薛万彻兄弟及契苾何力率部北上，追击伏允；又令侯君集、李道宗部西进柏海，追歼吐谷浑余部。北路唐军进入沙漠以后，克服了饮

① 《全唐文》卷六。

② 《资治通鉴》卷一百九十四，太宗贞观九年四月。

水匮乏的困难，兵士刺马血而饮，并袭破伏允牙帐，获杂畜二十余万。伏允嫡子、大宁王慕容顺眼看大势已去，杀伏允宠臣天柱王，举国请降。十多天后，伏允亦被随从骑将所杀。唐军大获全胜。

西路军由库山出发后，昼夜兼行，行程1000余公里，入空虚无人之境，盛夏而霜，山多积雪，转战经星宿川（今黄河河源附近），到达柏海，大败吐谷浑余众，获其名王。接着，又折而回师，至大非川（今青海共和东）与李靖部会合。至此，唐军对吐谷浑的战斗胜利结束。

贞观九年五月，李靖遣使赴长安报捷。唐太宗接到捷报以后，下诏恢复吐谷浑国号，并封伏允可汗嫡子慕容顺为吐谷浑国可汗。不久，由于慕容顺对唐怀有贰心，引起国人不满，慕容顺在内乱中被杀，国人推立慕容顺之子燕王诺曷钵为可汗。次年三月，诺曷钵遣使请颁唐历，行唐年号，并派子弟入京宿卫。唐太宗封诺曷钵为河源郡王，授乌地也拔勤豆可汗。至此，吐谷浑对唐的藩属关系得到了进一步巩固，不但保障了唐西部边境的安全稳定，也使当时正在行用的青海丝路得以畅通无阻。

原来吐谷浑所居的青海地区在连接中西丝路交通上占有十分重要的地理位置。因为从隋唐首都长安西行，经关中平原和陇山以西地区后，有两条道路可进入西域地区：一条是经河西走廊至敦煌，进入西域。后来人们将这条通道称为陆上丝绸之路，最早是汉武帝时张骞出使西域时所经道路，也是丝绸之路中开辟最早、使用时间最长和最为兴盛的一条丝绸之路。另一条是从陇山以西行至金城（今甘肃兰州）后，继续西行，经柴达木盆地东缘亦可到达西域，其间大致有三条道路可通：一是由伏俟城经白兰（今青海都兰、巴隆一带），西北行至今大柴旦、小柴旦，可达敦煌，与传统的陆上丝路相合；二是由伏俟城经白兰，西行经今格尔木，再西北行经尕斯库勒湖，越阿尔金山至西域鄯善；三是由伏俟城经白兰，西行经今格尔木、布伦台，沿今楚拉克阿干河谷，西越阿尔金山，沿今阿牙克库木湖至且末。这就是著名的“青海丝路”。这条线路自从魏晋南北朝开通以后，日趋兴盛。但由于吐谷浑侵入青海以后，这条丝路由此断绝。隋炀帝西巡途中，率军击败吐谷浑，并于吐谷浑故地设立四郡，目的就是为了打通这条通往西域的丝路。但经隋末大乱直到唐太宗贞观九年期间，由于吐谷浑复兴，侵扰唐境，这条丝路又绝。唐太宗派军击败吐谷浑后，这条青海丝路再次通畅，进一步加强了唐与西域的友好交往。

第三节　挺进西域与陆上丝路的通畅

一、唐初的西域诸国及其与唐的关系

隋唐时期的西域是个范围十分广泛的历史地域，有广义和狭义之分。从广义上说，东起我国的甘肃敦煌，西到地中海沿岸，包括我国今天的新疆、中亚、西亚以及欧洲以南和南亚次大陆等地，均属西域地区。而狭义的西域则指敦煌以西，葱岭以东，天山以南，昆仑山以北，其基本范围大致在我国今天的新疆南部地区。在这个地区沿塔克拉玛干大沙漠南北两缘走廊，自古就有高昌、焉耆、龟兹、疏勒、于阗等数十个城邦国家，特别是高昌、焉耆和龟兹等国，历史悠久，物产丰饶，在数十个城邦国家中的地位最为重要。

高昌（今新疆吐鲁番西南）国本车师前王地，汉开西域，成为汉军驻屯之地，最早由汉族麹氏建国。这里正处在连接中西交通的丝路咽喉之处，土地肥沃，盛产谷麦，以酿造葡萄酒和纺织白叠布（即棉布）著称于世，高昌王麹伯雅在隋朝时曾

入京朝贡，炀帝嫁以华容公主，和亲友好。唐高祖武德二年(619 年)，伯雅卒，其子麴文泰继立。有兵万余人，辖有 21 城。

焉耆（今新疆焉耆西南）国东接高昌，西邻龟兹，拥山带水，“颇有鱼盐之利”。其王龙姓，名突骑支，拥有胜兵 2000 人。

龟兹（今新疆库车）国在西域诸国中面积最大，居民多有城郭屋宇，以耕田、畜牧为主。其王白姓，名苏伐勃驶，唐初曾遣使入朝。不久，苏伐勃驶死，其子苏伐叠继位。

唐朝初年，西域大部分地区被西突厥汗国所控制。但由于两汉以降，中原王朝便在葱岭以东和敦煌以西广大地区设置行政机构，进行政治统治，所以这些地区和中原王朝的联系从未中断。直到隋末唐初，西域的很多城邦国家面对西突厥的入侵西域，仍然“并因商人，密送款诚，引领翘首，愿为臣妾。”[①]其中高昌、焉耆和龟兹等国和唐的关系最为密切。

唐太宗即位以后，高昌国王麴文泰还派使者进贡玄狐裘和玉盘等，“西域诸国动静，辄以闻奏”，实际上已成为唐朝设在西域地区的重要耳目。贞观四年（630 年）十二月，唐灭东突厥汗国以后，麴文泰又入京朝觐，唐太宗在其“归藩”之时，不仅赏赐丰厚，还诏赐其妻李姓，封常乐公主，使预宗亲。

二、唐灭高昌与设立安西四镇

贞观六年（632 年）以后，高昌王麴文泰在西突厥汗国的威逼利诱之下，对唐的态度开始发生变化。不但不给唐通报西域情况，反而与西突厥相互勾结，阻断丝路交通，凡经高昌入

① 《隋书》卷六十七《裴矩传》。

唐朝贡的使者，“咸见壅掠”[1]。焉耆王龙突骑支为了躲避高昌的堵截，曾征得唐太宗的诏准，重新恢复了在隋末以前交通内地的“大碛”之路，即由焉耆以南的罗布泊西行，经白龙堆沙碛，直达玉门关和敦煌，不再途经高昌。由此，高昌国和西突厥汗国对丝路的“壅掠”之利受到“侵害”，文泰遂与焉耆结怨，并对其进行武装挑衅和掠夺行为，焉耆王只得向唐太宗“上表诉之”。

另外，唐灭东突厥以后，原来臣属于东突厥汗国的伊吾（今新疆哈密）城主举七城之地，归降唐朝，唐太宗将伊吾改置伊州，派官管理，和内地州县无异。这是唐在西域首次设置的地方行政机构。高昌王麹文泰对伊吾心怀叵测，便于贞观十三年（639 年）二月，与西突厥连兵，进攻唐朝伊州。这时，唐太宗已派兵征服了吐谷浑，解除了西顾之忧，正欲经营西域，听到高昌叛唐的消息后，当即下诏谴责文泰的“反覆”行径，并要求其护送隋末大乱之时入居高昌的华人，返回内地。文泰拒不奉诏，又与西突厥连兵，攻破了焉耆三座城池，掠其居人，焉耆王当即派人奏报朝廷。

贞观十三年十二月，唐太宗在多次谴责文泰无果的情况下，决定对高昌用兵。十二月四日，唐太宗以兵部尚书侯君集为交河道行军大总管，左屯卫大将军薛万彻、萨孤吾仁为副总管，契苾何力为葱山道副大总管，武卫将军牛进达为行军总管，率左屯营将军姜行本、沙州（治今甘肃敦煌东）刺史刘德敏、中郎将伯屈昉等汉军将士 15 万以及突厥、契苾部数万骑兵，讨伐高昌。唐军出发之时，“铁骑亘原野，金鼓动天地”，自秦汉以来出师，未有如此之盛。

高昌王麹文泰听到唐军出发的消息后，自恃国土悬远，与

① 《新唐书》卷二百二十一上《西戎·高昌传》。

唐都长安相距7000余里，其间又有2000多里的沙漠地带，粮草运输极为困难，遂不设防，企图以逸待劳，坐收其弊。

贞观十四年五月，当唐军抵达碛口（今新疆哈密东南）之时，麹文泰惊恐发病而死，其子麹智盛继立。唐军行至柳谷(今新疆吐鲁番东南)，正值文泰葬日，高昌国人齐集文泰墓地。唐军统帅侯君集拒绝了诸将关于偷袭柳谷的建议，麾军西进，迅速兵临高昌城下，并将其团团包围。麹智盛率部突围，返回城中。侯君集麾军攻城，并制作了10丈高楼，俯视城中，指挥抛石车向城中攻击，城内兵民都入室躲避。这时，麹智盛得知屯驻可汗浮图城（今新疆吉木萨尔破城子）的西突厥援军已经西逃，高昌孤立无援，计无所出，只得于八月八日开门出降。侯君集“分兵略地，遂平其国，俘智盛及其将吏，刻石纪功而还。”[①]唐军共破高昌22城，得户8046，口1.7万，拓地东西800里，南北500里[②]。

捷报传至长安，唐太宗在召集大臣讨论如何处置高昌时，力排众议，以高昌为西州，以西突厥可汗浮图城为庭州（治今新疆吉木萨尔破城子)，各置属县。贞观十四年九月二十一日，又置安西都护府于西州，留兵镇守。安西都护府即成为唐在西域设置的第一个最高级别的行政机构。十二月五日，唐军统帅侯君集凯旋班师，返回长安，将所俘高昌王麹智盛及其王公大臣献于太极宫玄武门外西内苑的观德殿。太宗对麹智盛赦而不罪，并任为左武卫将军、金城郡公，并将所获高昌乐工付太常寺太乐署，增九部乐为十部。

唐军平定高昌以后，将高昌所掠焉耆人全部放归，焉耆王“由是谢恩，并贡方物”，友好关系更加密切。但为时不久，西

① 《旧唐书》卷六十九《侯君集传》。

② 参看《资治通鉴》卷一百九十五，太宗贞观十四年八月。

突厥重臣屈利啜为了拉拢焉耆，破坏唐与焉耆的友好关系，将焉耆王之女娶为弟媳。于是焉耆王在西突厥汗国的威逼利诱之下，叛离唐朝，对唐“朝贡稀至”。唐安西都护郭孝恪上表太宗，请求讨伐。太宗遂于贞观十八年（644 年）八月下诏：以孝恪为西州道行军总管，率步骑三千，出银山（今新疆焉耆东）道，征讨焉耆。焉耆王龙突骑支自恃焉耆城四面环水，易守难攻，遂不设防卫。唐军倍道兼行，仅用二十多天，即抵达焉耆城下，并顺利攻占了焉耆王城，龙突骑支被俘。唐军主帅郭孝恪留突骑支之弟栗婆准摄领国事，率兵退去。但为时不久，西突厥势力又深入焉耆，焉耆王又依附了西突厥。

龟兹国在唐初亦与唐保持了友好关系，并“岁贡不绝”。但随着西突厥势力的日益兴盛，龟兹国也逐渐改变了对唐的友好态度。贞观十八年八月，当唐对焉耆用兵之时，龟兹王遣兵“与焉耆影援”[①]，抵抗唐军。贞观二十一年（647 年）十二月，龟兹王苏伐叠死，其弟诃黎布失毕继位，又“浸失臣礼，侵渔邻国”。太宗大怒，当即下诏，以左骁卫大将军、东突厥降人阿史那社尔为统帅，率唐将契苾何力、郭孝恪、杨弘礼、李海岸等部，并发铁勒、突厥、吐蕃、吐谷浑等族兵十多万人，进讨龟兹。

贞观二十二年（648 年）十月，唐军主帅阿史那社尔率唐军经西州，兵分五路，从焉耆之西突袭龟兹北境。焉耆王慌忙弃城逃奔龟兹，保其西境。社尔派兵追击，将焉耆王擒而斩之，立其堂弟先那准为焉耆王，使修贡职。十一月中旬，社尔率唐军主力抵达龟兹王都伊逻卢城（今新疆库车）下。龟兹王布失毕见唐军兵势甚盛，锐不可当，遂轻骑西逃，据守拨换城（今新疆阿克苏）。社尔率部攻占伊逻卢城后，又麾军西进，将

① 《新唐书》卷二百二十一上《西域上·龟兹传》。

拨换城团团包围，并接连攻打四十多天，拨换城终被唐军攻破，布失毕及其龟兹大臣全部被擒。至此，龟兹终被平定。阿史那社尔在伊逻卢城召集龟兹父老，宣谕唐朝国威，告以伐罪之意。并立布失毕之弟叶护为龟兹王，龟兹国人大喜。高昌、焉耆和龟兹等国的相继平定，西域震惊。于是西突厥、于阗、安国等西域诸国争献驮马军粮，慰问唐军，“社尔勒石纪功而还”[①]。不久，唐太宗便将安西都护府由高昌移至龟兹，并设立了龟兹、于阗（今新疆和田西南）、疏勒（今新疆喀什）、碎叶（今吉尔吉斯斯坦北托克马克附近）等四个军事重镇，派兵守卫，是为安西四镇，隶属于安西都护府统辖[②]，从而大大加强了唐对西域地区的统治。

三、对西突厥用兵与陆上丝路的通畅

唐太宗深知对高昌、焉耆和龟兹等国的军事胜利，并不能使唐在西域的统治得以巩固，因为随着西突厥汗国的日益强盛，西突厥已成为唐对西域行使政治统治的最大障碍。只有彻底击败西突厥，并迫其臣服，才能真正保证唐对西域的统治不受威胁。因此，唐太宗在派兵进驻西域以后，就派人密切关注西突厥的动静，准备伺机对其用兵。

如前所述，西突厥汗国是隋初突厥汗国分裂为东、西二部以后形成的一个少数族政权，其疆域东以金山（今阿尔泰山）为界，与东突厥汗国毗邻；西以乌浒河（今阿姆河）为界，与波斯（今伊朗）相接，拥有今天我国新疆和葱岭以西广大地区。汗国内部以碎叶川（今中亚楚河）为界，分为东、西二部，川东称左厢咄陆部，川西称右厢弩失毕部，每厢各辖 5

① 《资治通鉴》卷一百九十九，太宗贞观二十二年十一月。

② 参阅《新唐书》卷二百二十一上《西域上·龟兹传》。

姓，合共十姓。可汗牙帐有南北二处，石国（今乌兹别克斯坦塔什干一带）以北的千泉（今吉尔吉斯斯坦首都比什凯克西）是为北牙，缚喝国（今阿富汗北巴尔赫）附近为南牙。“控弦数十万，霸有西域，据乌孙旧地。”[①] 唐朝建立以后，西突厥汗国已历五世，正是统叶护可汗当政之时。由于这时东、西突厥两大汗国对立，战事不断，为了牵制东突厥兵力，使其无力西侵，先后担任西突厥可汗的统叶护、肆叶护和泥熟等都相继与唐结好。贞观四年，唐灭东突厥以后，西突厥遂全力经营西域，曾多次对高昌、龟兹、焉耆等国进行威逼利诱，企图把西域变成自己的势力范围，用以垄断丝路，霸占商利。但由于西突厥内部割据势力根深蒂固，内乱迭起，兵戈屡动，出现了严重内耗，这就为唐太宗击败西突厥汗国，创造了有利条件。

贞观十四年八月，唐太宗派兵灭亡高昌不久，西突厥乙毗咄陆可汗君临两厢，重新统一了西突厥汗国，并“自恃强大，遂骄倨，拘留唐使者，侵暴西域”，对唐所统治的西域地区逐渐构成了严重威胁。

贞观十六年（642 年）九月，唐太宗决定对西突厥用兵，即以凉州都督郭孝恪为安西都护、西州刺史，并向西州（治今新疆吐鲁番西南）和庭州（治今新疆吉木萨尔破城子）大量集结军队，准备对咄陆可汗的侵扰进行反击。不久，郭孝恪率领唐军对西突厥发起进攻，相继在西州天山县（今新疆托克逊东北）和遏索山（今乌鲁木齐西南天山中段）大败其众。不久，西突厥内部又发生内乱，咄陆可汗被迫逃往吐火罗（今阿富汗北部）。在国人和唐太宗所遣使者的共同扶持下，乙毗射匮可汗继位。

乙毗射匮可汗在汗位稳固以后，逐渐改变了对唐的友好态

① 《旧唐书》卷一百九十四下《突厥传下》。

度，并极力想把唐的势力逐出西域。由于射匮可汗对唐欺诈哄骗，对内又排除异己，致使汗国内部矛盾重重，内战不已。贞观二十二年（648 年）四月，西突厥汗国重臣阿史那贺鲁叛离射匮，向北征龟兹的唐军主帅阿史那社尔归降。唐军即在阿史那贺鲁的导引下，取得了攻占龟兹的胜利。阿史那贺鲁以功被封为昆丘道行军总管、左骁卫将军之职，不久又出任瑶池都督府都督，隶安西都护府统辖。贺鲁的归降唐朝，使射匮可汗的势力大为削减，无力与唐抗衡，只得归顺唐朝。

阿史那贺鲁的叛归唐朝和龟兹国被唐军占领，标志着西突厥汗国势力的全面衰亡，这就保证了唐对西域地区的统治和丝绸之路的通畅。因此，唐太宗在听到射匮可汗归附唐朝的消息后，高兴地说："贸迁有无，商贾乐也！"①

第四节　和亲吐蕃与缔结汉、藏两族人民的友好关系

一、吐蕃的兴起

吐蕃族是西藏地区的最早居民，也是今天藏族的祖先。

根据大量考古资料和文献记载证明，早在五千多年前的母系氏族公社时期，西藏高原就有土著居民繁衍生息。后来，由于居住在青海和河西地区的羌人不断涌入西藏，和当地居民逐渐融合，遂使吐蕃族日益兴旺。大约从公元 3 世纪开始，西藏进入文明时代。但直到魏晋南北朝和隋唐初期，西藏高原相继出现了三个强大的割据政权：吐蕃族居住于雅鲁藏布江以南地区，匹播城（今西藏琼结）是其政治和经济中心；西藏高原北

① 《新唐书》卷二百二十一上《西域上·龟兹传》。

部为苏毗，西北部为羊同。三大割据政权相互攻伐，内乱迭起，严重影响了西藏地区政治和经济文化的发展。结束这种割据局面，完成西藏地区统一大业的就是西藏历史上著名的民族英雄松赞干布。

公元7世纪初期，松赞干布出生于匹播城。隋文帝开皇元年（581年），松赞干布之父论赞素赞普死，松赞干布继承赞普之位。开皇三年，松赞干布将都城从匹播城迁至逻些（今西藏拉萨），并在红山（今布达拉山）顶上建筑碉堡式的布达拉宫，作为吐蕃的政治中心。接着，他又对政治和经济制度进行全面改革，遂使吐蕃政权迅速强盛。此后，他又采取武力进攻和遣使招抚之策，先后收降了苏毗和羊同二部，统一了西藏地区，并建立了一个强大的吐蕃王朝。到唐太宗贞观元年（627年），吐蕃遂占有现在的西藏、四川西部和青海西南部，北以巴颜喀拉山为界，中隔白兰、党项二部，与吐谷浑相接，东以茂州、岷江西岸之西山八国与唐朝毗邻。

二、文成公主入藏

松赞干布尚在孩提之时，吐蕃王朝和中原地区就有过密切的经济、文化交流，汉地的医药、历算等类书籍已传入西藏。当时的松赞干布威服群羌，统一诸部，正在建立吐蕃王朝之时，唐太宗已于贞观四年灭亡了东突厥汗国，后来，东北的奚、契丹、室韦，西北的高昌、焉耆、龟兹等西域诸国以及西突厥等，皆遣使入朝，称臣纳贡，唐朝的声威远播四方。松赞干布在建立吐蕃王朝以后，更加对唐的强盛国力和丰富文化羡慕不已，遂于唐太宗贞观八年（634年）派遣使者，沿唐蕃古道来到长安，入朝进贡，与唐结好。唐太宗这时正欲对吐谷浑用兵，听说吐蕃位于吐谷浑西南，称雄一方，就有联合之意，遂派使者冯德瑕前往“抚慰”[1]。

冯德瑕来到逻些以后，松赞干布心中大悦，并举行隆重的接待仪式。这是唐与吐蕃政权首次官方往来。贞观九年十月，当他听说突厥和吐谷浑等国可汗都娶唐公主为妻，便再次派遣使者，携带大量金宝，随德瑕入朝，向唐太宗上表请婚。这时，唐已征服吐谷浑汗国，伏允可汗被杀，其子诺曷钵被立为可汗，并归顺于唐。唐太宗觉得西线已无战事，吐蕃僻处西南边陲，距离遥远，便未答应和亲之请。吐蕃使者没有完成使命，回国后就编造谎言说：“唐天子开始待使者甚厚，并答应和亲，但吐谷浑使者来到以后，从中挑拨离间，和亲遂被拒绝。”松赞干布听后大怒，便亲自率领本部和羊同的军队，向吐谷浑发动进攻。吐谷浑诺曷钵可汗抵挡不住，逃至青海湖北躲避。松赞干布又麾军东进，攻破党项、白兰二部，于贞观十二年（638年）八月，陈兵于松州（治今四川松潘）西境，再次遣使入唐，来到长安，要求迎娶公主，并对部下扬言：“公主不至，我且深入。”[2] 大有逼婚之势。

唐松州都督韩威听说吐蕃之兵已入州境，不知虚实，遂率轻骑观察敌情，被吐蕃击败。于是，松州附近原已降唐的诸羌纷纷举兵，呼应吐蕃，松州告急。唐太宗闻讯，当即命吏部尚书侯君集为统帅，率唐将执失思力、牛进达和刘兰等三部约五万步骑，迎击吐蕃。吐蕃大臣看到唐军势盛，力劝罢兵，但年轻气盛的松赞干布却拒不接受，继续东进，致使进谏大臣接连“自缢者凡八辈”。是年九月，唐军前锋牛进达部抵达松州，乘吐蕃兵疲将骄之际，大败其众。松赞干布这才感到唐军实力雄厚，难以匹敌，只得引兵撤退。

---

① 《旧唐书》卷一百九十六下《吐蕃传上》。

② 《新唐书》卷二百一十六上《吐蕃传上》。

松赞干布撤回逻些以后，求婚于唐的欲望更加强烈。不久，他又第三次遣使入京，向唐太宗谢罪，并诚恳请婚。真可谓不打不相识，唐太宗这时也已看到了松赞干布的友好之意，同时也了解到吐蕃的强盛国力，为保卫西境安宁，也为加强同吐蕃的友好交往，便欣然答应了和亲之请。使者回报以后，松赞干布大喜过望，当即派宰相禄东赞携带5000两黄金，宝物珍玩数百件，赴长安纳聘。

贞观十四年（640年）十月，禄东赞一行到达长安，唐太宗在太极宫太极殿隆重接见。禄东赞陈述了松赞干布仰慕大国和切望结亲的诚意后，奏对称旨，太宗当即决定以宗女文成公主出嫁吐蕃。

贞观十五年正月十五日，文成公主的陪奁齐备以后，遂西行赴婚。唐太宗命族弟江夏王李道宗持节护送。文成公主一行在唐都长安庆祝元宵佳节的欢乐气氛中，告别亲人，冒着凛冽的寒风，踏着初春的积雪，经过关中平原、青海鄯城（今青海西宁）和赤岭（今青海境内日月山）以后，在吐谷浑诺曷钵可汗奉旨修建的馆驿休息月余，继续西行。松赞干布率众来到柏海（今青海境内札陵湖）亲迎，对李道宗执子婿之礼，十分恭敬。文成公主盛妆会见松赞干布，仪式欢乐而隆重。经过迎新礼后，道宗回朝复命，松赞干布亦同随行的汉族工匠起程返回，与吐蕃民众一道为公主修建道路，重设馆驿，开辟了一条连接唐都长安和吐蕃逻些的唐蕃古道。文成公主沿着这条古道，来到了这座魂牵梦绕的神秘都城，成了逻些城内第一位和亲公主。

三、汉藏两族人民友好关系的发展

松赞干布和文成公主联姻是汉藏两族人民友好关系史上的一件大事，松赞干布更是兴高采烈，他对身边大臣自豪地说：

“我父祖未有通婚上国者，今我得大唐公主，为幸实多。”① 文成公主这时也年已二八，亭亭玉立，不仅美丽动人，雍容华贵，而且聪慧伶俐，深明大义，决心不辱使命，为发展唐和吐蕃的友好关系，不遗余力，贡献自己的青春和智慧。正是在松赞干布的不懈追求下，在唐太宗的英明决策下，经过松赞干布和文成公主的共同努力，使汉藏两族人民的友好关系得到了长足发展。大致有以下表现：

首先，促进了唐与吐蕃王朝政治关系的建立与良好发展。

贞观十四年十月，当唐太宗答应和亲，松赞干布派宰相禄东赞赴长安纳聘之时，由于禄东赞机智干练，奏对称旨，受到唐太宗的高度赏识，不仅授予了禄东赞右卫大将军之职，而且还把自己的外孙女段氏许配给了禄东赞。这说明在文成公主入藏之前，唐太宗已对吐蕃政权产生好感。文成公主入藏之后，松赞干布对唐的仰慕之情有增无减。贞观十九年（645 年），当唐太宗亲征高丽返回长安之后，松赞干布又派重臣禄东赞奉表来到长安，表示祝贺，并带来了一件用黄金制成的高达七尺的天鹅。贞观二十二年，唐太宗派遣右卫率府长史王玄策出使天竺（今印度和巴基斯坦），途经天竺时遭遇劫持。松赞干布当即出动精兵，协助王玄策讨平了劫贼。贞观二十三年，唐太宗病逝，高宗李治继位，诏授松赞干布为驸马都尉，封西海郡王。松赞干布还写信给宰相长孙无忌说：“天子初即位，若臣下有不忠之心者，当勒兵以赴国除讨。”② 永徽元年（650 年），松赞干布病逝，高宗为之举哀，并遣使吊唁。总之，终唐太宗和松赞干布之世，唐与吐蕃政权和睦相处，一直维持着亲如一家的友好关系。

---

① 《旧唐书》卷一百九十六上《吐蕃传上》。

② 《旧唐书》卷一百九十六上《吐蕃传上》。

其次，促进了吐蕃社会经济的发展。

吐蕃政权建立时，由于刚刚脱离蒙昧时代，进入文明社会，故社会生产力较为低下，“寝处污秽，绝不栉沐。接手饭酒，以毡为盘，捻麸为椀，实以羹酪，并而食之。”① 而唐朝则处于封建社会的鼎盛时期，具有当时世界上最为先进的生产方式，故社会经济保持了高度发展水平。因此，文成公主入藏以后，通过汉藏联姻，中原先进的生产方式遂大量传入吐蕃，从而对吐蕃社会经济的发展起到了巨大的推动作用。例如，文成公主入藏时，带去了很多谷物种子，还有大量工匠，因而中原地区先进的农业生产技艺以及酿酒、养蚕、造纸、制陶、冶金、建筑、碾硙等手工业生产技术传入吐蕃，提高了当地农业和手工业生产水平，也改善和丰富了吐蕃人民的物质生活。

再次，促进了汉藏两族人民的思想文化交流。

文成公主入藏之时，带去了大批儒家经典和汉文史籍，进一步激发了吐蕃贵族子弟学习汉族先进文化的热情。不久，松赞干布即“遣酋豪子弟，请入国学，以习《诗》《书》。”后来，汉族的先进文化在吐蕃境内得到了广泛传播。

文成公主入藏后，曾帮助松赞干布创制文字，并参考梵文和古于阗文，制造了 20 个藏文字母和拼音造句的文法。从此，吐蕃有了文字记录。与此同时，文成公主还把汉族的天文、历法及干支计时法带入吐蕃，促使藏族历法家参照汉历，创造了新的藏历，对藏族农牧业的发展，起到了一定作用。

文成公主作为友好使者，在吐蕃生活了近 40 年。由于她始终不渝地贯彻了唐太宗开明的民族政策，为促进汉藏两族人民在政治、经济和思想文化方面的友好交流，做出了巨大贡献，所以受到了汉藏两族人民的衷心爱戴。唐代诗人陈陶在

① 《旧唐书》卷一百九十六上《吐蕃传上》。

《陇西行》一诗中写道："自从贵主和亲后，一半胡风似汉家。"热情歌颂了公主入藏后对促进汉藏两族人民友好关系所做出的巨大贡献。吐蕃人民在她去世后，先后在大昭寺和布达拉宫供奉她的塑像，时加祭奠。还把文成公主来到逻些的四月十五日，作为公主诞辰，进行纪念。所有这些，都进一步说明了唐太宗"爱之如一"的民族观念和开明的和亲政策对和谐民族关系起到了不可估量的历史作用。

第五节　丝绸之路的兴盛与唐都长安的"胡化"之风

一、丝绸之路的兴盛

如前所述，由于唐太宗贞观年间在边境和周边地区所取得的一系列文治武功，不仅极大地提高了唐王朝的政治威望，建立了和谐的民族关系和中外关系，而且也使以唐都长安为中心而通往西域、蒙古草原以吐蕃等地的丝绸之路，继两汉以后，再次复兴，空前繁荣。

连接唐都长安和西域广大地区的陆上丝绸之路最早为汉武帝时期奉命出使西域的使者张骞所正式开辟，也是使用时间最长而且最为兴盛繁荣的交通主干道。现代人一般所称丝绸之路也指这条道路。两汉以降，历经魏晋南北朝和隋朝时期，中原王朝大多通过这条丝路和西域以及亚欧诸国进行友好交往和经济、文化交流。但经隋末大乱以后，直到唐朝初年，由于西突厥汗国控制西域和吐谷浑汗国的从中干扰，致使这条丝路暂告中断。唐太宗于贞观九年击败了吐谷浑汗国，迫其就范；又于贞观十四年，派兵西域，灭亡高昌，击败了龟兹、焉耆和西突厥汗国，设置了安西都护府以及龟兹、疏勒、于阗和碎叶等四个军事重镇，遂使这条丝路再次通畅，并日益兴盛。

这条陆上丝路从唐都长安至葱岭以东即今中国境内的大致走向可分为东、西两段，其中从长安至敦煌以东被称为丝路东段，从敦煌以西到葱岭以东即今中国新疆地区，即是这条丝路的西段。丝路东段大致要经过关中平原、陇右地区和河西走廊三个区间，故又称关陇河西道。

唐都长安西面的开远门是西行使者和商贾的起点，故时人有“自开远门西尽唐境万二千里，闾阎相望，桑麻翳野，天下称富庶者无如陇右”[1] 之说。自此经关中平原和陇右地区进入河西走廊又有两条通道：一条是沿渭水河谷，经渭城驿、温泉驿、槐里驿、娄馆、马嵬驿、望苑驿、龙尾驿、石猪驿、凤翔驿、秦州驿、武阶驿、金城临河驿和凉州馆等馆驿，即可进入河西走廊；另一条是沿泾水河谷，经醴泉驿、骆驿、奉天驿、麻亭驿、阴盘驿、乌氏驿等，到达凉州馆，同前条丝路会合。唐时所设萧关（在今宁夏同心西南），当是控制这条丝路的一个重要关隘。

河西走廊是一条东西绵延千余公里，南北宽约数十至百余公里的平坦通道。东起乌鞘岭，西至今甘肃敦煌，南倚终年积雪的祁连山，北靠蜿蜒起伏的马鬃山、龙首山和合黎山，气候温和，水草丰茂，自古就有千里粮仓和牧场之称，是丝路所经最为理想的天然通道。从西汉以降，这里一直是中原王朝经营和控制丝路的战略要地。唐时又在这里设置了凉州（治今甘肃武威）、甘州（治今甘肃张掖）、肃州（治今甘肃酒泉）、瓜州（治今甘肃安西东南）和沙州（治今甘肃敦煌西南）等州县。这些州县当是丝路通过河西走廊的必经之地。

从敦煌西行到达葱岭以东，是为丝绸之路西段，这段丝路

① 《资治通鉴》卷二百一十六，玄宗天宝十二载八月。

均在今中国新疆境内，其间又有三条通道，即丝路南道、中道和北道。

丝路南道是从敦煌西行，出阳关，沿白龙堆沙漠南缘可达唐沙州石城镇（今新疆若羌），由此西行，又经播仙镇（今新疆且末西南）、于阗镇（今新疆和田西南）、碛南州（今新疆叶城）、哒喝盘陀（今新疆喀什库尔干），由此翻越葱岭，又经吐火罗（今阿富汗北部）、波斯（今伊朗）、大食（今沙特阿拉伯），即可到达东罗马帝国首府君士坦丁堡（今土耳其伊斯坦布尔）。亦可从吐火罗南下，即可到达天竺（今印度、巴基斯坦）等南亚次大陆。

丝路中道是从敦煌西北行，出玉门关，沿莫贺延碛沙漠南缘到达西州（治今新疆吐鲁番东南），再沿天山南麓西行，经焉耆、龟兹、姑墨州（今新疆阿克苏）、蔚头州（今新疆巴楚）、疏勒镇，并由此翻越葱岭乌恰山口，经昭武九姓诸国和乌浒河（今阿姆河），亦可到达君士坦丁堡。

西域北道开辟于魏晋南北朝时期，较南、中二道为晚。大致走向是从敦煌西行，经玉门关和莫贺延碛沙漠到达伊州（治今新疆哈密），由此西行，经庭州（治今新疆吉木萨尔破城子）、轮台（今新疆乌鲁木齐）、弓月城（今新疆霍城），渡伊丽水（今伊犁河），即可到达碎叶（今吉尔吉斯斯坦北托克马克附近），再经怛罗斯（今哈萨克斯坦江布尔），即可到达君士坦丁堡。

以上即是由长安西行，经过陆上丝路到达西域诸国的大致走向。

由唐都长安北抵蒙古草原的丝绸之路亦称草原丝路、皮毛路和北丝路，也许因为这条丝路北通蒙古草原和以绢马交易为其主要的商贸内容，故有是称。它是由中原地区向北越过长城，进入塞外，然后北越蒙古草原，又折而西行，穿过南俄草原，又可到达中亚和欧洲地区。由于这条丝路的大多数路程都要穿行于一望无际的草原地带，故称草原丝路。最早开辟于秦汉时期。秦始皇所修建的由云阳（今陕西淳化）直达九原（今内蒙古包头西）的直道，就是中原王朝正式修通的一段交通漠北的道路。后来，隋炀帝为了北巡突厥，到达东突厥启民可汗牙帐于都斤山（今鄂尔浑河上游杭爱山）南麓，将秦始皇所修直道向北拓展了 3 千余里。贞观二十一年（647 年），唐太宗灭亡薛延陀汗国以后，在漠北地区设立了十多个羁縻府州，诸部酋长奏请太宗，于回纥以南和突厥以北开辟了一条“参天可汗道”，途中置 68 驿。这样，由唐都长安北行，沿秦直道和“参天可汗道”，可直达漠北。

青海丝路是指通过青海地区连接长安和西域的丝绸之路。魏晋南北朝时期由于吐谷浑迁居此地，并逐渐控制了这段丝路，所以该道又称“吐谷浑道”。继隋炀帝以后，唐太宗又于贞观九年派兵击败了吐谷浑后，这条线路又告通畅。其大致走向，已如前文所述。

唐蕃古道是指连接唐都长安和吐蕃逻些（今西藏拉萨）的一条丝绸之路，是唐太宗贞观十五年文成公主入藏时由汉藏两族工匠共同修建的。其大致走向是由长安西行，经关中平原和陇右地区，进入青海，经鄯州（今青海乐都）、鄯城（今青海西宁），翻越赤岭（今日月山）等地，进入吐蕃境内，又越鹘莽岭（今唐古拉山山口），经野马驿（今西藏安多东北）、阁川驿（今西藏那曲）、白华驿（今西藏当雄）、农歌驿等馆驿，即可抵达逻些。

为了保证上述诸条丝路的畅通无阻，唐太宗在贞观年间曾采取了很多措施，对丝路进行严格管理和保护。例如在每条丝路沿线都设置了很多馆驿，每个馆驿都备有车马房舍，供给过往的中外使者和官员的行旅之用。在有些交通枢纽和道路险峻之地，唐朝廷还设置重兵防守，以备不测。对唐都长安城内东、西两个商业市场和丝路沿线商业都市的商品交易，唐王朝还制订了很多商业政策，保证商市的正常交易。例如，唐太宗在贞观初年即下诏废除了自汉代以来禁止金银、丝绸东出潼关等地的法令，指出“通财鬻货，生民恒业”，“近代掊苛，禁御滋彰，因山川之重阻，聚珍奇而不出，遂使商旅寝废，行李稽留。上失博厚之恩，下蓄无聊之怨。非所以绥安百姓，怀辑万邦，化洽升平，克隆至治。朕君临区宇，情深覆育，率土之内，靡隔幽遐，使公私往来，道路无壅，聚宝交易，中外匪殊。思改前弊，以清民俗，其潼关以东，缘河诸关，悉宜停废；其金银绫绮等杂物，依格不得出关者，并不须禁。”① 另外，唐王朝对长安东、西两市和丝路沿线商业城市进行交易的商品质量、价格以及度量衡器等也有严格控制和限定，严格禁止欺行霸市和牟取暴利的非法行为。为了保卫边境安全，贞观年间所订《唐律》还规定各类官私人员，包括因公出行的中外使者和长途贩运的中外商贾都要向政府有关部门申请和办理公验、过所，并自觉接受检查。所有这些措施的相继实行，不仅保证了边境和国防安全，而且也对丝路通畅和商业的贸易发展提供了可靠保证。

二、唐都长安的“胡化”之风

由于唐太宗在处理民族关系和中外关系时所形成的“爱之如一”的民族观念以及所实行的和谐开放的民族政策和对外政策，因此，唐王朝和周边很多少数民族政权及世界很多国家都建立了友好的民族关系和中外关系，这些周边少数民族政权和

① 唐太宗：《废潼关以东缘河诸关不禁金银绫绮诏》，载《唐大诏令集》卷一百〇八。

世界各国的使者以及中外商贾都通过上述多条丝路云集长安，从事各种政治活动和商品贸易，使唐都长安成了进行民族和中外交往的国际大都市，唐都长安出现了前所未有的“胡化”之风，而且逐渐渗透到了政治、经济和思想文化生活之中，形成了独具特色的唐代文化。其大致表现在以下方面：

首先，在唐太宗贞观年间遣使朝贡和请求内属的周边少数族政权，以及世界各国的使者前来朝贡和请求内属者与日俱增，络绎不绝。根据有关文献记载，从高祖武德九年（626年）八月唐太宗即位以后，直到贞观二十三年（649年）唐太宗逝世以前，来到唐都长安遣使朝贡和请求内属的少数族政权和国家就有60多个，中外使者的人数就有数千名之多。其中既有周边诸多少数族政权，也有亚欧很多国家。这些遣使朝贡和请求内属的周边少数族政权中既有位于今天新疆地区的西域诸国，如高昌、龟兹、疏勒、焉耆、于阗、西突厥等；还有位于今天蒙古草原和东北地区的东突厥、薛延陀、回纥、靺鞨、契丹、奚、室韦、拔野古、同罗、仆骨、多滥葛、思结、阿跌、契苾、跌结、浑、斛薛等；也有位于西南地区的吐蕃、羊同、东女国、东谢蛮、西赵蛮、牂牁蛮等；还有位于今青海地区的吐谷浑、党项等。来到唐都长安朝贡的外国使者大多来自欧亚两洲，其中来自东亚地区的国家使者主要有朝鲜半岛三国：高丽、百济、新罗，另外还有倭国（今日本）；来自中亚西亚的国家主要有波斯（今伊朗）、大食（今沙特阿拉伯）、吐火罗（今阿富汗北部）、罽宾国（今阿富汗北部）以及昭武九姓中的石国（今乌兹别克斯坦塔什干一带）、康国（今乌兹别克斯坦撒马尔罕一带）、安国（今乌兹别克斯坦布哈拉一带）、何国（今乌兹别克斯坦撒马尔罕西北）、曹国（今乌兹别克斯坦撒马尔罕西和东北）、都播（今哈萨克斯坦东南）等；来自东南亚和南亚次大陆的国家有林邑（今越南南部）、堕婆登

（今泰国昭披耶河下游）、盘盘国（今泰国南部万伦湾一带）、真腊（今柬埔寨）、陀洹国（今缅甸）、天竺（今印度、巴基斯坦）、骠国（今缅甸伊洛瓦底江流域）、诃陵国（今印尼加里曼丹岛西南）、婆利（今印尼加里曼丹岛）以及鼻林送、阿悉吉等；来自欧洲的国家主要有拂菻（即东罗马拜占廷帝国）和骨利干（今俄罗斯南部）等。

上述这些地区和国家入京朝贡或请求内属的使者在边境地区经过检查公验、过所以后，即可乘坐丝路沿线所设馆驿车马，在主持接待中外使者的鸿胪寺官员的陪同和护送下，抵达长安。接着，他们都会被安排居住在长安城内都城驿和西市的宾馆之内，由鸿胪寺礼宾司供给膳食。这些中外使者有的单独来朝，有的多人同时至京，几乎无岁不至，无年不贡。

据《旧唐书·太宗本纪》记载：唐太宗在位期间，中外使者朝贡的情况大抵如下：唐高祖武德九年十二月，唐太宗登极伊始，就有“新罗、龟兹、突厥、高丽、百济、党项并遣使朝贡”；贞观二年二月、四月，契丹和靺鞨相继“内附”；贞观三年八月、十一月，薛延陀、西突厥和高昌等“遣使朝贡”；贞观八年，“龟兹、吐蕃、高昌、女国、石国遣使朝贡”；贞观九年四月，“康国献狮子”；贞观十年十二月，“吐谷浑河源郡王慕容诺曷钵来朝”；贞观十一年二十月，“百济王派遣其太子隆来朝”；贞观十三年，“高丽、新罗、西突厥、吐火罗、康国、安国、波斯、疏勒、于阗、焉耆、高昌、林邑、昆明及荒服蛮酋，相次遣使朝贡”；贞观二十年八月，“铁勒回纥、拔野古、同罗、仆骨、多滥葛、思结、阿跌、契苾、跌结、浑、斛薛等十一姓各遣使朝贡”；贞观二十一年八月，“骨利干国遣使朝贡”，“堕波登、乙利、鼻林送、都播、羊同、石国、波斯、康国、吐火罗、阿悉吉等远夷十九国，并遣使朝贡。”

这些入京朝贡的中外使者大多在朝贡时都携带不少珍贵礼

物进献朝廷，故鸿胪寺官员都要对这些中外使者所带礼物评估价值，作为朝廷回赠中国丝绸等物进行答谢的参考。例如，贞观十一年，罽宾国“遣使献名马。太宗嘉其诚款，赐以缯彩。”① 不久，百济国又“遣使来朝，献铁甲雕斧。太宗优劳之，赐帛三千段并锦袍等。”②贞观十七年，“拂菻王波多力遣使献赤玻璃、绿金精等物。太宗降玺书答慰，赐以绫绮焉。”③等等。有的外国使者所献方物不合旨意，亦有婉言谢绝者。如贞观五年，新罗国遣使献女乐二人，皆鬓发美色。太宗谓侍臣曰：“朕闻声色之娱，不如好德。且山川阻远，怀土可知。近日林邑献鹦鹉，尚解思乡，诉请还国。鸟犹如此，况人情乎！朕愍其远来，必思亲戚，宜付使者，听遣还家。”④

另外，对这些远道而来的中外使者，唐太宗大都要在长安太极宫正殿太极殿或寝殿举行宴会，予以隆重接待。特别是在每年元旦和冬至在太极殿举行外朝听政之时，“四夷大小君长争遣使入献见，道路不绝。每元正朝贺，常数百千人。”⑤这就为元旦和冬至这两天举行的外朝听政，增加了新的内容。有时因为参加朝集的中外使者数量过多，唐太宗还曾发布诏书，命令将其“分为三番，以次朝集。”⑥

总之，这些身着奇装异服、不同肤色、语言各异的中外使者来到京城长安以后，穿梭于东、西两市之间，行走在城内大街小巷，必然会给长安城内带来一股强烈的“胡化”之风。

① 《旧唐书》卷一百九十八《西戎·罽宾国传》。
② 《旧唐书》卷一百九十九上《东夷·百济国》。
③ 《旧唐书》卷一百九十八《西戎·拂菻国传》。
④ 《旧唐书》卷一百九十九上《东夷·新罗国传》。
⑤ 《资治通鉴》卷一百九十八，太宗贞观二十二年正月。
⑥ 《册府元龟》卷九百九十九《外臣部·入觐》。

其次，长安城内入仕做官的中外贵族酋长及其子弟的人数不断增加。

由于唐太宗具有“胡汉一家”和“爱之如一”的民族平等观念，所以他对归附唐朝的中外酋长及其贵族子弟不惜授以高官武职，予以怀柔，而且对其待以诚心，授以实权，有的还担任了守卫宫廷的禁军将领，有的则统兵征战，权力至重。所以，这些中外蕃将大多对朝廷忠心耿耿，专一无贰，并与唐太宗结下了深厚的君臣感情，和汉族大臣并无二致。贞观二十三年五月，唐太宗病逝以后，“四夷之人入仕于朝及来朝贡者数百人，闻丧皆恸哭，剪发、剺面、割耳，流血洒地。”[①] 有的甚至还欲杀身殉丧，以报知遇之恩。这些都说明了唐太宗的民族政策和对外政策在促进民族和中外关系和谐发展中，起到了多么巨大的作用。贞观年间，唐太宗对归附于唐的中外酋长及其贵族子弟任以官职的人数之多、官职之高和权力之重，在我国古代任何一个王朝都是不能比拟的。

贞观四年，东突厥汗国被灭亡以后，要求归附唐朝的突厥酋长相继来到长安，唐太宗将他们“皆拜将军、中郎将，布列朝廷，五品以上百余人，殆与朝士相伴。”[②]其中最著名者有以下几人：

阿史那社尔：东突厥颉利可汗族侄。贞观九年归附唐朝，被太宗拜左骑卫大将军。不久，太宗又将姐姐衡阳公主嫁给社尔，授驸马都尉，率禁军屯于宫城北面禁苑。贞观十四年，又授行军总管，随主帅侯君集进军西域，平定高昌。社尔率部进入高昌城后，“秋毫无所取”，军纪严明，受到太宗嘉奖。贞观十九年，又随太宗东征高丽，屡立战功。班师回朝以后，社尔

① 《资治通鉴》卷一百九十九，太宗贞观二十三年五月。

② 《资治通鉴》卷一百九十三，太宗贞观四年五月。

以功兼授鸿胪卿。贞观二十三年，唐太宗驾崩，社尔“请以身殉葬”，被太子李治劝阻。高宗永徽六年（655 年）病逝，陪葬昭陵。新旧《唐书》均立有《阿史那社尔传》，以记其生平。

阿史那什钵苾：阿史那社尔之弟。曾被突厥颉利可汗封为突利可汗，统领东北地区的奚、霫等数十部少数族。后因与颉利有隙，故在唐高祖武德年间曾与秦王世民结为兄弟。贞观三年，率众内附，被太宗拜以右卫大将军之职，封北平郡王。贞观十九年死，太宗为之举哀，又命大臣岑文本为其撰写碑文。

阿史那苏尼失：颉利可汗族兄，曾率部五万居于灵州（治今宁夏灵武西南）西北。贞观四年，颉利被唐将李靖击败，独骑投奔苏尼失，苏尼失令其子阿史那忠将颉利生擒，献于唐军。唐太宗遂将苏尼失授以北宁州都督、右卫大将军，封怀德郡王。其子阿史那忠被拜左屯卫将军，娶太宗宗女定襄县主为妻，历任左卫大将军、右骁卫大将军等职，“所历皆以清谨见称”①，死后陪葬昭陵。

阿史那思摩：颉利可汗族人。贞观四年，与颉利可汗一起被俘，唐太宗授以右武侯大将军，并赐国姓，故又名李思摩。太宗令其统颉利旧部居于黄河以南地区，由于不善抚众，所属皆叛，思摩轻骑入朝。太宗又授以右武卫将军之职，宿卫宫廷。贞观十九年，随太宗东征高丽，为流矢所中，“太宗亲为吮血”②。贞观二十一年病逝，陪葬昭陵。

除突厥族外，入仕唐朝的少数族酋长及贵族子弟还有西域诸国、铁勒契苾、回纥、契丹、靺鞨、奚族等。其中著名者有以下数人：

契苾何力：铁勒契苾族人。其父契苾葛原为铁勒契苾族酋

---

① 《旧唐书》卷一百〇九《阿史那社尔附苏尼失子忠传》。

② 《旧唐书》卷一百九十四《突厥传上》。

长，由于居地被吐谷浑所侵占，遂迁居龟兹附近居住。唐太宗贞观六年，契苾何力随其母亲部族千余家来到沙州（治今甘肃敦煌东南），请求内附，得到诏准。何力入京后，被太宗授以左领军将军之职。后在征讨吐谷浑、高昌、龟兹、薛延陀的战斗中，屡立战功，官至左骁卫大将军，深受太宗敬重。随太宗东征高丽时，在白岩城（今辽宁辽阳东北）下被敌将枪矛刺中腰部，太宗亲自为其敷药。攻占该城后，太宗下令寻求刺中何力的高丽将领，交何力亲自斩杀。何力以“犬马犹为其主”之由，舍而不杀，受到太宗称赞。太宗逝世后，何力“欲杀身以殉”，被太子李治劝阻。死后陪葬昭陵。新旧《唐书》均立有《契苾何力传》，以记其生平。

麴智盛：西域高昌国人，高昌王麴文泰之子。贞观十四年，唐灭高昌后，智盛与其弟智湛及其王公大臣被俘送长安，太宗拜智盛为左武卫将军，封金城郡公，其弟智湛被拜右武卫中郎将，天山县公。太宗逝世后，将智盛之形刊石为像，列于昭陵玄阙之下[①]。

诃黎布失毕：原为西域龟兹国王。贞观二十二年，唐灭龟兹国后，诃黎布失毕被俘送长安，太宗授以左武翊卫中郎将之职。

窟哥：契丹族人，原为契丹酋长。贞观二十年，唐太宗亲征高丽时，行至营州（治今辽宁朝阳），授窟哥左武卫将军之职。二十二年，窟哥等部请求内附，太宗乃“以窟哥为左领军将军兼松漠都督、无极县男，赐姓李氏。”[②]

可度者：奚族人，原为奚族酋长。贞观二十二年，请求内属，太宗乃“以可度者为右领军兼饶乐都督，封楼烦县公，赐

① 参看《旧唐书》卷一百九十八《西戎·高昌传》。
② 《旧唐书》卷一百九十九下《北狄·契丹传》。

姓李氏。"[1]

突地稽：靺鞨族人，原为靺鞨族酋长。隋末内附，唐初以其部落置燕州，仍以突地稽为燕州总管。在唐初平定刘黑闼时，立有战功。"贞观初，拜右卫将军，赐姓李氏。"[2]

裴神符：西域疏勒人。由于唐初疏勒国王以裴为姓，故疏勒王室子弟来华者皆为裴姓。神符于唐太宗贞观年间入京朝贡，留而不归。由于妙解琵琶，后入太常寺为乐工，见称当时[3]。

白明达：西域龟兹人。唐太宗贞观年间曾为乐府伶工，术逾东夷，积劳计考，终至大官。唐高宗时犹供奉内庭。隋唐两代龟兹乐之盛极一时，与此辈乐人不无关系，史虽未及其长安居处，然其曾居于是，盖无疑也。[4]

尉迟乙僧：西域于阗国人。相传唐以前于阗王室均姓尉迟，故从隋朝开始，于阗国人入居中国者，俱以尉迟为姓。尉迟乙僧随其父尉迟跋质那在隋时入居长安，尉迟乙僧在唐太宗贞观年间"授宿卫官，袭封郡公。善画外国及佛像，时人以跋质那为大尉迟，乙僧为小尉迟。"[5]

唐太宗贞观年间，入仕于唐的还有不少外国的贵族子弟。现列举一二：

金春秋：新罗国人，新罗女王金真德之弟。贞观二十二年，金真德遣其弟金春秋及其子金文王入京朝贡。唐太宗诏授金春秋为特进，文王为左武卫将军。"春秋请诣国学观释奠及

① 《旧唐书》卷一百九十九下《北狄·奚传》。
② 《旧唐书》卷一百九十九下《北狄·靺鞨传》。
③ 参看向达：《唐代长安与西域文明》，三联书店 1957 年版，第 11 页。
④ 参看向达：《唐代长安与西域文明》，三联书店 1957 年版，第 12 页。
⑤ 《旧唐书》卷一百九十九上《东夷·新罗传》。

讲论。太宗因赐以所制《温汤》及《晋祠碑》，并新撰《晋书》。将归国，令三品以上宴饯之，优礼甚厚。”[1]

安朏汗、安附国父子：昭武九姓安国人。唐太宗贞观四年，安朏汗与其子安附国率众内附，又俱至长安，即以安朏汗为维州刺史，拜左武卫将军。附国时年十八，太宗见而异之，即擢为左领军府左郎将。后授上柱国，封驺虞县开国男。唐高宗时附国终于长安，葬于雍州长安县孝悌乡。其事迹见李至远所撰《唐维州刺史安侯神道碑》[2]。

石万年：昭武九姓石国人。唐初为伊吾（今新疆哈密）城主。太宗贞观四年，群胡慕化，率七城内附，太宗因于其地置西伊州。石万年后当移居长安，入仕唐朝[3]。

总之，由于唐太宗将大量的中外酋长及其贵族子弟任以京师武职，无疑会给当时纯粹的汉族官僚队伍中输送一批胡族血液，也会给当时的政权机构带来胡化之风。

第三，长安城内从事商业贸易的中外胡商数量急剧增加。

大致从唐太宗贞观四年以后，由于连接长安和西域等地的丝绸之路次第畅通，唐王朝关于保证丝路安全的有关举措不断实施和臻于完善，通过丝路来长安的从事商业贸易的中外胡商数量不断增加。有人估计，贞观年间，在长安居住和行商的胡商数量当在十万左右，占全城人口的十分之一以上。这些胡商有通过陆上丝路来华的波斯、大食商人，也有来自中亚昭武九姓的粟特人，也有来自西域的城邦诸国人。贞观四年，唐灭东突厥以后，突厥降众随其酋长“因而入居长安者近万家”[4]。

---

① 《旧唐书》卷一百九十九上《东夷·新罗传》。

② 载《全唐文》卷四百三十五。

③ 参看向达：《唐代长安与西域文明》，三联书店 1957 年版，第 21 页。

④ 《资治通鉴》卷一百九十三，太宗贞观四年五月。

这批迁居长安的突厥万户降众，除少数大小酋长可入仕进入官场，依靠俸禄维持生计外，大多数突厥降众当转而经营商业，变成胡商。上述这些胡商中尤以昭武九姓的粟特人善于经营商业，以致追逐商利，无所不至。

这些来华的胡族商贩有的在丝路沿线进行长途贩运，牟取商利，被称为行商。这部分胡商大多以经营丝绸、金银珠宝、陶瓷等体轻而价高且便于携带的商品为主，有的还贩运黑人奴婢。有的胡商来到长安后，取得市籍，开设固定的营业摊点，被称为住商。这部分胡商大多集中于长安西市，经营的商品种类极多，除丝绸、金银、珠宝和陶瓷以外，还兼营铁器、木柴、茶叶、服装、马牛牲畜等商品，有的还开设邸店、旅馆、饭店、茶肆、酒楼等，从事服务行业。有的胡商还在饭店、茶肆和酒楼之中雇佣胡族妇女，招揽顾客，被称为“胡姬”，从而成为了长安西市一道独特的亮点，吸引了大批纨绔子弟和文人墨客以及风流官宦的频繁光顾。贞观年间，曾任太乐丞的王绩嗜酒如命，曾撰有《酒家》一诗，其中有云：“有钱须教饮，无钱可别沽。一时常道贳，惭愧酒家胡。”说明王绩常去西市胡商经营的酒楼饮酒。

由于唐王朝对胡汉通婚从未有严格限制，唐太宗只是在贞观二年六月颁布过一条关于“诸蕃使人所娶得汉妇女为妾者，并不得将还蕃”①的诏令，因此，这些胡商久居长安，生意兴隆，生活富裕，遂乐不思蜀，多有娶汉族妇女为妻，生儿育女，数代以后，繁衍愈多。所以，唐太宗贞观年间居住于长安的十多万胡商中当有部分是唐以前来华经商的胡人。如有关史籍记载隋唐之际有位名叫何潘仁的西域胡商，“其父（何）浑邪，通商中国。隋初始居盩厔，家富于财。潘仁厚自奉养，引

① 《唐会要》卷一百《杂录》。

致宾客”，后又参加反隋斗争，同唐宗室李神通和太宗之妹平阳公主同时起兵，死于长安攻坚战中。这说明何潘仁之父何浑邪当是隋初从中亚昭武九姓中之何国来华经商之人，后与华人女子结婚后而生潘仁，最后定居盩厔（今陕西周至）的。何潘仁的后裔也当生活在唐都长安或附近郊县。

第四，中外思想文化和社会生活习俗的相互影响，日益加深。

唐太宗贞观年间，由于受命朝贡的中外胡族使者络绎不绝，入仕于唐的中外胡族酋长和贵族子弟日益增加，以及往来不定和坐列贩卖的胡商摩肩接踵，故给京师长安带来了一股浓烈的胡化之风。而这些胡人所固有的服饰、语言、饮食、娱乐等社会生活习俗的方方面面，必然首先会给唐代的上层社会带来极大影响，一些达官贵人的纨袴子弟，特别是李唐皇室的龙子龙孙们大都争相仿效。最典型的事例就是太子李承乾的所作所为，无不以“胡化”为能事。史载承乾经常带领东宫的男奴数十百人学习胡人歌舞，“椎髻剪綵为舞衣，寻橦跳剑，鼓鞞声通昼夜不绝”；又十分喜欢突厥族人的语言、服饰，“选貌类胡者，被以羊裘，辫发，五人建一落，张氈舍，造五狼头纛，分戟为阵，系幡旗。设穹庐，自居。使诸部敛羊以烹，抽佩刀割肉相啖。承乾身作可汗死，使众号哭、嫠面，奔马环临之。”[①] 在这些龙子龙孙的带动下，“胡化”之风愈演愈烈，以致使下层市民也受到了极大感染。唐人刘肃在《大唐新语》卷九《从善》条曾记载了如下一件事：唐太宗贞观年间，长安西市之北金城坊有一居民家中遭遇胡人所盗，举报以后，雍州官吏好久未能破案。这时，雍州长史杨纂就在“判勘”中下令将长安所有坊市中的胡人全部予以拘捕审问，但雍州司法参军伊

① 《新唐书》卷八十《太宗诸子·常山王承乾传》。

尹却对这道“判”文提出质疑，理由是“贼出万端，诈伪非一。亦有胡着汉帽，汉着胡帽，亦须汉里兼求，不得胡中直觅。”所以，他提出“请追禁西市胡，余请不问。”不久，这一头戴胡帽的窃贼果然被擒。这件事说明当时长安城内的“胡化”之风正在向下层市民蔓延，而且出现了胡汉服饰相互影响的趋势。

贞观年间唐都长安城内的胡化之风表现在饮食方面，还有一件意义非凡的事情，就是唐太宗在灭亡高昌以后，亲自将高昌的葡萄种植于长安城北的禁苑之中，葡萄长成以后，味道甜美。太宗又将高昌制作葡萄酒的方法加以改进，所造葡萄酒，味道浓烈，醇香可口。《册府元龟》一书是这样记载此事的：

> 及破高昌，将马乳蒲桃实于苑中种之，并得其酒法。帝（此指唐太宗——引者注）自损益，造酒成，凡有八色，芳辛酷烈，味兼缇盎。既颁赐群臣，京师始识其味。①

据此，有人认为，虽然早在汉魏以来，中原已知西域如大宛、龟兹等地所造之葡萄酒，但“在中土用西域法仿制之西域酒，要当始于太宗耳。”②

另外，发源于波斯或东罗马帝国的体育项目打马毬活动，也是在唐太宗贞观年间经吐蕃传入长安的。唐人封演在《封氏闻见记》卷六《打毬》条有如下记载：“太宗常御安福门（唐长安皇城西门偏北之门——引者注）谓侍臣曰：‘闻西蕃人好为打毬，比亦令习，曾一度观之。昨升仙楼有群胡街里打毬，

① 《册府元龟》卷九百七十《外臣部·朝贡三》。

② 向达：《唐代长安与西域文明》，三联书店1957年版，第50页。

欲令朕见。此蕃疑朕爱此，骋为之。以此思量，帝王举动，岂宜容易，朕已焚此毬以自诫。'”这说明唐太宗曾一度痴迷于打马毬这一运动。据此有人认为“有唐一代长安盛行打马毬，而皇室特嗜此戏，推究源始，俱由于太宗之倡开风气也。”[①]

贞观年间的唐都长安不仅盛行“胡化”之风，而且在很多胡人中也正在兴起“汉化”热潮。不少胡人努力学习汉族的文化典籍，无论在儒学、文学等方面都达到了很高造诣，甚至有的还超出了一般汉人的水平。其中铁勒契苾族人契苾何力就是其中最为杰出的代表。

史称唐高宗龙朔二年（662年），司农少卿梁孝仁奉命重修大明宫时，在宫内庭院中全部种上了白杨树苗，并对前来观看的左骁卫大将军契苾何力说：“此木易长，不过二三年，宫中可得荫映。”但契苾何力听后不答，只是口诵古诗曰：“白杨多悲风，萧萧愁杀人。”意思是白杨树为“冢墓木也”。孝仁听后，当即令人“伐之，更植桐柏。”并对身旁人说：“礼失于野，固不虚也。”[②]又如贞观年间，突厥人阿史那行昌，在宫城北玄武门宿卫，“食而舍肉”，“归以奉母”。太宗闻而叹曰“仁孝之性，岂隔华夷。”[③]。

另外，唐太宗贞观年间流寓长安的一些胡人由于身怀音乐、绘画等绝技，因而他们对当时唐代文学艺术的发展都做出了巨大贡献。前文所提及的西域疏勒人裴神符由于“妙解琵琶”，所以在太常寺担任乐工期间，“曾作《胜蛮奴》《火凤》《倾盃乐》三曲，声度清美，太宗深爱之。”[④]西域龟兹人白明

① 向达：《唐代长安与西域文明》，第82页。

② 《唐会要》卷三十《大明宫》。

③ 《贞观政要》卷五《孝友》。

④ 《唐会要》卷三十三《燕乐》。

达等，对当时龟兹乐之盛极一时，当不无关系[①]。西域于阗国人尉迟乙僧父子“画风属于凹凸一派，后来吴道子人物画亦受此种影响[②]。次外，贞观五年来到唐都长安传播袄教的昭武九姓何国人何禄，贞观九年来到唐都长安传播景教的波斯人阿罗本，都对贞观年间宗教事业的发展，做出了巨大贡献，详见下文所述，此处不赘。

总之，由于贞观年间长安城内“胡化”之风的日益盛行，极大地促进了民族关系和中外关系的融洽与和谐，其积极作用是毋庸置疑的。

① 参看向达：《唐代长安与西域文明》，第12页。
② 参看向达：《唐代长安与西域文明》，第8页。

第八章

坚持"偃武修文"的治国方针与文化教育事业的兴盛繁荣

第一节　"偃武修文"方针的制订与实施

一、坚持"偃武修文"方针与改革尚武轻文之风

唐太宗升储登极以后，即将面对的就是该用何种治国方针君临天下这一重大课题。因为自晋阳起兵以后直到统一战争结束的用武力夺取天下的时代已经终结，现在需要解决的重大问题，就是究竟应坚持什么样的治国方针才能使国家强盛，百姓富强，社会稳定，民族团结，中外友好？是继续运用武力，征服天下，还是偃武修文？真可谓千头万绪，任重道远，也使唐太宗陷入了深深的思考。

不过，唐太宗的最大优点就是遇事机敏，思维活跃，与时俱进，从不固步自封，逞一技之能，图一时之快。因此，他在即位之初，便当即把今后应如何君临天下这一重大课题，交给大臣讨论，以便使君臣上下，思想统一，步调一致，动有所据，行有所遵。

据有关史书记载，贞观元年，唐太宗曾召集大臣就"自古理政得失"问题展开讨论。他首先向大臣们提问说："当承大

乱之后，恐斯民未易化也。”意思是说，现在隋末大乱的形势刚刚结束，恐怕老百姓不容易很快接受教化吧。大臣魏徵当即提出了不同意见，并说：“久安之民骄佚，骄佚则难教；经乱之民愁苦，愁苦则易化。譬犹饥者易为食，渴者易为饮也。”宰相封德彝当即反驳说：“三代以还，人渐浇讹，故秦任法律，汉杂霸道，盖欲化而不能，岂能之而不欲邪？魏徵书生，未识时务，若信其虚论，必败国家。”意思是说从夏、商、周三代以后，人变得越来越轻薄狡诈，所以秦始皇纯任法律，西汉杂用霸道，这都是期望教化而不能达到目的才使用的方法，并不是能够教化而不想教化的缘故。并批评魏徵是书生之论，肯定会贻误国家。但魏徵却毫不退让，并针锋相对地反驳说：“五帝、三王不易民而化，行帝道则帝，行王道则王。昔黄帝征蚩尤，颛顼诛九黎，汤放桀，武王伐纣，皆能身致太平，岂非承大乱之后邪？若谓古人淳朴，渐至浇讹，则至于今日，当悉化为鬼魅矣，人主安得而治之。”意思是说黄帝、颛顼、商汤、周武王等五帝、三王都是在大乱之后，由于实行了帝道、王道，才使国家大治的。如果说古人淳朴，后来之人才逐渐变得轻薄狡诈，那么，时至今日，人们恐怕早已变成了妖魔鬼怪，君主岂能得而治之？唐太宗对魏徵和封德彝的激烈辩论，当时并未置可否，并要求大臣对此继续发表意见，用表章奏上。结果有人在上书中主张“人主当独运威权，不可委之臣下”；有的主张“宜震耀威武，征讨四夷”；但魏徵等人仍规劝太宗要“偃武修文，中国既安，四夷自服。”①这即是贞观初年唐太宗召集大臣围绕治国方针开展的一场大讨论的基本情况，而且大

① 《资治通鉴》卷一百九十三，太宗贞观四年十二月条系此次讨论于“上之初即位也”；《贞观政要》卷一《政体》系此事“贞观七年”。今从《资治通鉴》。

臣中出现了两种截然相反的观点：以魏徵为代表的一派大臣认为应该坚持帝道、王道，即“偃武修文”的治国方针；以封德彝为代表的一派大臣认为应该坚持法治和霸道，即“独运威权”和“震耀威武”的治国方针。唐太宗最终接受了魏徵的建议，坚持了尊儒崇经和“偃武修文”的治国方针。

其实早在唐高祖武德四年（621 年）平定了王世充和窦建德，天下渐趋平定之时，时为秦王的李世民即以“寇乱稍平，乃响儒”[①]，于是就在宫城之西建造了一座文学馆，招揽天下儒学文士，并以秦府僚属杜如晦、房玄龄、虞世南、褚亮、姚思廉、李玄道、蔡允恭、薛元敬、颜相时、苏勗，天策府僚属于志宁、苏世长、薛收、李守素，国子监助教陆德明、孔颖达、盖文都以及宋州总管府户曹许敬宗等聘为兼职文学馆学士。并将其分为三番，轮流在文学馆值班，供给上等饮食，待遇优厚。世民下朝和闲暇之时，经常来到馆中，和诸学士们讨论儒学典籍和文史问题，有时要到半夜时分。又令宫廷画师阎立本为这些人画像，褚亮为之撰写赞语，“号十八学士”。士人能被选入馆中，时人谓之“登瀛洲”[②]。

武德九年九月，唐太宗即位月余，便向大臣们说：“朕虽以武功定天下，终当以文德绥海内。文武之道，各随其时。”[③]接着，他又以文学馆因形势变化而形同虚设，便在太极宫内弘文殿侧重置弘文馆，精选天下著名儒学之士虞世南、褚亮、姚思廉、欧阳询、蔡允恭、萧德言等，以本官兼学士，在听政之余，和这些弘文馆学士“讲论前言往行，商榷政事，或至夜分

---

① 《新唐书》卷一百〇二《褚亮传》。

② 《资治通鉴》卷一百八十九，高祖武德四年十月。

③ 《旧唐书》卷二十八《音乐志》。

乃罢。”[1] 元代人胡三省在《通鉴》记述此事之后的注文中说：“唐太宗以武定祸乱，出入行间，与之俱者，皆西北骁武之士。至天下既定，皆精选弘文馆学士，日夕与之议论商榷者，皆东南儒生也。然则欲守成者，舍儒何以哉！”所有这些，都说明唐太宗早在升储登极前后，就已确定把尊儒崇经和“偃武修文”作为治国方略。这是因为唐太宗深知，儒家学说所倡导并明确坚持的“正君臣，明贵贱，美教化，移风俗”等说教及其准则，比起那些纯用“法律”和“霸道”、“杂道”等治国方略，实在要高明得多，故“莫若于此焉”[2]。正如他在贞观元年六月和大臣讨论周、秦二代立国时间长短何以相差如此悬殊时所说：“周得天下，增修仁义；秦得天下，盖尚诈力。此修短之所以殊也。盖取之或可以逆得，守之不可以不顺故也。”[3]这说明唐太宗把行仁义和崇儒学作为治国之策，是顺理成章之事。不久，当他和大臣们在说到“梁武帝君臣惟谈苦空”，因而招致“侯景之乱”，不久败亡等历史教训时，再次重申：“朕所好者，唯尧、舜、周、孔之道，以为如鸟有翼，如鱼有水，失之则死，不可暂无耳。”[4]

以上即是唐太宗把尊儒崇经和“偃武修文”确定为治国方略的大致过程。

二、“偃武修文”治国方针的实施

唐太宗在确定了尊儒崇经和“偃武修文”的治国方针以后，曾先后采取以下诸多措施，认真贯彻施行。

---

① 《资治通鉴》卷一百九十二，高祖武德九年九月。
② 《旧唐书》卷一百八十九上《儒学传上》序。
③ 《资治通鉴》卷一百九十二，太宗贞观元年六月。
④ 《资治通鉴》卷一百九十二，太宗贞观二年六月。

首先，不断提高孔子及其历代大儒的社会地位，大力搜集和整理儒家经典。

贞观二年（628 年），唐太宗在都城长安国子监所属最高学府的“国学”之内始立孔子庙堂，以孔子为“先圣”，以其著名弟子颜回为“先师”，庙内两边设置“俎豆干戚之容”，四时祭奠。从此以后，“国学之内，鼓箧升讲筵者，几至万人，儒学之兴，古昔未有也”；贞观十四年，唐太宗又将梁、陈、周、隋四代的皇侃、褚仲都、熊安生、沈重、沈文阿、周弘正、张讥、何妥、刘炫等九名“前代名儒”，下诏“优赏，以劝后生”，并诏令“访其子孙见在者，录姓名奏闻”；贞观二十一年，唐太宗又将自先秦和魏晋以来的名儒如左丘明、卜子夏、公羊高、谷梁赤、伏胜、高堂生、戴圣、毛苌、孔安国、刘向、郑众、杜子春、马融、卢植、郑玄、服虔、何休、王肃、王弼、杜预、范宁等 21 人，下诏“褒崇”，并诏令国子监所属六学的师生“并用其书，垂于国胄，既行其道，理合褒崇，自今有事于太学，可并配享尼父庙堂。”[①]这样，儒家“先圣”孔子及其历代名儒的社会地位，就得到了极大提高。

在此期间，唐太宗又鉴于经隋末战乱以后，儒家经典及“先代之旧章，往圣之遗训，扫地尽矣”[②]，遂诏令秘书监魏徵等人，广泛征集募购，并将征购所得之书，分为经、史、子、集四部，手抄缮写，详细校定，“数年之间，秘书图籍，粲然毕备。”[③] 仅弘文殿所藏的四部书就多达 2 万多卷。

在大力搜购和整理图书的过程中，唐太宗又发现儒家“经籍去圣久远，文字讹谬”，于是便令当时大儒颜师古考定《五

① 《贞观政要》卷七《崇儒》。

② 《旧唐书》卷一百八十九上《儒学传上》序。

③ 《旧唐书》卷七十一《魏徵传》。

经》文字。师古接旨后，以秘府所藏善本为底本，又参以晋、宋以来古今多种版本，精心校正，耗时两年有余，终于完成了包括《毛诗》《周易》《尚书》《礼记》和《春秋》等儒家经典的《五经定本》。为了能使这个定本臻于完善，太宗又令宰相房玄龄召集诸儒进行讨论。由于当时的儒家学派众多，“异端蜂起”，讨论十分热烈。但由于师古都能“随言晓答，援据详明，皆出其意表，诸儒莫不叹服。”[①]贞观七年十一月，唐太宗下诏将《五经定本》颁行天下，“令学者习焉。”[②]

《五经定本》颁行以后，唐太宗又以“文学多门，章句繁杂”，即诸儒对《五经》字义的解释众说纷纭，莫衷一是，便诏令又一大儒、国子祭酒孔颖达撰写《五经》义疏。由于自汉魏直到隋和唐初的儒学发展极快，学派林立，而各派对《五经》经义的解释疏证纷繁庞杂，鱼龙相混，歧异和牴牾之处，比比皆是。故义疏的工作极为浩大，孔颖达又先后邀请当时的大儒 20 多人，经过多年努力，终于在贞观十四年二月全部完成，名曰《五经正义》，共 180 多卷。唐太宗下诏褒奖说：“卿等博综古今，义理该洽，考前儒之异说，符圣人之幽旨，实为不朽。”[③]并将其作为国子六学的正式教材和参加科举考试的主要参考。

唐太宗贞观年间颁定的《五经定本》和《五经正义》是中国经学史上的一件具有划时代意义的大事。因为这两部书的颁定不但极大地适应了唐初统治者尊儒崇经和“偃武修文”治国方略的政治需要，为贞观盛世的出现提供了思想保证，而且也使流派众多的儒家学说实现了空前统一，有力地推动了儒家思

---

① 《旧唐书》卷七十三《颜师古传》。
② 《贞观政要》卷七《崇儒学》。
③ 《旧唐书》卷七十三《孔颖达传》。

想的迅速发展。所以有人把唐太宗在儒学方面的这一创举，说成是“与汉武帝罢黜百家、独尊儒术有同样重大的意义。”[①]

其次，制礼作乐，规范言行，彰显盛世。

礼乐制度向来被认为是中国传统文化的核心内容，是儒家学说的物化表现，是规范人们言行的准则，更是维护尊卑贵贱封建等级制度的圭臬。因此，礼乐制度一直受到儒家学派的高度重视，故有“王者功成作乐，治定制礼。其功大者其乐备，其治辩者其礼具”之说。唐太宗即位以后，以王道之君自居，又尊儒崇经，偃武修文，自然会把制礼作乐作为头等大事，用以规范人们的言行，充分发挥礼乐的社会功能，彰显贞观盛世的深邃内涵。

贞观二年，唐太宗鉴于唐高祖武德年间所修五礼不够完善，遂令房玄龄兼任礼部尚书，邀请一批“礼官学士”，修改旧礼。经过数年之功，至贞观七年“始令颁示”[②]，是为《贞观新礼》。不久，因为围绕太宗是否进行“封禅”之事，在大臣中引起激烈争论，唐太宗又令房玄龄、魏徵、王珪等大臣对《贞观新礼》进行修订。贞观十一年三月，《贞观新礼》最后完成，其中包括《吉礼》61 篇，《宾礼》4 篇，《军礼》20 篇，《嘉礼》42 篇，《凶礼》6 篇，《国恤》5 篇，合共 138 篇，分为 100 卷[③]。内容完备，可谓集古今礼制之大成。

在制礼的同时，唐太宗还命令当时杰出的音乐大师祖孝孙修订雅乐，并拟制了修订原则：“斟酌南北，考以古音。”意思是要把南北朝时期因政治分裂而形成的“梁、陈之音”和“周、齐之音”，即南音、北音，打破地域界限，全部予以统

① 范文澜：《中国通史》第四册，人民出版社 1965 年版，第 243 页。

② 《通典》卷四十一《礼一·沿革一》。

③ 参看《旧唐书》卷二十一《礼仪志一》。

一，赋予贞观"新乐"以新的内容，使其更加体现天下一统之道，让人们在享受音乐的同时，受到道德的熏陶，达到"以道制欲"的目的。经过两年努力，《大唐雅乐》制成，包括了燕乐、清高、西凉乐、扶南东、高丽乐、龟兹乐、安国乐、疏勒乐、康国乐等9部乐曲。贞观十四年，唐灭高昌以后，又将高昌乐增加其中，构成了十部乐，使唐的音乐的构成范围更加扩大，从而奏响了天下一家的和谐乐章。

贞观六年正月，唐太宗还对当年平定刘武周和收复河东时当地百姓为庆贺胜利，"歌舞于道，军人相与为《秦王破阵乐》之曲"[①]进行改编修订，使其变为雅乐，在殿堂演奏。后来，他曾自豪地说："朕昔在藩，屡有征讨，世间遂有此乐，岂意今日登于雅乐。"[②] 贞观七年正月，唐太宗又令音乐家吕才将此曲编成舞蹈，和乐而舞，名曰《秦王破阵舞》，不久又改名《七德舞》。

贞观六年九月，唐太宗亲幸诞辰之地武功旧宅庆善宫，赏赐乡里父老，并诗兴大发，赋诗十韻。不久，音乐家吕才为他的韻诗谱曲，命名曰《功成庆善乐》，并挑选64名儿童，头戴"进德冠"，身着"紫袴褶"，伴随着优雅的乐曲，翩翩起舞，又名《九功舞》。由于该舞装扮文雅，舞步轻缓，广袖曳展，"以象文德"，与"被甲持戟，以象战事"的《七德舞》形成鲜明对照，构成了文、武两种舞蹈，象征了唐太宗的文治武功。

唐太宗在制礼作乐中所取得的成就，受到了大臣们的高度称赞。大臣魏徵就曾情不自禁地夸奖说："拨乱反正，功高百王，自开辟以来，未有如陛下者也。更创新乐，兼修大礼，自

① 《隋唐嘉话》中。

② 《旧唐书》卷二十八《音乐志》。

我作古，万代取法，岂止子孙而已！”[①]其中虽不无溢美之词，但也说明了唐太宗的制礼作乐在他贯彻尊儒崇经和偃武修文治国方针中起到了多么重要的作用。

需要特别指出的是，唐太宗在制礼作乐时并没有因循守旧，拘泥于陈礼旧乐，不敢越雷池一步，而是坚持改革精神，与时俱进，不断赋予礼乐以新的内容，使其更加适合统治的需要。例如，太宗在即位之初，就针对“近代诸帝，妄为节制，特令生避其讳”这一现象，下诏说：“今宜依据礼典，务从简约，仰效先哲，垂法将来，其官号人名，及公私文籍，有‘世’及‘民’两字不连续，并不须避。”故唐武德、贞观年间三省六部所置“民”部，一仍旧称，至高宗以后始称“户”部。“李世勣”之名在贞观年间亦不避讳“世”字，至高宗时才改名“李勣”。如此等等，不一而足。

贞观十七年十二月七日，是唐太宗诞辰之日。按当时风俗，“生日可为喜乐”，或有亲友相贺，或设宴会庆祝。但太宗却说：“俗间以生日可为喜乐，在朕情，翻成感思。君临天下，富有四海，而追求侍养，永不可得。……奈何以劬劳之辰，遂为宴乐之事！甚是乖于礼度。”因此，太宗在其生日这天，未有宴乐，而是“泣下久之。”

唐太宗对音乐的认识更是同一些腐儒大相径庭。他曾对大臣们说：“礼乐之作，是圣人缘物设教，以为撙节。治政善恶，岂此之由？”意思是说圣人制礼作乐，只不过是为了借助一定的事物，对人进行教育而已，使人行事要有节制。至于国家的政治好坏，并不是由礼乐决定的。为此，他还针对御史大夫杜淹关于“前代兴亡，实由于乐”的说法，针锋相对地指出：“不然。夫音声岂能感人？欢者闻之则悦，哀者听之则悲，悲

---

① 《魏郑公谏录》卷四。

悦在于人心，非由乐也。将亡之政，其人心苦，然苦心相感，故闻之则悲耳。何乐声哀怨，能使悦者悲乎？”他还举例说：“今《玉树后庭花》《伴侣》之曲，其声俱存，朕能为公奏之，知公必不悲耳。”时任尚书左丞的魏徵也当即附和说：“乐在人和，不由音调。”①唐太宗对音乐效果的这一认识，现在看来，虽不尽合理，但比起当时腐儒所信奉的“治政善恶，实由于乐”的儒家教条来说，却要高明得多。

再次，重奖和任用德行与学识兼备的儒者学士，改革重武轻文之风。

贞观初年，唐太宗曾与黄门侍郎王珪讨论近代君臣治国“多劣于前古”这个问题时，王珪曾提出了以下观点：“古之帝王为政，皆志尚清静，以百姓之心为心；近代则唯损百姓以适其欲，所任用大臣，复非经术之士。汉家宰相，无不精通一经，朝廷若有疑事，皆引经决定。由是人识礼教，治致太平。近代重武轻儒，或参以法律，儒行既亏，淳风大坏。”意思是说近代君臣治国多劣于前古的根本原因是近代君臣“重武轻儒”，而前古君臣多任“经术之士”的缘故。唐太宗对王珪的这一观点深表赞同，并明确表示：“今所任用，必须以德行、学识为本。”②

按照这一任人原则，早在高祖武德九年九月，唐太宗即位伊始，在钦定功臣封爵食邑时，即把长孙无忌、房玄龄、杜如晦等德行与学业兼备的儒学之士名列上等，给予了特别嘉奖，并大义灭亲，将其叔父淮安王李神通的功劳列于下等，并平息了武将争功的混乱局面。不久，原来的秦府骁将如尉迟敬德、秦叔宝、程知节、段志玄等大都被调任外职，迁居边州，所以不少宿将心怀不平，郁郁寡欢。贞观六年九月，同州（治今陕

① 《贞观政要》卷七《礼乐》。
② 《贞观政要》卷七《崇儒》。

西大荔）刺史尉迟敬德应邀参加唐太宗在武功庆善宫举行的御宴时，看到一位不曾认识的官员班位在自己之上，当即怒火中烧，厉声呵斥道："汝何功，居我上！"其他官员听到敬德的吼声后，都惊愕不已，班位在敬德之下的任城王李道宗上前劝谕，敬德由于情绪失控，顺势挥拳打在道宗面门之上，一只眼睛顿时血流不止，几乎失明。宴会因此不欢而散。事后，太宗召来敬德，严肃地说："朕见汉高祖诛灭功臣，意常尤之，故欲与卿等共保富贵，令子孙不绝。然卿居官数犯法，乃知韩（信）、彭（越）菹醢，非高祖之罪也。国家纲纪，唯赏与罚。非分之恩，不可数得，勉自修饰，无贻后悔。"① 据说，自此以后，敬德才心生畏惧，再也不敢居功自傲了。

总之，由于上述措施的相继施行，使以尊儒崇经为主要内容的"偃武修文"的治国方针得到了全面贯彻，也使朝廷内外文风大行，"重武轻儒"的时尚为之一扫。文化教育事业也随之呈现出了兴盛繁荣的大好局面。为此，唐太宗曾不无感慨地说："贞观之初，上书者皆云'人主当独运威权，不可委之臣下'，又云'震耀威武，征讨四夷。'唯魏徵劝朕'偃武修文，中国现安，四夷自服。'朕用其言。今颉利被擒，其酋长并带刀宿卫，部落皆袭衣冠，（魏）徵之力也，但恨不使封德彝见之耳。"②

第二节　大兴学校与教育事业的勃兴

一、隋和唐初教育事业的盛衰变化

唐朝初年的教育制度仍沿袭隋制。但隋朝的教育事业在短

① 《资治通鉴》卷一百九十四，太宗贞观六年九月。

② 《资治通鉴》卷一百九十三，太宗贞观四年十二月。

短的三十多年时间内却经历了两次由盛转衰的巨大变化。

隋文帝开皇初年，由于统治阶层重视发展教育事业，大兴学校，故国内很多士人“负笈追师，不远千里，讲诵之声，道路不绝。”① 教育事业出现了自汉、魏以来最为兴盛的时期。但这种局面并没有维持多久，到了仁寿年间，隋文帝却以学生人数虽多，“徒有名录，空废岁时，未有德为代范，才任国用”② 为由，遂诏废天下之学，京师大兴城内唯留国子一所学校，学生仅留72人，致使教育事业陷入了停顿状态。隋炀帝即位以后，又大开庠序，“国子郡县之学，盛于开皇之初。”教育事业又呈现了兴盛景象。但为时不久，却因穷兵黩武，国力耗尽，致使“盗贼群起”，天下大乱，学风坠落，“方领矩步之徒，亦多转死沟壑。”③教育事业也同隋王朝一起，短促而亡。

唐朝建立以后，高祖李渊“颇好儒臣”，遂于武德二年(619年）诏令承隋之制，在都城长安重设国子监，其下设国子、太学、四门等三种学校。其中“国子学置生七十二员，取三品以上子孙；太学置生一百四十员，取五品以上子孙；四门学生一百三十员，取七品以上子孙。”总计国子三学共置学生340人。武德七年，唐高祖又诏令诸郡县并开办学校，其中“上郡置生六十员，中郡五十员，下郡四十员；上县学并四十员，中县三十员，下县二十员。”④。使隋末已经衰亡的教育事业又得以复兴。但因为经大乱之后，士大夫不乐仕进，故京师国子三学和郡县学校的学生多不充员，教育事业并没有多大起色。

---

① 《隋书》卷七十五《儒林传》序。

② 《隋书》卷二《高祖本纪下》。

③ 《隋书》卷七十五《儒林传》序。

④ 《旧唐书》卷一百八十九上《儒学传上》序。

二、贞观年间教育事业的勃兴

唐太宗即位以后，深感自己“少好弓矢”，后又“躬亲戎事，无暇读书”，回想起“小时行事，大觉非也”，故对“君臣父子，政教之道，共在书内”①的道理，感触良深。为了贯彻“偃武修文”的治国方针，选拔和任用“以德行、学识为本”的合格人才，遂把发展教育当做百年大计，给予高度重视，并采取以下措施，大力复兴教育事业：

首先，扩大学校规模，完善教育体制。

贞观元年，唐太宗诏令将唐高祖武德年间所置国子监所属三种学校的学生人数予以扩大，其中“国子学，生三百人”，以文武三品以上子孙充任；“太学，生五百人”，以五品以上子孙充任；“四门学，生千三百人”，以七品以上子孙和庶人中之俊异者充任。国子三学学生总数合共 2100 人，比唐初扩大 6 倍有余。与此同时，唐太宗又诏令在国子监之下设立书学、算学和律学，分别培养书法、数学和法律等方面的专门人才，均以八品以下官员子弟及庶人中能通其学者充任。其中书学置生 350 人，算学置生 350 人，律学置生 400 人，三学合共 1100 人。这样，就使唐初的国子三学变成了国子六学，不但学校的学生人数大为增加，而且学校类型也渐趋完善。不久，唐太宗又在太极宫正殿太极殿之西置弘文馆，在太子东宫置崇文馆，各置学生 30 人，在皇亲国戚和京官三品以上子孙中选拔。接着，又下敕说：“见任京官文武职事五品以上子有性爱学书及有书性者，听于馆内学书，其法书内出。”据说，当年就有“二十四人入馆”，太宗又令虞世南、欧阳询教习楷书。另外，太宗又接受了黄门侍郎王珪的建议，先后给弘文馆和崇文馆学

① 《贞观政要》卷六《悔过》。

生配备了讲经博士，开设了《史记》《汉书》等史学课程，在考试合格后，“准式贡举，兼学法书。”① 同时，对守卫宫城的“屯营飞骑，亦给博士，授以经业。”考试合格后，亦可参加科举考试。

贞观二年九月，唐太宗又诏令“诸州置医学”②。于是全国州县除原来所置学习经学的学校以外，又增加了医学，其中上州医学置学生 15 人，中州置学生 12 人，下州置学生 10 人③。

贞观五年以后，唐太宗又数幸国学。当他看到国子六学的学生人数与日俱增，而校舍拥挤，设备简陋时，遂调拨巨资，“增筑学舍千二百间”。在此期间，又下诏允许中外诸国酋长及其贵族子弟可就读于国子六学，学习中国传统文化。于是，“高丽、百济、新罗、高昌、吐蕃诸国酋长，并遣子弟请入国学。于是国学之盛，近古未有。”④

贞观年间，国子监所属六学及州县学校还相继出台了一系列教育制度，诸如对国子监最高学官国子祭酒、国子司业的职责，负责教学的博士职责以及教学内容及教学进度、业绩考核、各类学校学生的出身、入学年龄、学习内容、学习年限、考试方法等，都作出了明确规定。不仅使教育制度渐趋完善，而且也保证了教学质量的稳步提高。

其次，广征天下儒士，精选名师任教。

唐太宗深知教师在发展教育事业中的主导作用，因此，他在大兴学校和完善教育体制的同时，“大征天下儒士，以为学

---

① 《唐六典》卷八《门下省·弘文馆》。

② 《旧唐书》卷二《太宗本纪上》。

③ 参看《唐六典》卷三十《三府督护州县官吏》。

④ 《旧唐书》卷一百八十九上《儒林传》序。

官。”[1]不断提高教师素质，对提高教育质量起到了极大的促进作用。例如，先后历任国子监最高学官国子祭酒和国子司业达十多年的孔颖达，从小聪慧，“八岁就学，日诵千余言”。后精通《五经》，名噪当时。主编《五经正义》，被太宗褒称“博综古今，义理该洽”，“实为不朽”[2]；先后担任了弘文馆学士的虞世南，其“德行、忠直、博学、文辞、书翰”，被太宗称为“五绝”[3]；弘文馆学士褚亮、褚遂良父子，书学俱佳，“时所倾慕”[4]；弘文馆学士欧阳询，不但博览经史，而且书法“笔力险劲，为一时之绝，人间得其尺牍文字，咸以为楷范焉。高丽甚重其书，尝遣使求之”[5]。此外，历任国子六学博士、助教的陆德明、司马才章、盖文懿、盖文达、许叔牙、马嘉运、王玄度、王恭、王琰、曹宪等，皆学业深厚，堪称一代宗师。

第三，统编国学教材，提倡学术争鸣。

如前所述，唐太宗鉴于儒家经典《五经》不仅文字存有极大差异，而且疏注意义也是众说纷纭，流派繁杂，于是先后命大儒颜师古考定《五经定本》，又令孔颖达撰《五经正义》。并将其交付国子监所属六学和州县学校，作为各类学校的统编教材。这样，就基本解决了当时各类学校因缺乏统一教材而给学校的经学教学带来的诸多不便。

但是，唐太宗统编儒学经文和经义的目的，只是想为学校师生和科举考子提供统编的教材和参考书籍而已，对儒家思想的研究并没有“统死”之意。恰恰相反，他始终鼓励学校教师

① 《旧唐书》卷一百八十九上《儒林传》序。
② 《旧唐书》卷七十三《孔颖达传》。
③ 《旧唐书》卷七十二《虞世南传》。
④ 《旧唐书》卷七十二《褚亮传》。
⑤ 《旧唐书》卷一百八十九上《儒学上·欧阳询传》。

和儒学名家在教学和研究中各抒己见，切磋讨论，提倡学术争鸣，促进学术发展。

例如，《五经定本》编成以后，唐太宗即令宰相房玄龄召集诸儒“讨论得失”。由于当时儒家学派众多，观点不一，故“异端蜂起”，讨论进行得十分激烈，学术争鸣的气氛十分浓厚。只是由于师古在“辩答”中，引经据典，左右逢源，才使诸儒“叹服而去”。孔颖达所编《五经正义》颁布以后，更是引起了学者们的关注，褒贬不一。太学博士兼弘文馆学士马嘉运就认为《正义》一书“颇多繁杂，每掎摭之，诸儒亦称为允当。”[①] 所以，唐太宗就在后来的诏书中也曾指出：“(《五经正义》)虽复包括众象，稍为详悉，然亦有纰缪。”贞观十六年十月，校书郎王玄度又将自己所注《尚书》《毛诗》《周易》并《义决》三卷以及与旧解尤别者一百九十券，一并上奏太宗。唐太宗当即将玄度这些著作交学官们讨论，“诸儒皆因习先师，讥其穿凿，玄度随方应答，竟不肯屈。”最后，“太宗欲广见闻，并纳之秘府。”[②] 正是在这种自由争鸣的学术气氛中，很多学官们都能自立门户，发表自己的独特见解，并著书立说，与官方编定的《五经定本》和《五经正义》并行于时。例如贞观初年的国子博士陆德明所撰《经典释文》三十卷、《易疏》二十卷，“并行于世”[③]；国子博士徐文远所撰《左传义疏》六十卷，亦“行于时”[④]。

总之，由于唐太宗在贞观年间扩大学校规模，不断完善教育体制，并广征天下儒士，精选名师任教，以及统编国学教

① 《旧唐书》卷七十三《孔颖达附马嘉运传》。

② 《册府元龟》卷六百〇六《学校部·注释二》。

③ 《旧唐书》卷一百八十九《儒学上·陆德明传》。

④ 《册府元龟》卷六百〇六《学校部·注释二》。

材，提倡学术争鸣，使唐朝的教育事业迅速勃兴，出现了空前繁荣的兴盛局面。这当是唐太宗在贯彻尊儒崇经和“偃武修文”治国方针所取得的又一重大成果。

第三节　史学的兴盛与繁荣

一、设置史馆

大约从秦汉到魏晋时期，我国古代史官均无固定而专门的修史机构，或附于兰台，或栖于东观，且以著作命名，隶属于外朝的秘书省管辖。北齐建立以后，虽曾设立史馆，但仍隶秘书省，居于外朝，加之北齐享国日浅，故史馆在修史方面并未发挥重要作用。唐朝建国之初，仍“因隋旧制”，即史官“隶秘书省著作局，皆著作郎掌修国史。”直到唐太宗贞观三年(629年）闰十二月，“始移史馆于禁中，在门下省北，宰相监修国史，自是著作郎始罢史职。”①

由此可知，唐太宗于贞观初年所设史馆，是在继承北齐旧制的基础上，又作了很多创新与发展：即将历史上一直隶于秘书省的修史机构，移至宫禁之中，地近枢要，便于皇帝对修史工作的控制和领导。又将自北魏以来由大臣监修史书的制度改由宰相监修，并赋予监修宰相诸多权力，即领旨接受修史任务；奏取史官，组建修史班底；确定史书体例，删断史书时限；审定史书文稿，撰写书中论赞，掌握褒贬大权；史书杀青后，具衔表上朝廷。贞观年间第一位监修宰相即是“明达史事”并兼通文史的“良相”房玄龄。史馆官员多由六品以上内朝官、宫廷学士或礼部及著作局官员兼任，时称“兼修国史”

① 《旧唐书》卷四十三《职官志》。

或“史臣”。这些兼职史官或由皇帝选定，或由宰相奏取，但均须“博闻强识，疏通知远之士”担任。贞观年间担任此职的令狐德棻、敬播、许敬宗、于志宁等都是以修史见长的史馆官员。

唐太宗所设史馆的主要职责是修撰国史和前朝史书。唐朝的国史包括起居注、实录和国史等三种类型。其中起居注是“录天子法度”[①]的一种编年体史书，由门下省兼任起居郎者编辑，并须“善恶必记，戒人主不为非法”[②]。实录则是“帝王之书”，即是对一代皇帝政事的总结，旨在弘扬帝德，取法嗣君。其体裁“杂取编年、纪传之法为之”[③]。编写者为史馆官员，其编写依据和内容是“凡天地日月之祥，山川封域之分，昭穆继代之序，礼乐师旅之事，诛赏废兴之政，皆本于起居注，以为实录。”[④] 实录可修于本朝，用以明君主政事得失，嗣君续定，是对先主的盖棺之论。贞观年间所修实录就是由监修宰相房玄龄和史官敬播等人在贞观十七年经过删略国史后所撰成的《高祖实录》和《今上实录》，各20卷。国史则是记录一国君臣善恶和国政损益的纪传体史书。为了使史馆官员在编写国史时持之有据和内容详赡，唐太宗还特意在史馆设立以后，制订了《诸司应送史馆事例》，其中规定中央百司和地方州县定期要把“祥瑞、天文灾异、蕃国朝贡、蕃夷入寇及来降、变改音律及新造曲调、州县废置及孝义旌表、法令变改、断狱新议、有年及饥并旱、虫霜风雹及地震、洪水泛溢、诸色封建”，以及官员除授、政绩优劣等诸种事项，据实“勘报史

① 《新唐书》卷四十七《百官志二》。

② 《旧唐书》卷八十《褚遂良传》。

③ 《玉海》卷三十八《艺文》。

④ 《唐六典》卷九《史馆史官》。

馆，修入国史。”[1] 贞观三年，史馆甫建，唐太宗即令史官姚思廉等根据中央和地方报送史馆的有关资料，修成国史 80 卷，开了有唐一代先后 8 次修撰国史的先河，为后来后晋和北宋修撰新旧《唐书》等唐代史书，积累了珍贵的第一手资料。

由于唐朝国史“著为典式，垂之后裔”，既可“申褒贬之微旨”，又能“为惩劝之大法”[2]，故被视为“圣朝大典”，尤为唐太宗所看重。早在贞观二年（628 年），即史馆设立的前一年，唐太宗即对起居郎杜正伦说：“朕每日坐朝，欲出一言，即思此言于百姓有利益否，所以不敢多言。”正伦当即答道：“君举必书，言存左史，臣职当兼修起居注，不敢不尽愚直。陛下若一言乖于道理，则千载累于圣德，非止当今损于百姓，愿陛下慎之。”太宗听后大悦，“赐彩百段”。[3] 史馆设立以后，唐太宗对国史修撰更加关注，曾多次下诏询问修撰情况。

总之，唐太宗设置史馆于禁中，不仅避免了历史上在修撰国史过程中所屡屡出现的“颜面”和“请谒”等种种弊端，提高了史官的政治和物质待遇，充分发挥了国史“劝善瘅恶”的社会功能，而且标志着封建国家对修史工作的高度重视，促进了我国修史制度的日臻完善，在我国史学史上具有划时代的重要意义，并对后世的史学发展起到了不可估量的推动作用。

二、盛世修史

为了广泛吸取以前封建王朝治乱兴衰的经验教训，唐太宗在设置史馆，大力修撰国史的同时，还不惜耗费巨资，先后组建了强大而又精干的史官班底，大修前代史书，从而使史坛又

---

① 《唐会要》卷六十三《史馆上·诸司应送史馆事例》。

② 《册府元龟》卷五百五十四《国史部·公正》。

③ 《贞观政要》卷六《慎言语》。

出现了一件震惊古今的空前盛事。总计贞观年间由国家主持修撰的前代正史著作就有《梁书》《陈书》《北齐书》《周书》《隋书》，史称《五代史》，还有《晋书》，合共有6部之多，占了中国封建社会二千多年所修二十四史的四分之一。此外，史馆内外修成的其他类型的史书文献，还有数十部。真可谓盛世修史，成绩斐然。

关于梁、陈、齐、周、隋等五代史的修撰工作最早动议于唐高祖武德四年（621年），但因当时天下甫定，国事繁殷，经历数年，“竟不能就而罢。”[①] 唐太宗即位以后，即于贞观三年年初，下诏重修五代史书。为了使这次修史工作能顺利进行，不至半途而废，唐太宗大致采取了以下措施：一是由于史馆此时尚未设立，故“于中书省置秘书内省，以修五代史。”[②]这就使这次的修史工作有了固定场所，改变了以前无专门机构的状况。二是诏令尚书左仆射房玄龄和秘书监魏徵“总监诸代史”，而以令狐德棻“总知类会”，不但开创了宰相监修前代史的先河，而且也确保了对五代史修撰工作的组织领导和物质供应。三是对武德年间安排的史官班底及其分工，进行了较大调整：即“令（令狐）德棻与秘书郎岑文本修周史，中书舍人李百药修齐史，著作郎姚思廉修梁、陈史，秘书监魏徵修隋史”[③]。这样的史官选任及其合理分工，显然是唐太宗经过深思熟虑以后所作的正确决定。

最后，也是最为重要的一点就是这次修撰五代史书始终贯彻了唐太宗以史为鉴和提倡“直笔”的史学思想。这从五部正史的史论中反映得最为鲜明，特别是魏徵所撰《隋书》及其史

① 《旧唐书》卷七十三《令狐德棻传》。
② 《册府元龟》卷五百五十六《国史部·采撰二》。
③ 《旧唐书》卷三《令狐德棻传》。

论，不但全面总结了隋朝得失存亡之故，深刻分析了“高祖之所由兴，而炀帝之所以灭”，就在于“安民”与“虐民”的区别，并一针见血地指出隋朝之亡“起自高祖，成于炀帝”的发展过程。此外，魏徵为梁、陈、齐等史所写的总论中也无不贯穿总结得失存亡的致用思想。所有这些，都应是唐太宗以史为鉴思想的具体体现。因此，当贞观十年总监房玄龄等在五代史修成表上以后，唐太宗曾兴奋地说：“朕睹前代史书，彰善瘅恶，足为将来之戒。秦始皇奢淫无度，志存隐恶，焚书坑儒，用缄谈者之口。隋炀帝虽好文儒，尤疾学者，前世史籍，竟无所成，数代之事，殆将泯绝。朕意则不然，将欲观览前王之得失，为在身之龟镜。公辈数年之间，勒成五代之史，深副朕怀，极为嘉尚。”①

贞观二十年（646 年）闰三月，唐太宗在“遂因暇日，详观典府”之时，发现记载两晋历史的史书，竟有 18 家之多，其作者大都是两晋和宋、齐、梁等南北各代的史家，但他们都因“才非良史，事亏实录”，故使这些晋史都存有缺憾，于是他便决定重修晋史，并颁布了《修晋书诏》。诏书下达后，监修宰相房玄龄等人便迅速组建了一支阵容更为强大的史官班底：即由司空房玄龄、中书令褚遂良及精于修史的太子左庶子许敬宗“掌其事”，参加者有中书舍人来济等十多人，“并分功撰录”。总计这次修撰工作连同“掌事”、编写者及制订条例与校勘者共有 21 人。由于这次重撰《晋书》的史官阵容强大，且多富史才或学有专长，故修撰工作进展迅速，仅历时二年，即修成了帝纪 10 卷、志 20 卷、列传 70 卷和载记 30 卷，合共 130 卷的新撰《晋书》。

这部《晋书》是唐代在史馆修成的第一部前代正史著作，

① 《册府元龟》卷五百五十四《国史部·恩奖》。

并再次显示了官修史书的优越性。正如南宋史学家郑樵所说："古者修书，出于一人之手，成于一家之学，班、马之徒是也。至唐始用众手，《晋》《隋》二书是矣。然并随其学术所长者而授之，未尝夺人之能，而强人之所不及。"[①]另外，又因为该书是在唐太宗一手策划和直接领导下修撰的，他还亲自为《宣帝纪》《武帝纪》《陆机传》和《王羲之传》等纪传写了论赞，这就使新修《晋书》具有了一些独有的特点：首先，该书作者完全摈弃了南北朝时期史家撰史互以"索虏"和"岛夷"等带侮辱性称谓的狭隘观点，并沿用《东观汉记》创设的"载记"体例，记录五胡十六国时期的君臣史事，不再刻意制造华、夷之隔，表现了唐太宗所具有的"天覆地载"的明君风范和"天下一家"的杰出思想，不仅对调整当时国内的民族关系具有一定的现实意义，而且在我国史学思想史上都具有重要影响。其次，该书作者忠实贯彻了唐太宗关于"书法无隐"和据事直书的指导思想，较为真实和完整地记载了两晋和十六国的兴亡历史，特别着眼于总结各个王朝治乱兴衰的经验教训，不仅弥补了诸家晋史的残阙之憾，也为当代和后世提供了生动而又具体的历史借鉴。故"自是言晋史者，皆斥其旧本，竞从新撰焉。"[②]

就在唐太宗大力倡导修撰史书的影响下，贞观年间在朝野上下和史馆内外迅速形成了一股修撰和整理史书与文献的热潮。史称"自贞观以来"，仅许敬宗参与并主持的官修史籍和文献，除《五代史》和《晋书》外，还有《东殿新书》《西域图志》《文思博要》《文馆词林》《累壁》《瑶山之彩》《姓氏录》

① 郑樵：《通志》卷六十五《艺文略》。

② 刘知几：《史通》卷十二《古今正史》。

《新礼》等，敬宗由此所得“前后赏赉，不可胜纪。”[①]此外，太子承乾还“命（颜）师古注班固《汉书》，解释详明”，书成后由“承乾表上之，太宗令编之秘阁”。师古在贞观年间还撰有《匡谬正俗》一书。此后，他的《汉书》注和《匡谬正俗》等均流传至今，“深为学者所重”[②]。太宗次子魏王李泰亦奏引学士，在府第“另置文学馆”，修成“《括地志》五百五十卷，奏上之”[③]，亦深受太宗嘉奖。为了教戒太子、诸王，太宗还命侍中魏徵“录古来帝王子弟成败事，名为《自古诸侯王善恶录》，以赐诸王”，并对诸王说：“宜置于座右，用为立身之本”。[④] 不久，太子左庶子于志宁为了规劝太子承乾弃恶从善，又撰“《谏苑》二十卷，讽之”，太宗亦“并嘉纳”，且欲“励承乾之志”[⑤]。虞世南是太宗在“机务之隙”常与之“共观经史”和“商讨古今”的贞观名臣，他向太宗“每论及古先帝王为政得失，必存规讽，多所补益”。故退朝以后，尝著《帝王略论》一书，用问答之体记录历代帝王事略，评论帝王贤愚，当为奉诏之作。上述诸书虽多已不存，但仍可从中看出唐太宗对修史和编辑文献典籍的极端重视以及贞观年间的修史之盛。

总之，唐太宗通过设置史馆，大修国史和前代史书，曾使他发出了“大矣哉，盖史籍之为用也”[⑥] 的无限感叹。因此，他便在执政期间自觉实行以史为鉴的史学思想，也是促成贞观盛世出现的一个重要因素。

---

① 《旧唐书》卷八十二《许敬宗传》。

② 《旧唐书》卷七十三《颜师古传》。

③ 《册府元龟》卷五百六十《国史部·地理》。

④ 《贞观政要》卷四《教戒太子诸王》。

⑤ 《贞观政要》卷四《规谏太子》。

⑥ 唐太宗：《修晋书诏》，载《唐大诏令集》卷八十一。

第四节　宗教与文化事业的蓬勃发展

一、兼容并蓄的宗教思想

唐太宗一生并不信奉任何宗教，特别是在贞观初年，他不仅多次向大臣表示："朕今所好者，惟在尧、舜之道，周、孔之教，以为如鸟有翼，如鱼依水，失之必死，不可暂无"；"且君天下者，惟须正身修德而已，此外虚事，不足在怀。"[①]而且还多次明确表示了对佛、道二教的轻蔑和鄙视。

例如，贞观初年他曾对大臣们说："神仙事本虚妄，空有其名。"并严厉批评了秦始皇和汉武帝"非分爱好"和乞"求神仙"的愚蠢行为，最后指出："据此二事，神仙不烦妄求也。"[②]在此前不久，唐太宗又曾向专以反佛为事的太史令傅奕询问他坚持反佛的原因，傅奕答道："佛是胡中桀黠，欺诳夷狄，初止西域，渐流中国。遵尚其教，皆是邪僻小人，模写庄、老玄言，文饰妖幻之教耳。于百姓无补，于国家有害。"傅奕说完后，"太宗颇然之"[③]。这说明唐太宗完全同意傅奕的反佛观点。贞观五年，唐太宗还说："佛、道设教，本行善事，岂遣僧尼、道士等妄自尊崇，坐受父母之拜。"[④]贞观十年，长孙皇后身染沉疴，久治不愈，太子承乾劝其母"请奏赦罪人及度人入道，庶获冥福"，但长孙氏却说："赦者国之大事，不可数下；道、释异端之教，蠹国病民，皆上素所不为，奈何以

① 《贞观政要》卷六《慎所好》。

② 《贞观政要》卷六《慎所好》。

③ 《旧唐书》卷七十九《傅奕传》。

④ 《贞观政要》卷七《礼乐》。

吾一妇人使上为所不为乎！”[1]直到贞观二十年，唐太宗还对笃信佛教乃至自请出家而又反复不定的宰相萧瑀下诏斥责说：“朕于佛教，非意所遵。虽有国之常经，固弊俗之虚术。求其道者，未验福于将来；修其教者，翻受辜于既往。至若梁武穷心于释氏，简文锐意于法门，倾帑藏以给僧祇，殚人力以供塔庙”，致使“子孙覆亡而不暇，社稷俄顷而为墟，报施之征，何其谬也。”[2]

由此可知，唐太宗一生的思想信仰是和以佛、道为主要内容的宗教教义格格不入的。但贞观年间的宗教事业却并未因为唐太宗的“素所不为”而遭遇到压抑和取缔的厄运，恰恰相反，这一时期的宗教事业却出现了蓬勃发展之势：自两汉以来一直未登大雅之堂的道教已被尊为国教，其社会声誉也上升到了前所未有的至尊地位；释氏佛教也在前代的基础上，稳步发展，不但朝廷中的达官显贵中佞佛者不乏其人，而且普通百姓中的佛教信徒也与日俱增。不仅如此，而且还有不少异国之教，接踵而至，在都城长安建寺收徒。这究竟是什么原因呢？原来贞观年间宗教事业其所以能够出现蓬勃发展的趋势，其中原因是多方面的，但最为主要的原因还在于作为一代名君的唐太宗并没有单纯地从个人好恶和感情出发，来处理宗教问题，而是以国家社稷的利益为重，为保持政权巩固和政局稳定的政治需要，对宗教事业实行兼容并蓄策略的结果。

道教原是产生于我国东汉时期的一个古老宗教教派，源于古代神仙信仰和方术之士，奉老子为教祖，以《道德经》为主要经典，以三清为最高尊神，同时敬拜其他古代神仙及圣贤人杰。魏晋南北朝以来，由于一些道家方士对道教理论多有发

---

① 《资治通鉴》卷一百九十四，太宗贞观十年六月。

② 《资治通鉴》卷一百九十八，太宗贞观二十年九月。

展，故在统治者中也受到一定推崇，以致和佛教形成对峙之势。唐初的道教推崇者当以高祖李渊为代表。相传武德三年（620年），有晋州（治今山西临汾）人吉善行自言在羊角山（今山西浮山南）见一白衣老者说："为我语唐天子，吾为老君，吾而（尔）祖也。"善行将此事告知李渊后，高祖遂下诏在晋州立老子庙，追崇老子为皇祖[①]。后又驾临终南山，进谒老子庙，并亲幸国子监，宣布道第一，儒第二，佛第三。明确表达了崇道抑佛的宗教主张。

唐太宗即位以后，继承了其父崇道的思想，并于贞观十一年（637年）二月，发布了《令道士在僧前诏》，全文约300言。该诏书首先阐述了道、佛二教教义的核心内容，次述道、佛二教的产生经过及其对治理国家的作用，以及自魏晋南北朝以来佛教迅速发展并凌驾于道教之上的主要原因，最后表达了太宗自己诏令"道士女观可在僧尼之前"的几点理由，即"朕之本系，出于柱史，今鼎祚克昌，既凭上德之庆，天下大定，亦赖无为之功。宜有改张，阐兹元化，自今以后，斋供行立，至于称谓，其道士女冠，可在僧尼之前。庶敦本之俗，畅于九有，尊祖之风，贻诸万叶。告报天下，主者施行。"[②]

综观诏书全文，唐太宗尊崇道教的原因大致有以下几点：

一是由于"朕之本系，出于柱史"，即李皇皇室的先祖是出自西周时曾任柱史的老子李耳，这显然是继承了其父李渊的主张，旨在提高李唐皇室的社会地位，人为拔高李氏的家族门第，和他在该诏令颁布后的第二年重新修订《氏族志》的目的，如出一辙。其政治目的是显而易见的。

二是因为"今鼎祚克昌，既凭上德之庆"，即唐太宗的升

① 参看《唐鉴》卷一。

② 唐太宗：《令道士在僧前诏》，载《全唐文》卷六。

储登极，道教中一些“上德”之人有相助之功。如前所述，早在武德年间，道士王远知就曾预言秦王李世民“方作太平天子”，这无异是给正在企求储君地位的秦王世民及其秦府幕僚注射了一针强心剂，极大地鼓舞了他们的夺嫡勇气。故秦王在登极称帝以后，仍对王远知念念不忘，关怀备至，并称赞其“道迈前烈，声高自古。”①

三是因为“天下大定，亦赖无为之功”。正是诏文前面所说道教教义的核心内容是“义在清虚”，“迈两仪而运行，包万物而亭育，故能经邦致治，反朴还淳。”意思是道教所倡导的“无为而治”和“清静寡欲”等教义，与唐太宗一直推行的“偃武修文”和尊儒崇经的治国方针相辅相成，也与贞观年间民生未丰，百姓欲静的社会现实正相吻合。

四是为了“庶敦本之俗，畅于九有，尊祖之风，贻诸万叶。”意思是太宗崇道是为了弘扬中华的本土宗教，并要把这种“尊祖之风”，传之无穷。

综上所述，唐太宗尊崇道教的政治目的是显而易见的。当然，到了贞观末期，由于病魔缠身，唐太宗产生了乞求长生的欲望，并染上了饵食道士丹药之癖，信奉了道家所谓延年益寿的神仙之说，乃是唐太宗在贞观后期蜕变的结果，和他在贞观前期孜孜求治和勇于进取的精神相比，不可同日而语，决不能以此而否定他在贞观前期的政治抱负。

唐太宗在推崇道教的同时，并没有对佛教进行压抑和取缔，恰恰相反，佛教还在宽松的社会环境中得到了稳步发展，其原因也要在政治方面去探寻。

首先，隋和唐初佛教在中国经历了500多年的广泛传播以后，到唐太宗贞观年间已进入了鼎盛时期，佛教的崇拜和佞信

① 《旧唐书》卷一百九十二《隐逸·王远知传》。

者已遍及社会各个阶层，而且正以迅猛之势席卷整个宗教学界。正如唐太宗在《令道士在僧前诏》中所说："至如佛教之兴，基于西域，逮于后汉，方被中华"，"洎乎近世，崇信滋深。人觊当年之福，家惧来世之祸。由是滞俗者闻玄宗（此指道教——引者注）而大笑，好异者望真谛而争归。始波涌于闾里，终风靡于朝廷。遂使殊俗之典，郁为众妙之先；诸华之教，翻居一乘之后。流遁忘反，于兹累代。"面对这种形势，唐太宗审时度势，对佛教没有采取简单粗暴的态度，更没有运用政治权力，草率行事，而是对其采取怀柔政策，积极引导，这正是从保持社会稳定这一目的出发，所作出的正确举措，表现了唐太宗灵活多变的政治策略。

其次，在唐太宗看来，佛教教义虽"理存因果"，和道教的"义在清虚"，大有异趣，但"宏益之风齐致"，即佛教教义和道教教义的最终目的都是要引导人们多"行善事"，在这一方面，佛、道二教并无二致。因此，给佛教一定的发展空间，并不会对国家政权造成重大损害。特别是贞观十九年年初，高僧玄奘从西域回到长安时，当太宗看到京城万人空巷，争相瞻仰法师风采之时，他也当即派遣政府使团，隆重接待。后经和玄奘交谈及学习佛经，他才更加理解了佛典的深奥，以致发出了"宗源杳旷，靡知涯际，其儒道九流之典比之，犹汀滢之地方溟渤耳"[①] 的感慨！

再次，为了给亡亲追崇冥福和为在战乱中给死于非命的将士及百姓超度亡灵。因为根据佛教教义的规定和广大僧众已经形成的风俗习惯，兴建佛寺，度养僧人，修炼佛事，既可为亡亲追享冥福，也可为无辜伤亡者超度亡灵。唐太宗下诏修建的很多佛寺都是根据佛教的这一教义和风俗，用以寄托对亡亲的

① 《大慈恩寺三藏法师传》卷六。

哀思和为无辜死亡者的祈祷，表达自己的孝道和仁爱之心的。

第四，为了制约佛教的过度发展，监督僧尼的违法行为。贞观三年，唐太宗曾颁布《度僧于天下诏》[①]。这一诏书虽然对经隋末战乱以后，佛教僧徒大量减少的事实，进行了带有某些伤感情绪的描述："比因丧乱，僧徒减少，华台宝塔，窥户无人，绀发青莲，栉风沐雨"，并明确表示，"欲使人免盖缠，家登仁寿，冥缘显应，大庇含灵"，但接着诏书又将全国诸州有寺处度人为僧尼的总数限定在"三千为限"，和隋时佛教最盛时僧尼人数已达7万相比，尚不足5%，并须坚持"必无人可取，亦任其阙"的原则，宁缺勿滥。最后，诏书还罗列了一些僧尼的种种违法行为："或假托神通，妄传妖怪；或谬称医巫，左道求财；或造诣官曹，嘱至赃贿；或钻肤焚指，骇欲惊愚，并自贻伊戚，动挂刑网"等等，并严正指出："有一于此，有亏圣教"，如果屡教不改，当"依附内律，参以金科"，严惩不贷，"务使法门清整"。其整顿佛教和监督僧尼的政治目的，溢于言表。

第五，为了充分利用都城长安此时已成为世界文化和宗教中心的特殊地位，发展同世界各国的宗教和文化交流。贞观年间的唐都长安，佛教寺院星罗棋布，佛教宗派日益繁多，诸如三论宗、慈恩宗、律宗、禅宗、密宗等竞相出现，名僧高释荟萃其间，声闻中外。位于朝鲜半岛的高丽、新罗等国僧人接踵而至，虔心学习各派教义，学成后又东传朝鲜、日本等国。唐太宗对东亚各国赴唐求法的名僧热情接待，使佛教诸宗迅速东传，从而使长安成了西来佛教东传的中转圣地，成为国际文化交流的窗口，深受新罗、高丽和日本等东亚诸国僧众的拥戴。

最后，还需特别强调的是，唐太宗不但从巩固李唐政权的

---

① 《全唐文》卷五。

政治目的出发，对佛、道二教兼容并蓄，同时推举，而且还本着“示存异方之教”的开放政策，给当时新传入的景教以合法的传教权利，使贞观年间的宗教教坛更加异彩纷呈，生机盎然。景教是基督教的一支，公元5世纪时创始于叙利亚，后传波斯。贞观九年（635年），波斯景教徒阿罗本来到长安，受到唐太宗的热情接待，并令其“翻经书殿，问道禁闱，深知正直，特令传授。”贞观十二年，又下诏准许其在长安义宁坊建寺收徒，诏文曰：“道无常名，圣无常体。随方设教，密济群生。波斯僧阿罗本，远将经教，来献上京，详其教旨，玄妙无为，生成立要，济物利人。宜行天下所司，即于义宁坊建寺一所，度僧二十一人。”①

到了唐玄宗天宝年间，该寺又改名“大秦寺”。唐德宗建中二年（781年），波斯传教士景净又撰刻《大秦景教流行中国碑》，详细记载了景教的教规、教义以及在太宗贞观年间传播的经过等，全文共1780字。唐武宗会昌灭佛时，该碑被埋地下，直到明朝末年，才被发现，当即引起中外世人的震惊，一致认为此碑是研究唐代中国和叙利亚、伊朗、意大利等国文化交流的宝贵资料。同时，中外士人也无不为唐太宗所行开放灵活的宗教策略而深表赞叹。

二、古文运动的先驱者

古文运动是兴起于唐代的一场改革散文文体的文艺革新运动，旨在改革自魏晋南北朝以来盛行于文坛的骈文体例，恢复秦汉时期质朴无华的古代文风。因为骈文体例不但句式要求死板，而且讲究辞藻淫丽，故使文学之士逐渐走上了追求浮华和玩弄辞藻的创作道路，以致出现了“竞一韵之奇，争一字之

① 《唐会要》卷四十九《大秦寺》。

巧。连篇累牍，不出月露之形；积案盈箱，惟是风月之状。世俗以此相高，朝廷据兹擢士，禄利之路既开，爱尚之情愈笃”[①] 的趋势。降及唐代，随着政治局势的逐步稳定和社会经济的日益发展，统治层中不少有识之士和部分文人适应政治的需要，遂不断发出改革文体的呼吁，古文运动便应运而生。唐太宗由于从青少年时期便开始了戎马生涯，未暇读书习文，故受到南北朝以来浮华骈文的影响较少，加之他在登极称帝以后，又坚持了务实求真的为政态度，故对文坛流行的靡丽之风，深感不满。

贞观初年，太宗曾对监修国史的宰相房玄龄说道：“比见前、后汉史载录扬雄《甘泉》《羽猎》，司马相如《子虚》《上林》，班固《两都》等赋，此既文体浮华，无益劝诫，何假书之史策？其有上书论事，词理切直，可裨于政理者，朕从与不从，皆须备载。”唐太宗这段话就明确表示了对“词理切直”和“有益劝诫”的“论事”文体的喜爱和追求，以及对浮华文风的不满和反对。

贞观十一年，著作佐郎邓隆上表奏请为太宗编辑文集，当即遭到太宗拒绝，认为“非所须也”，并以梁武帝、陈后主和隋炀帝等虽有文集，“而所为多不法，宗社皆须臾倾覆”为例，表示“人主惟在德行，何必要事文章邪！”[②] 唐太宗对浮华文风的反对态度对臣下也发生了很大影响，以致在贞观二十年时竟出现了冀州南宫人张昌龄举进士时，被知贡举者王师旦绌落之事。《唐会要》卷七十六《贡举中·进士》条是这样记载此事的：

① 《隋书》卷六十六《李谔传》。

② 《贞观政要》卷七《文史》。

贞观二十年九月，考功员外郎王师旦知贡举，时冀州进士张昌龄、王公瑾亦有俊才，声振京邑，而师旦考其文策全下，举朝不知所以。及奏等第，太宗怪无昌龄等名，因召师旦问之。对曰："此辈诚有词华，然其体性轻薄，文章浮艳，必不成令器，臣若擢之，恐后生相仿效，有变陛下风雅。"帝以为然，后并如其言。

另外，《新唐书》卷二〇一《文艺上·张昌龄传》亦有相同记载。这件事虽然有人依据《旧唐书》张昌龄本传及其他文献均未记载，而认为师旦绌落昌龄"皆非事实"[①]。但不论此事孰真孰伪，唐太宗力倡改革文风的态度却是不容置疑的。当然，唐太宗也曾因受到浮华文风的影响，曾写过"体非雅正"的宫体诗，受到大臣虞世南的严厉谏止[②]，这只能说明唐太宗在学习文学创作时曾走过弯路，但其力倡改革文风的方向并没有发生逆转。

三、唐代书法艺术的奠基者

唐太宗在登极称帝以后，在听政理事之余，迷恋上了书法艺术，特别对东晋书法家、一代"书圣"王羲之的墨迹更是爱不释手，潜心研习。从此，便一发而不可收拾，立志要"穷尽体致"。日积月累，遂生出了不少心得体会，他曾对大臣宣扬说："书学小道，初非急务，时或留心，犹胜弃日。凡诸艺业，未有学而不得者也，病在心力懈惰，不能专精耳"，并说："我今临古人之书，殊不求其形势，惟在求其骨力，及得骨力，而

① 徐松：《登科记考》卷一。
② 参看《新唐书》卷一百〇二《虞世南传》。

形势自生耳。”[1]后来，他还把自己学习书法的心得写成三篇论文：《笔法论》《指法论》《笔意论》[2]，旨在强调“心正气和”及“神和”、“心坚”在学习书法中的重要作用。在他看来，心、神是学习书法的“精魄”和“筋骨”，如果“心若不坚”，“神若不和”，只“求像本”，就只能“得其粗，未得其精”。只有“心忘于笔，手忘于书，心手遗情，书不妄想”，才能“求之不见，考之即彰”。所有这些都不失为经验之谈，至今仍被学书法者奉为至理名言。

正是由于唐太宗潜心研习，又善于总结经验，故书技大进，“既工隶书，又好飞白。”贞观十四年，所书真草屏风，“笔力遒劲，为一时之绝”；贞观十八年，用飞白所书“鸾”、“凤”、“蟠”、“龙”四字，“笔势惊绝”[3]。堪称古代帝王中不可多得的书法大家。可惜的是唐太宗的书法真迹至今几乎散佚殆尽，现存昭陵博物馆唐太宗用飞白所书有关碑石，是仅存的太宗真迹，十分珍贵。

唐太宗由于酷爱书法，故对唐代的书法艺术也做出了巨大贡献。

首先，就是在首都长安国子监中创设书学，招收学生350人，专门学习书法。不久，又下敕在太极宫弘文馆和东宫崇文馆招收在京文武职事五品以上子弟中“有性爱学书及有书性者，听于馆内学书，其法书内出”，并令书法家虞世南和欧阳询等教习“楷书”，已如前述。由于这些措施的相继施行，不仅完善了教育制度，扩大了国学规模，而且也为唐代的书法艺术培养了后备人才。

---

① 《唐会要》卷三十五《书法》。

② 均载《全唐文》卷十。

③ 《唐会要》卷三十五《书法》。

其次，唐太宗曾多次批拨御府金帛，征集和购求钟繇、王羲之等前代书法家的真迹和散落在民间的书法珍品。第一次是在贞观六年，共募得钟、王等人真迹共“一千五百一十卷”；第二次是在贞观十四年，共募得“真行二百九十纸，装为七十卷；草二千纸，装为八十卷”①。两次共募得古今书法珍品1660卷，为国子监所属书学和弘文馆、崇文馆学习书法者，提供了大量可供临摹的法帖。

第三，就是培养和造就了以虞世南、欧阳询和褚遂良为代表的一大批当代杰出的书法家。

越州余姚（今属浙江）人虞世南从小喜爱书法，曾拜同郡“善王羲之书”的沙门智永为师，“妙得其体，由是声名籍甚”。归唐以后，被太宗召为弘文馆学士，经常与其谈论书法，结下了深厚的书法情缘，被太宗称为“知音”。世南死后，太宗痛哭不已，认为再也“无人可以论书”，并将其书翰称为“五绝”之一②。

欧阳询的书法艺术在高祖武德年间已誉满中外，不但“笔力劲险，为一时之绝，人得其尺牍文字，咸以为楷范焉”，而且声闻音丽，致使高丽王多次“遣使求之”，使唐高祖大为惊异。贞观年间，官至太子率更令、弘文馆学士，受到太宗重用③。

褚遂良“博涉文史，尤工隶书”，“下笔遒劲，甚得王逸少（即王羲之，字逸少——引者注）体”。虞世南死后，被魏徵荐于太宗，当即被拜为“侍书”，后又任为宰相④。

---

① 《唐会要》卷三十五《书法》。

② 参看《旧唐书》卷七十二《虞世南传》。

③ 参看《旧唐书》卷一百八十九上《儒学上·欧阳询传》。

④ 参看《旧唐书》卷八十《褚遂良传》。

正是由于唐太宗对书法艺术的杰出贡献，才使唐代书法家人才辈出，成为我国书法史上最为辉煌的历史时期，故将太宗誉为唐代书法艺术的奠基者，实属不诬。

第九章

英主蜕变与贞观弊政

第一节　唐太宗贞观后期大不如前

一、由去奢从俭到由俭变奢

贞观五年（631 年），即唐太宗灭亡了东突厥汗国以后的第二年，认为天下已经太平，国家已经大治，遂向大臣们提出了“慎终如始”这一问题。太宗说：“安不忘危，治不忘乱。虽知今日无事，亦须思其始终。常得如此，始是可贵也。”魏徵当即响应说：“天下今虽太平，臣等犹未以为喜。惟愿陛下居安思危，孜孜不怠耳。”到了次年，即贞观六年（632 年），唐太宗再次对大臣说：“自古人君为善者，多不能坚守其事。”接着又以汉高祖刘邦为例，说这位“泗上一亭长”在成就帝业十多年后，“惑于爱姬之子，欲行废立”，又“妄系”萧何，“滥黜”韩信，终使英布等人“惧而不安，至于反逆”，君臣父子之间的关系搞得如此“悖谬”，最终导致了“纵逸之败，亦不可保。”最后还振振有词地说：“朕所以不敢恃天下之安，每思危亡以自戒惧，用保其终。”[1]意思是说，他要以汉高祖刘邦

①　《贞观政要》卷十《慎终》。

的教训为诫，一定要慎终如始，居安思危，永不懈怠。直到贞观九年（635 年），他仍以这个问题提醒大臣："当思善始令终，永固鸿业，子子孙孙，递相辅翼。使丰功厚利施于末叶，令数百年后读我国史，鸿勋茂业，粲然可观。"而房玄龄也附和说："惟愿陛下有始有卒，则天下永赖。"[①]

但曾几何时，到了贞观十三年（639 年），大臣魏徵即已看到唐太宗"不能克终俭约，近岁颇好奢纵"，便向太宗上奏了一篇表疏，这就是著名的《十渐疏》。疏中一开始就指出唐太宗"顷年以来，稍乖曩志，敦朴之理，渐不克终"。接着，便条列了唐太宗"渐不克终"的十种表现，其中大多都涉及到了唐太宗由俭变奢的方方面面。所有这些，都说明了从贞观十年（636 年）前后开始，唐太宗确实发生了大不如前的蜕变现象，而且是从由俭变奢开始的。

根据有关史书记载，唐太宗的由俭变奢大致包括频繁巡幸畋猎、购求制作珍玩之物、大肆修建离宫别馆、好大喜功而穷兵黩武以及钟情女色等诸多方面。

贞观四年（630 年）以后到贞观十年（636 年）以前，唐太宗每年进行巡幸畋猎的次数最多不超过四五次，其巡幸和畋猎的场所大都选在东西两京及其郊县之地，如骊山温汤（即今陕西西安临潼区华清池）、昆明池（在今陕西西安长安区斗门镇附近）、九成宫（在今陕西麟游九台山）、芙蓉园（在今陕西西安东南）、禁苑（在今陕西西安北）等。但从贞观十年以后，唐太宗外出巡幸和畋猎活动的次数急剧增加，最多时达到了每年十多次，而且每次由原来的一两天，增加到一两月，有时甚至长年巡幸，终年不归。例如，贞观十一年（637 年）二月巡幸东都洛阳宫，直到次年二月，才回到长安，沿途还进行过多

① 《贞观政要》卷十《慎终》。

次大规模的围猎活动。由于在这次巡幸畋猎中，所带王公大臣和禁军兵士人数众多，所以修治桥梁道路和供应食宿的费用巨大，给所经州县的地方官和老百姓带来了很大的经济负担。但唐太宗却仍然乐此不疲，致使在出幸怀州（治今河南沁阳）时，有人在上封事的奏疏中写道："何为恒差山东众丁于苑内营造？即日徭役，似不下隋时。怀、洛以东，残人不堪其命，而田猎犹数，骄逸之主也。今者复来怀州田猎，忠谏不复至洛阳矣。"① 不久，太宗从怀州田猎结束以后，返回洛阳，途经显仁宫时，宫苑官司因"供奉之物不精，又以不为献食"，而"多被责罚"。随行的魏徵当即进谏说："此则不思止足，志在奢靡，既乖行幸本心，何以副百姓所望？"并明确指出："隋主（此指隋炀帝——引者注）先命在下多作献食，献食不多，则有威罚。上之所好，下必有甚，竞为无限，遂至灭亡。此非载籍所闻，陛下目所亲见。为其无道，故天命陛下代之。当战战栗栗，每事省约，参踪前列，昭训子孙，奈何今日欲在人之下？陛下若以为足，今日不啻足矣。若以为不足，万倍于此，亦不足也。"②

其实，对于这时唐太宗如此大规模的喜爱巡游和耽于畋猎，当时就有不少大臣上奏进谏。例如，秘书监虞世南就以"太宗颇好畋猎"，而上疏进谏说："伏愿时息猎车，且韬长戟，不拒刍荛之请，降纳涓浍之流，袒裼徒搏，任之群下，则贻范百王，永光万代。"③ 魏徵在《十渐疏》中指出："陛下初登大位，高居深视，事惟清静，心无嗜欲，内除毕弋之物，外绝畋猎之源。数载之后，不能固志，虽无十旬之逸，或过三驱之

① 《贞观政要》卷十《畋猎》。
② 《贞观政要》卷十《行幸》。
③ 《贞观政要》卷十《畋猎》。

礼。遂使盘游之娱，见讥于百姓，鹰犬之贡，远及于四夷。或时教习之处，道路遥远，侵晨而出，入夜方还，以驰骋为欢，莫虑不虞之变，事之不测，其可救乎？”① 也说的是唐太宗在游幸畋猎方面的由俭变奢。

购求和制作珍玩之物主要是指唐太宗不惜用重金派人到边远地区或域外求购自己所心爱的名马、鹰隼，或在都城长安及地方州县为后宫嫔妃制作豪华服饰等物。其实，这类事情早在贞观初年即时有发生。例如，贞观三年（629 年），李大亮任凉州（治今甘肃武威）都督时，太宗所派“台使”看到州内出产“名鹰”，便暗示大亮向太宗进献。大亮派人呈送密表进谏说：“陛下久绝畋猎，而使者求鹰。若是陛下之意，深乖昔旨；如其自擅，便是使非其人。”②太宗阅看了大亮表疏以后，只是下书褒奖了大亮，并未降罪求鹰使者，说明该使暗示大亮献鹰之举，当是太宗旨意。但如果说贞观初年太宗派人求取珍玩之物尚属偶然的话，那么从贞观十年（636 年）以后，这类事情即屡见不鲜。

例如，贞观十一年（637 年），侍御史马周就在上疏中说：“今京师及益州诸处营造供奉器物，并诸王、妃主服饰，议者皆不以为俭”，“今所营为者，颇多不急之务”云云；贞观十五年（641 年），太宗遣使赴西域为西突厥册立叶护可汗之时，令使者多带金帛，到西域诸国购买骏马。为此，魏徵上疏谏曰：“今发使以立可汗为名，可汗未定立，即诣诸国市马，彼必以为意在市马，不为专立可汗，可汗得立，则不甚怀恩，不得立，则生深怨。诸蕃闻之，且不重中国”。并列举了汉文帝、光武帝和魏武帝拒受千里马及拒市西域宝珠等事例，批评太宗

① 《贞观政要》卷十《慎终》。

② 《贞观政要》卷二《纳谏》。

“凡所施为，皆邈过三王之上，奈何至此欲为孝文、光武之下乎？”[①]不久，魏徵又在《十渐疏》中说：“顷年以来，好尚奇异，难得之货，无远不臻；珍玩之作，无时能止”云云，亦当指此。

至于大兴土木，营建离宫别馆以及好大喜功，穷兵黩武，征讨四夷之事，亦不乏记载。贞观十年（636年）前后，唐太宗先后在西京长安附近营建的离宫别馆就有北阙、汤泉宫[②]、翠微宫[③]、玉华宫[④] 等；在东都洛阳附近兴建的离宫别馆有洛阳宫、显仁宫和飞山宫等。贞观二十二年（648年），太宗贤妃徐氏曾在上疏中指出：“窃见土木之功，不可遂兼。北阙初建，南营翠微，曾未逾时，玉华创制。”[⑤]当即指此。由于这些离宫别馆和土木之役，都要征发百姓完成，致使百姓的徭役繁多，已有不堪重负之势。正如贞观十一年（637年）侍御史马周在上疏中所说：“今百姓丧乱之后，比于隋时才十分之一，而供官徭役，道路相继，兄去弟还，首尾不断。远者往来五六千里，春秋冬夏，略无休时”，“四五年来，百姓颇有怨嗟之言，以陛下不存养之。”[⑥]后来，魏徵在《十渐疏》中也说：

---

① 《贞观政要》卷二《纳谏》。

② 汤泉宫：在今陕西西安临潼区。贞观十八年，太宗诏将作大匠阎立德营建骊山宫殿，并赐名汤泉宫。后唐玄宗又事扩建，并改名华清宫。

③ 翠微宫：位于唐长安城南25公里的太和峪。贞观二十一年（647年），唐太宗为了避暑，诏令阎立德扩建，改名翠微宫。殿阁林立，气势宏大。

④ 玉华宫：在今陕西宜君凤凰谷。建于贞观二十一年七月。规模宏大，跨山越岭，耗资巨亿。

⑤ 《贞观政要》卷九《征伐》。

⑥ 《贞观政要》卷六《奢纵》。

“顷年以来，疲于徭役，关中之人，劳弊尤甚。杂匠之徒，下日悉留和雇；正兵之辈，上番多别驱使。和市之物，不绝于乡间；递送之夫，相继于道路。”这说明贞观后期由于唐太宗大兴土木，百姓的徭役负担已趋繁重，以致引起了百姓怨恨，已和贞观初年的轻徭薄赋形成了明显对照。至于好大喜功，穷兵黩武，征讨不已，详见下节“东征高丽”条，此处不赘。

有关唐太宗的钟情女色，史书亦有记载。按照唐制，皇帝后宫除皇后1人之外，还有贵妃、淑妃、德妃、贤妃各1人，昭仪、昭容、昭媛、修仪、修容、修媛各1人，嫔、婕妤、美人、才人各9人，宝林、御女、采女各27人，合共128人，为后宫正式后妃，此外，尚有众多的六尚诸司女官和掖庭宫数以万计的宫奴婢女，可以说是妻妾成群。唐太宗和这些后妃、宫女共生育子女20多人。这在古代帝王中可谓司空见惯，不足为非。但唐太宗又在这些后妃之外，多次选纳美女，遂引起了后人的不少非议。早在玄武门之变以后不久，李世民不但诛杀了太子建成和齐王元吉，还将其长兄和四弟的子嗣全部族灭，以绝后患。但当他看到元吉之妃杨氏美貌异常，遂为之心动，将其纳入宫中，立以为妃，并倍加宠爱。不久，杨妃为太宗生下第十四子李明，后封曹王。贞观十年（636年）元月，长孙皇后死后，太宗还想将杨妃立为皇后，但被魏徵谏止。对唐太宗纳弟媳一事，宋代人颇多非难，如史学家范祖禹说：“太宗手杀兄弟，曾不愧耻，而复纳元吉之妃，恶莫大焉。”[1]理学家朱熹也说：“唐源流出于夷狄，故闺门失礼之事，不以为异。”[2] 现在很多人都从唐太宗的家庭血缘以及他的家庭地域等方面，考察李唐皇室由于受到鲜卑拓跋氏和北方胡族的影

① 《唐鉴》卷六。

② 《朱子语录》一百一十六《历代类》。

响，认为太宗纳弟媳为妃之事，并非“乱伦”，不足大惊小怪。但无论从哪方面来说，这件纳弟媳之事，都是唐太宗情欲胜过理智的表现，有悖于道德人伦，当是不容置疑的。

贞观初年，庐江王李瑗用“贼杀其夫而纳其室”的强盗手段，掠夺了许多美女。在诛杀了因事东宫而谋反的李瑗以后，唐太宗又将一些美女纳以为妃。最后还是在黄门侍郎王珪进谏下，才将此美女还其亲属。此事前文已经述过。贞观二年（628 年），又要将“容色绝姝，当时莫及”的郑仁基之女，纳为充华，魏徵以此女已经许配于人为由，才谏止了此事。

贞观十一年（637 年），唐太宗又听说年仅 14 岁的武则天生得美丽动人，又将其纳入宫中，“立为才人”①。关于武则天入宫以后，在唐高宗时期给唐王朝带来的严重影响，后来的史书记载尤详，此处不赘。

贞观二十二年（648 年）年初，唐太宗在告诫太子李治时，曾将自己在称帝以后所作“不善”之事，进行了检讨，有云：“吾居位以来，不善多矣。锦绣珠玉不绝于前，宫室台榭屡有兴作，犬马鹰隼无远不致，行游四方供顿烦劳。此皆吾之深过也，勿以为是而法之。”②所有这些，都说明唐太宗贞观后期的大不如前，确实是从由俭变奢开始的。

二、由虚心纳谏到不悦人谏

贞观八年（634 年），大臣魏徵就已看到唐太宗在纳谏方面的这一细微变化。当时，有位中牟县（今属河南）丞皇甫德参在上书中有云：“修洛阳宫，劳人；收地租，厚敛；俗好高髻，盖宫中所化。”唐太宗阅后大怒，便想以“谤讪”之罪处

① 《资治通鉴》卷一百九十五，太宗贞观十一年十一月。

② 《资治通鉴》卷一百九十八，太宗贞观二十二年正月。

罚德参，并对房玄龄气愤地说："德参欲国家不役一人，不收斗租，宫人皆无发，乃可其意邪！"魏徵当即进谏说："自古上书不激切，不能动人主之心，所谓狂夫之言，圣人择焉，听陛下裁察。"唐太宗这才怒气渐息，并说："朕罪斯人，则谁敢复言？"于是便给皇甫德参"赐绢二十匹"。不久，魏徵以此而奏道："陛下近日不好直言，虽勉强含容，非曩时之豁如。"太宗于是又将皇甫德参破格提升为监察御史。[①]

贞观十一年（637年），魏徵又在上疏中指出："昔在贞观之初，侧身励行，谦以受物。盖闻善必改，时有小过，引纳忠规，每听直言，喜形颜色。故凡在忠烈，咸竭其辞。自顷年海内无虞，远夷慑服，志意盈满，事异厥初。高谈疾邪，而喜闻顺旨之说；空论忠谠，而不悦逆耳之言。私嬖之径渐开，至公之道日塞，往来行路，咸知之矣。"又说："（陛下）又时或宣言云：'臣下见事，只可来道，何因所言，即望我用？'此乃拒谏之辞，诚非纳忠之意。"[②]

贞观十二年（638年），唐太宗在向魏徵询问他的为政态度有何变化时，魏徵又说："贞观之初，恐人不言，导之使谏。三年以后，见人谏，悦而从之。一二年来，不悦人谏，虽黾勉听受，而意终不平，谅有难色。"并列举了孙伏伽、戴胄和皇甫德参因为进谏而受到不同待遇等事实，作为唐太宗由"恐人不言，导之使谏"，逐渐变为"悦而从之"和"不悦人谏"的根据，说得唐太宗心口俱服，无以辩驳[③]。

到了贞观十五年（641年），由于唐太宗不悦人谏，朝臣中竟出现了"都不论事"的局面。唐太宗向魏徵询问原因，魏

① 参看《资治通鉴》卷一百九十四，太宗贞观八年十月。

② 《贞观政要》卷五《公平》。

③ 参看《贞观政要》卷二《纳谏》。

徵答道："懦弱之人，怀忠直而不能言；疏远之人，恐不信而不得言；怀禄之人，虑不便身而不敢言。所以相与缄默，俛仰过日。"①

所有这些事例，都说明从贞观八年（634 年）以后，唐太宗确已由贞观初年的虚心纳谏变为不悦人谏，所以在贞观后期就已经出现了朝臣们大都缄默不语和敷衍度日的现象，以致造成唐太宗在贞观后期的独断专行，政事有失。

三、由严格执法到任情喜怒

贞观十一年（637 年），魏徵就曾针对唐太宗在执法方面的这一变化，进行了深刻而又准确地揭露："贞观之初，志存公道，人有所犯，一一于法。纵临时处断或有轻重，但见臣下执论，无不忻然受纳。民知罪之无私，故甘心而不怨；臣下见言之无忤，故尽力以效忠。顷年以来，意渐深刻，虽开三面之网，而察见渊中之鱼。取舍在于爱憎，轻重由乎喜怒。爱之者，罪虽重而强为之辞；恶之者，过虽小而深探其意。法无定科，任情以轻重；人有执论，疑之以阿伪。故受罚者无所控告，当官者莫敢正言。不服其心，任穷其口，欲加之罪，真无辞乎！"②

考诸史传，唐太宗在执法中的任情喜怒，早在贞观初年就已有之，只是到了贞观十年（636 年）以后，这种现象遂多有发生，现略举数例。

贞观二年（628 年），唐太宗在选择交州（治今越南河内）都督人选时，觉得时任瀛州（治今河北河间）刺史的卢祖尚"才兼文武，廉平正直"，便将祖尚召来长安，并当面向他告知

① 《贞观政要》卷二《纳谏》。
② 《贞观政要》卷五《公平》。

了拟任交州都督的想法，祖尚当即表示同意，并“拜谢而出”。但时隔不久，祖尚便以“旧疾”为由，表示拒赴交州。太宗便派宰相杜如晦和祖尚妻兄周范转达旨意，须守前诺，不要失信，并答应“三年必自相召”。但祖尚仍“固辞不可”。太宗大怒，当即下令将祖尚斩于太极宫承天门内西朝堂。但时过数日，太宗即已“悔之”。有一天，当他和大臣们谈到北齐文宣帝高洋“何如人”时，魏徵说道，文宣帝虽狂妄暴戾，但与人争论，自觉理亏之时，尚能改过从善。并列举文宣帝派前青州刺史魏恺出使南梁返回后，将魏恺改任光州，魏恺拒绝赴任，文宣大怒，召而严责。魏恺便以“有劳无过”，而由大州“更得小州”为由，进行申辩，文宣帝最终对魏恺“赦”而不罪。太宗听后大悦，并说：“向者卢祖尚虽失人臣之义，朕杀之亦为太暴。由此言之，不如文宣矣。”①

贞观五年，大理寺丞张蕴古奉诏审理相州人李好德“言涉妖妄”一案时，判以“癫病有征，法不当坐”，上奏太宗，太宗准备将好德无罪释放。蕴古听到这一消息后，遂向李好德密告此事，并“引与博戏”。监察御史权万纪侦知这一情况后，便向太宗“劾奏”蕴古。太宗闻讯大怒，当即下令将蕴古斩于长安东市。但时隔不久，太宗即已后“悔”，并对房玄龄说：“蕴古身为法官，与囚博戏，漏泄朕言，此亦罪状甚重，若据常律，未至极刑。朕当时盛怒，即令处置，公等竟无一言，所司又不覆奏，遂即决之，岂是道理！”这才下诏：“凡有死刑，虽令即决，皆须五覆奏。”据说，死刑“五覆奏，自蕴古始也。”②

被唐太宗因任情喜怒而诛杀的最高级别的官员当属宰相刘

① 《资治通鉴》卷一百九十三，太宗贞观二年十月。

② 《贞观政要》卷八《刑法》。

洎和张亮二人。

刘洎性格耿直，精于吏职，曾多次上疏，针砭时政，大有匡正，是继魏徵之后敢于直言进谏的第一直臣。历任给事中、治书侍御史、黄门侍郎等职。贞观十八年，官至侍中，位极人臣。贞观十九年十月，唐太宗在从辽东前线返回途中，患上"痈"病，正在辅佐太子监国的刘洎和宰相马周经过探视后，面色沉重，便对马周说："疾势如此，圣躬可忧。"表示了对太宗病情的极大担忧。这时，有人却向太宗谗毁说："刘洎言国家事不足忧，但当辅幼主行伊（尹）、霍（光）故事，大臣有异志者诛之，自然定矣。"太宗闻言大怒，遂不加审理，当即诏令刘洎"自尽"[1]。

张亮在贞观年间历任州刺史、工部尚书、太子詹事和济州都督等职，"抑豪强而恤贫弱"，政绩卓著。贞观十七年，因检举侯君集"谋反"之事，"迁刑部尚书，参预朝政"，官至宰相。贞观二十年，因蓄养义儿五百，又与术士公孙常、程公颖友善，口出不驯之言，被人告发。太宗大怒，并说："张亮有义儿五百，蓄养此辈，将何为也，正欲反耳！"便交大臣论罪。多数大臣看到太宗龙颜盛怒，便附和圣意，都说张亮谋反属实，应处极刑。只有将作少匠李道裕认为张亮"反形未具，罪不当死。"但太宗在盛怒之下，便下令将张亮与术士公孙常和程公颖等斩于长安西市。一年以后，刑部侍郎员阙，太宗令有关部门挑选合适人选，但却都不中意。这时，太宗突然想起一人，便说："往者李道裕议张亮狱云'反形未具'，此言当矣，朕虽不从，至今悔之。"[2] 这说明张亮之死，完全是唐太宗任情喜怒的结果。

---

① 《旧唐书》卷七十四《刘洎传》。

② 《资治通鉴》卷一百九十八，太宗贞观二十年三月。

因唐太宗任情喜怒而蒙冤被杀者当属左武卫将军李君羡。

李君羡在隋末时原为王世充骠骑将军，因憎恶世充人品，叛而降唐。后随李世民从征刘武周和王世充，屡立战功，升任左武卫将军之职，受封武安郡公。贞观二十二年七月，多次出现太白星“昼见”的天文现象。负责观测天象的秘书省太史局经过占卜，上奏说：“女主昌”。当时民间还流传说：“唐三世以后，女主武王代有天下。”太宗听后，心中不悦。适逢有一次唐太宗在宫中设宴招待武将，酒令中约定输者要“各言小名”。李君羡在输后自称小名“五娘”。太宗认为君羡官名、封爵和小名均带“武”字，便“深恶之”，并将其出为华州刺史。不久，御史即奏君羡与“妖人交通，图谋不轨”，太宗遂将君羡下诏诛杀①。就这样，唐太宗在天文现象和民间谣言的迷惑之下，竟以莫须有的罪名，诛杀了大将李君羡。

四、唐太宗蜕变的原因

唐太宗在贞观后期的蜕变现象，已如前述，毋庸置疑。作为一代名君的唐太宗为什么会在贞观后期出现大不如前的蜕变现象，我们应如何看待这些变化？

首先，从唐太宗所处的阶级地位和时代的局限性方面来看。李世民出身于世代官宦的名门贵族，从少年时代开始，即投身反隋斗争，辛苦经营帝业，其根本目的就在于重新建立地主阶级的崭新政权。他在登极称帝以后，孜孜不倦，励精图治，其目的也在于为地主阶级巩固政权。而这个地主阶级政权是和自己家族的盛衰荣辱息息相关的。关于这一点，唐太宗自己就早已有所说明：“朕终日孜孜，非但忧怜百姓，亦欲使卿等长守富贵。天非不高，地非不厚，朕常兢兢业业，以畏天

---

① 参看《旧唐书》卷六十九《薛万彻附李君羡传》。

地。卿等若能小心奉法，常如朕畏天地，非但百姓安宁，自身常得欢乐。”[①] 这些话语，就再清楚不过地道出了一个真谛，就是唐太宗的终日忙碌，最终目的就是要使自己的家族和整个地主阶级都能够“长守富贵”，永远把持政治权力，坐享不劳而获的优裕生活。所以，他虽然也提出了“必须先存百姓”的“为君之道”，但他却永远也不会把百姓的利益看得高于一切。因为他的所谓“先存百姓”，是建立在自己和大臣们“长守富贵”基础之上的，如果失掉了这个基础，“先存百姓”也就不复存在。因此，太宗曾对大臣们说：“百姓无事则骄逸，有事则易使”，也就不足为奇了。唐太宗贞观后期出现的由俭变奢、不悦人谏和任情喜怒等变化，应该说是他所代表的阶级利益和所处历史时代局限性的具体表现。对此，我们应对唐太宗的这些变化进行阶级的和历史的理性分析，绝不能苛求古人。

其次，这也是由于唐太宗在贞观后期产生骄傲自满情绪所造成的。“满招损，谦受益。”这是我国人民自古以来流传的一句人生哲理。唐太宗在贞观后期的种种蜕变，究其根源，当与此不无关系。其实，早在贞观八年唐太宗就已经对自己所表现出的骄傲自满情绪有所觉察。因为在这年八月，南方天空出现彗星，历时“百余日乃灭”。太宗惊恐地向大臣询问原因，虞世南以春秋时期齐国也曾出现彗星，而荒淫暴虐的齐景公“惧而修德，后十六日而星没”为例，进谏说：“愿陛下勿以功高古人而自矜大，勿以太平渐久而自骄逸。若能始终如一，彗星未足为忧。”太宗立即回答说：“吾之理国，良无景公之过，但朕年十八便为经纶王业，北翦刘武周，西平薛举，东擒窦建德、王世充，二十四而平天下，二十九而居大位，四夷降伏，海内乂安。自谓古来英雄拨乱之主，无见及者，颇有自矜之

① 《贞观政要》卷六《贪鄙》。

意，此吾之过也。上天见变，良为是乎！”①

但从此以后，唐太宗的骄逸之情并未稍减，且有日益严重之势。故魏徵在贞观十三年的《十渐疏》中就特别指出：“顷年以来，微有矜放。恃功业之大，意蔑前王；负圣智之明，心轻当代。此傲之长也。”

第三，就是人性使然。正如魏徵在贞观十六年回答唐太宗提出近古帝王立国时间为何长短不一这个问题时所说：“嗜欲喜怒之情，贤愚皆同。贤者能节之，不使过度；愚者纵之，多至失所。”② 唐太宗虽为一代名君，但亦有“嗜欲喜怒之情”，而且这些七情六欲和普通人并无二致。如果不能自觉克制，自然会背理纵欲，出现蜕变。不惟唐太宗如此，古今中外很多名人，亦概莫能外。

最后，需要特别指出的是，唐太宗虽在贞观后期出现了大不如前的蜕变现象，但与他的文治武功相比，仍是微不足道，我们绝不能因为这些过失，而否定唐太宗的历史功绩和名君形象。正如他自己所评价的那样：“我弘济苍生，其益多；肇造区夏，其功大。益多损少，故人不怨；功大过微，故业不坠。然比之尽善尽美，固多愧矣。”③ 再说，太宗在逝世之前，能够对太子直率地说出自己的“不善”之事，说明他贵有自知之明。这比起一些古今中外伟大人物的至死不悟来说，又不知要高明多少？

① 《贞观政要》卷十《灾祥》。

② 《贞观政要》卷十《慎终》。

③ 《资治通鉴》卷一百九十八，贞观二十年正月。

第二节　贞观弊政

一、世袭刺史

宗室诸王和功臣子弟是我国古代社会的一个特殊阶层。他们虽然多无奇才异能和尺寸之功，却可凭借父祖的至尊地位和显赫权势，受封高官厚禄，坐享荣华富贵。历代王朝推行封邦建国的目的是想藉此维持家天下的长治久安，但实际结果却常常与统治者的初衷大相径庭：有些宗室和功臣子弟受封以后，大肆聚敛，唯利是图，给当时的吏治带来了严重影响；有些则野心勃勃，私欲膨胀，在羽翼丰满以后，便图谋不轨，甚至不惜发动武装叛乱，企图夺得更大权力。在历代君王中，唐太宗李世民虽以能“鉴古今之事，察安危之机”著称，但对于历代封邦建国的弊病却熟视无睹，对宗室和功臣子弟采取种种优柔政策，企图使李唐天下“共传永久”。

早在贞观二年（628 年）十二月，唐太宗就曾向公卿大臣们问道：“朕欲使子孙长久，社稷永安，其理如何？”善于奉迎的尚书右仆射萧瑀当即回答：“臣观前代，国祚所以长久者，莫不封建诸侯，以为磐石之固。秦并六国，罢侯置守，二世而亡。汉有天下，众建藩屏，年逾四百。魏晋废之，不能永久。封建之法，实可遵行。”唐太宗对萧瑀之议“然之”不疑，于是“始议分封裂土之制”[①]。

贞观五年十月，唐太宗又召集大臣讨论对宗室子弟和“勋贤之臣”的“封建”问题。这时，魏徵率先反对。他说：“封建诸侯，则卿大夫咸资俸禄，必致厚敛”；“京畿赋税不多，所

---

① 《唐会要》卷四十六《封建杂录上》。

资畿外，若尽以封国邑，经费顿阙”；“燕、秦、赵、代俱带外夷，若有警急，追兵内地，难以奔赴”。礼部侍郎李百药亦应声附和：“今使勋戚子孙皆有民有社，易世之后，将骄淫自姿，攻战相残，害民尤深，不若守令之迭居也。”只有中书侍郎颜师古迎合上意，认为“不若分王诸子，勿令过大，间以州县，杂错而居，互相维持，使各守其境，协力同心，足扶京邑。为置官僚，皆省司选用，法令之外，不得擅作威刑，朝贡礼仪，具有条式。一定比制，万世无虞。”最后，唐太宗拒绝了多数大臣的意见，发布诏书说：“皇家宗室及勋贤之臣，宜令作镇藩部，贻厥子孙。非有大故，毋或黜免。所司明为条例，定等级以闻。”[1] 在这一诏令的授意下，唐太宗的皇弟李元景、李元昌、李元祥等十多人及其皇子李泰、李祐、李恽等多人均先后分封或改封为王，并受以刺史之职，让其临民亲政，综理州务。

事后不久，监察御史马周上疏进谏说：“伏见诏书，令宗室勋贤，作镇藩部，贻阙子孙，非有大故，无或黜免。臣窃惟陛下封之者爱之重之，欲其绪裔承守而与国无疆也。臣以为如诏旨者，陛下思所以安存之，富贵之，然后使为世宦也。古者以尧、舜之父，犹有朱均之子。傥有孩童嗣职，万一骄愚，则兆庶被其殃，而国家受其败。正欲绝之，则子文之理犹在；正欲留之，而栾黡之恶已彰。与其毒害于见存之百姓，则宁使割恩于已亡之一臣明矣。然则向所谓爱之者，乃适所以伤之也。”并劝太宗“深思其意，使夫得奉天恩，而子孙终其福禄也”[2]。对这一逆耳忠言，唐太宗拒不见纳，故疏奏不报。

贞观十一年六月，唐太宗又诏令“荆州都督荆王元景、梁

① 《资治通鉴》卷一百九十三，太宗贞观五年十月。

② 《唐会要》卷四十六《封建杂录上》。

州都督汉王元昌、徐州都督徐王元礼”等二十一王“所任刺史，咸令子孙代代承袭”[①]。几天以后，他又下诏，将功臣长孙无忌、房玄龄、杜如晦等十四人任为刺史，“亦令世袭”，并说：“非有大故，无得黜免”[②]。

但到贞观十三年二月，当有司催促十四位功臣赴州上任时，长孙无忌等人均“不愿是行”，但又“辞不获免”。于是，他们便集体上表固让。太宗接表后，只得无可奈何地说：“割地以封功臣，古今通义，意欲公之后嗣，翼朕子孙，长为藩翰，传之永久。而公等薄山河之誓，发言怨望，朕亦安可强公以土宇耶!”于是，宗室诸王和功臣子弟的”世袭刺史”遂告废“止”[③]。

“世袭刺史”之事虽因众多功臣的极力反对而终未实行，但宗室诸王的刺史之职却并未废除，功臣子弟仍受到政治和其他方面的种种优待。这也给当时和后来的政治带来了诸多不良影响。

先说任职刺史的宗室诸王，由于他们从小长于深宫，对民间疾苦和稼穑艰辛毫无所知，又不谙为吏之道，故赴任以后，有的“唯闭阁读书，吏事责成王长史、司马，谨慎自守，与物无忤”[④]。有的被封刺史之时，尚在孩提，只是徒有虚名而已。这些刺史自然毫无政绩可言，也尚无恶迹。但也有些宗室子弟在任职期间，恣意妄为，多行不法，甚至怙恶不悛。如太宗之弟、江王元祥，生“性贪鄙”，在历职苏、金、鄜、郑诸州刺史时，“多聚金宝，营求无厌，为人吏所患”；太宗之弟、滕王

① 《旧唐书》卷六十四《高祖二十二子·荆王元景传》。

② 《资治通鉴》卷一百九十五，太宗贞观十一年六月。

③ 《旧唐书》卷六十五《长孙无忌传》。

④ 《旧唐书》卷六十四《高祖二十二子·霍王元轨传》。

元婴在任金州刺史期间，“颇骄纵逸游，动作失度”，百姓怨声载道。唐高宗即位以后，元祥更加肆无忌惮，经常利用巡省属县之机，“驱率老幼，借狗求罝，志纵禽之娱，忽黎元之重。”还在“农事”大忙季节，“屡出畋游，以弹弹人，将为笑乐”。高宗闻讯，曾下书告诫，但仍不思悔改。后被转为洪州都督，“又数犯宪章”。太宗之子、蒋王李恽在任安州都督时，“多造器用服玩”。后被迁为梁州都督，“及将行，有递车四百辆，州县不堪其劳。”太宗之子、虢王李凤“亦称 贪暴”，动辄鞭笞和处罚属吏，其暴虐残酷，可与江、滕、蒋诸王相提并论。更有甚者，有的宗室子弟在担任地方长官以后，野心膨胀，不甘居人下，遂上下勾结，狼狈为奸，企图攫取更大的政治权力。如太宗弟、汉王元昌在历任华州刺史和梁州都督时即“颇违宪法”，太宗曾下手敕严厉谴责，但元昌不但不予“自咎”，反而心怀怨恨。后来，当他得知魏王李泰为了角逐太子，正与承乾展开明争暗斗时，他便“附托”太子承乾，并在入朝京师时，常夜宿东宫，教唆承乾“图为不轨”，而“早为天子”。又“刻臂出血，以帛拭之，烧作灰，和酒同饮，共为信誓，潜伺间隙。”贞观十七年，当承乾被废，元昌“事发”以后，唐太宗仍不忍加诛，并“特敕免死”。最后，还是在大臣高士廉和李世勣的极力进谏下，元昌才被赐“自尽于家”。

功臣子弟在贞观及其后来的永徽之际亦有多行不法者，其中最突出的事例当属房玄龄之子房遗爱和杜如晦之子杜荷等人。

杜荷为宰相杜如晦之次子，曾以功臣子尚太宗女城阳公主，赐爵襄阳郡公，授尚乘奉御之职。贞观十七年，在太子承乾和魏王李泰角逐太子的争斗中，杜荷同汉王元昌、齐王李祐以及兵部尚书侯君集等均党附承乾，企图作乱京师，进行弑逆。杜荷还唆使太子说：“天文有变，殿下自称暴疾危笃，主上必亲临视，因兹可以得志。”不久事泄，杜荷遂与侯君集等人同日伏诛。

房遗爱为宰相房玄龄次子，贞观年间因尚太宗女高阳公主，被拜驸马都尉，官至太府卿、散骑常侍。由于唐太宗对高阳公主的宠爱有加，故房遗爱亦特承恩遇，与其他公主之婿的礼秩绝异。但由于房遗直为房玄龄长子，故在玄龄死后，其爵位和大部分家财均被遗直所承袭，而高阳公主对此却耿耿于怀。唐高宗即位以后，房遗爱曾与坐事贬官的驸马都尉薛万彻过从甚密，二人遂潜相密谋：“若国家有变，当奉司徒荆王元景为主。”企图在禅代之际，私行废立，攫取最高权力。这时，高阳公主也为夺取房遗直所承袭的官爵、家财，派人诬告遗直“无礼于己”。高宗当即派长孙无忌审问此事，结果，房遗直遂将遗爱、公主和万彻、元景相互勾结和图谋不轨之事和盘供出。于是，遗爱、公主和万彻、元景等人并赐自尽，株连而死的还有功臣柴绍之子、尚太宗之女巴陵公主的驸马都尉柴令武等。

由此可知，唐太宗对宗室诸王和功臣子弟所行“世袭刺史”等优柔政策，当是贞观年间的一大弊政。

二、废立太子

唐太宗与长孙皇后和后宫嫔妃一共生有 14 个儿子，但有资格被立为太子的仅有长孙皇后所生的 3 个嫡子：即嫡长子李承乾、第四子李泰和第九子李治。唐太宗于唐高祖武德九年（626 年）八月登临帝位之时，长子承乾时年八岁，四子李泰时年七岁，而第九子李治尚未出生，故太宗遂按照立嫡以长的宗法制度，于武德九年十月，将嫡长子李承乾立为太子，四子李泰被封魏王。贞观二年（628 年），第九子李治降生，被封晋王。其他十多个庶子，亦相继被封为宗室诸王。

李承乾被立为太子以后，由于生“性聪敏”，活泼可爱，甚得太宗喜欢。加之太宗先后以贤良正直的大臣李纲、于志宁、李百药、张玄素等朝廷重臣担任太子少师、太子詹事和左右庶子等东宫官僚，教以君臣父子之道，陈以仁义忠孝之义，而“太子未尝不耸然礼教”[①]和“颇留意典坟”[②]，因而学问和才能都很有长进。贞观九年（635年）五月，太上皇李渊逝世，太宗“居谅闇”（即居丧）期间，“诏太子承乾于东宫平决庶政”，直到次年正月，“上始亲政事”[③]。史称太子“颇识大体”，即政事无失，“自此，太宗每行幸，常令（太子）居守监国。”[④]

但从贞观五年（631年），即太子十三岁以后，却在闲暇之余，“嬉戏过度”。最先发现太子这一变化的是太子右庶子李百药，他当即撰写了一篇约2000多字的《赞道赋》，献给太子。赋中列举了古代太子兴亡成败的生动事例，告诫太子要节欲好学，千万不要骄逸。但太子却不以为意，且“侈纵日甚”[⑤]。不久，太子左庶子于志宁又撰《谏苑》二十卷，让承乾诵读，旨在使太子能听受谏言，改邪归正。但太子却仍然我行我素，拒不纳谏。当太宗巡幸东宫，看到《赞道赋》和《谏苑》以后，只是对百药、志宁“各赐金一斤，帛五百匹”[⑥]，对太子的“嬉戏过度”和“侈纵日甚”却未加追究。

因为太子承乾从小生长深宫，从未体知稼穑艰难和百姓疾

---

① 《贞观政要》卷四《尊敬师傅》。

② 《贞观政要》卷四《规谏太子》。

③ 《资治通鉴》卷一百九十四，太宗贞观九年正月。

④ 《旧唐书》卷七十六《太子诸子·恒山王承乾传》。

⑤ 《贞观政要》卷四《规谏太子》。

⑥ 《资治通鉴》卷一百九十四，太宗贞观七年十二月。

苦，所以就在“骄逸”的道路上越走越远。后来，随着年龄的渐长，不但喜“好声色，漫游无度”，而且还学会了一套伪装伎俩：“每临朝视事，必言忠孝之道，退朝后，便与群小亵狎。宫臣或欲进谏者，承乾必先揣其情，便危坐敛容，引咎自责。枢机辩洽，智足饰非，群臣拜答不暇，故在位者初皆以为明而莫之察者。”①

但伪装只能蒙骗一时，劣质终当暴露。大约从贞观十三年(639年)，即承乾年已弱冠以后，他的恶迹愈演愈烈，且暴露无遗。

例如，贞观十三年，承乾已养成游乐和畋猎之癖，学业荒疏。太子右庶子张玄素接连几次上书进谏，承乾不但置若罔闻，而且“览书愈怒”，当着玄素的面，厉声训斥说：“庶子患风狂耶?”次年，承乾又在宫中击鼓为乐，声闻于外，玄素又当面“极言切谏”，太子便气愤地将鼓在玄素面前砸坏。

贞观十四年（640年），太子又“广造宫室，奢侈过度，耽好声乐”；次年，承乾又在农忙季节，“召驾士等役，不许分番，人怀怨苦。”太子詹事于志宁多次上书进谏，承乾不但不听，而且还派遣刺客，企图行刺志宁。但刺客深夜潜入于宅以后，看到志宁正为母亲守丧，睡在草席上。“竟不忍为止。”②

贞观十六年（642年），太子又喜欢一位十多岁的太常乐人，将其召入东宫，整天与其歌舞取乐，宠爱异常，并为其取名“称心”。此事被太宗知道后，当即派人将“称心”及其荐引者数人全部捕杀。为此，承乾痛哭不已，专门为称心在东宫建造了一座灵堂，堂前悬挂称心图像，又设木偶、纸马等物，令宫人早晚祭奠，自已也多次前来吊唁，泪流满面。从此，又

① 《旧唐书》卷七十六《太子诸子·恒山王承乾传》。
② 《贞观政要》卷四《规谏太子》。

托辞患有足疾，接连数月不参加朝参。在此期间，又令户奴数十人专习伎乐，嗜好胡人服饰和尚武之风，“造狼头纛，分戟为战，系幡幢，设穹庐自居”，又和其叔父汉王元昌装扮成突厥武将模样，分统两队，“大呼刺击为乐”。还宣称，我以后要做了天子，当统领万骑，赶到金城（治今甘肃兰州），然后解发为胡，投靠突厥人阿史那思摩，甘心当一名突厥酋长[①]。更有甚者，由于唐太宗在是年六月颁布了“自今皇太子出用库物，所司勿为限制”的诏令，于是承乾“发取无度”，“未逾六旬，用物已过六万”，致使“龙楼之下，惟聚工匠；望苑之内，不睹贤良”，“骄奢之极，孰云过此！”[②]太子左庶子张玄素上书进谏，承乾不但不纳，而且还派户奴埋伏在玄素上朝时的必经之处，暗中用马鞭抽打，致使玄素“几毙”[③]。

对于这样一个怙恶不悛的孽臣逆子，唐太宗却囿于父子之情，始终对其偏执溺爱，深信不疑，只是寄希望于师傅教诲，侥幸于点石成金。因此，他在听说太子的上述恶迹后，只是将左庶子杜正伦召至御前说：“我儿疾病，乃可事也。但全无令誉，不闻爱贤好善，私所引接，多是小人。卿可察之，若教示不得，须来告我。”正伦经过多次进谏无效以后，便把太宗所说“须来告我”的话，转告了承乾。承乾将太宗话语写成表章上奏。太宗当即以“漏泄我语”之罪，将正伦贬为外州刺史。但对承乾之罪却不加追问，使太子更加有恃无恐，肆意妄为。太宗四子魏王李泰由于从小喜欢读书作文，气质儒雅，特别受到太宗宠爱。到十五六岁时，李泰由于手不释卷，闭门读书，身体长得膀大腰圆，趋拜不易，太宗遂令其乘坐小车，参加朝

① 参看《新唐书》卷八十《太宗诸子·常山王承乾传》。

② 《旧唐书》卷七十六《张玄素传》。

③ 《资治通鉴》卷一百九十六，太宗贞观十六年六月。

会。

贞观十二年（638 年），李泰年仅 19 岁，即喜爱交结文士，著述立说。魏府司马苏勗以“自古名王多引宾客，以著述为美”为由，劝李泰上奏太宗，声称要编撰一部史地之书，名曰《括地志》。太宗接书后，当即诏准，并诏令李泰在魏府别置文学馆，并自选学士。于是，李泰便奏引著作郎萧德言、秘书朗顾胤、记室参军蒋亚卿、功曹参军谢偃等，兼任文学馆学士，从事修撰工作。到贞观十五年（641 年），《括地志》终于完成，上表呈奏，太宗诏令藏于秘府，对李泰及其编撰者大加奖赏。在此期间，魏府所需物资，往往超过规定，甚至有时还要超出东宫。谏议大夫褚遂良上疏进谏，曾对“储君料物，翻少魏王”[①]的现象，提出异议。唐太宗只是下诏“自今皇太子出用库物，所司勿为限制”，而给魏王的所供物资，一点也未减少。

不久，唐太宗还亲幸李泰在长安延康坊的宅第，下令赦免延康坊所在长安县内大辟以下罪犯，豁免了延康坊百姓的当年赋税，还赏赐了魏府官属大量金帛。不久，又令李泰由延康坊迁入太极宫内武德殿居住，由于魏徵奏称此殿最早为齐王元吉所居，李泰不宜“处嫌疑之地”，太宗这才作罢。

由上述事实可知，唐太宗在扶立嫡长子李承乾为太子以后，又对第四子魏王李泰宠爱有加，百般优待，致使后人认为太宗此时已产生了“以泰代承乾之心”。其根据就是在贞观十二年年初，礼部尚书王珪奏请三品以上公卿途遇亲王时须下马迎拜这一规定，不符合礼法，要求予以取消，唐太宗当即拒绝，并说：“人生寿夭难期，万一太子不幸，安知诸王他日不

① 《旧唐书》卷七十三《太宗诸子·濮王泰传》。

为公卿之主，何得轻之?”[1] 只是在魏徵的固执进谏下，太宗才勉强接受了王珪的这一建言。元代人胡三省据此在《通鉴》注中认为：“时太子承乾有足疾，魏王泰有宠，太宗此言，固有以泰代承乾之心矣。”其实这个推论纯属臆测，绝非事实。

这是因为在贞观十二年（638 年）前后，唐太宗对任何人都未提及“废立”太子之事，而且一直坚持立嫡惟长的原则，毫不动摇。这也许和他以嫡次子的身份，通过杀兄逼父的残忍手段而升储登极的经历有关，企图通过立嫡惟长这一制度，使太子和诸王各得其所，再不要生出骨肉相残的悲剧。所以，直到贞观十六年（642 年）八月，当唐太宗向大臣们问及“当今国家何事为急”这个问题时，太宗对“养百姓最急”、“抚四夷急”和“礼义为急“等答案均不以为意，只有对谏议大夫褚遂良关于“太子、诸王须有定分，陛下宜为万代法以遗子孙，此最当今日之急”这一答案，太宗表示“此言是也”，并说：“朕年将五十，已觉衰怠。既以长子守器东宫，诸弟及庶子数将四十，心常忧虑在此耳。但自古嫡庶无良佐，何尝不倾败家国。公等为朕搜访贤德，以辅储宫，爰及诸王，咸求正士。且官人事王，不宜岁久，岁久则分义情深，非意窥窬，多由此作。其王府官僚，勿令过四考。”[2] 由此可知，直到贞观十六年时，唐太宗仍然没有“废立”太子之意。在他看来，只要给太子和诸王选择“正士”作为“良佐”，而且定期更换，就可以使太子、诸王各安其分，不致“倾败家国”。因此，他在不断为太子、诸王挑选良佐时，既不对其严加管教，又囿于父子之情，溺爱有加。这样，一代英主唐太宗在面对骨肉之情的时候，就犯了一个常人都不易犯的错误：就是不论贤愚优劣，只要选择

① 《资治通鉴》卷一百九十五，太宗贞观十三年五月。

② 《贞观政要》卷四《太子诸王定义》。

“良佐”，就可以点石成金，一劳永逸。但要知道教育并非万能，一个人的贤愚优劣是由多种因素决定的。特别是对长于深宫的这些龙子龙孙来说，如果作为父皇的太宗对他们不亲加约束、管教，而单靠“良佐”的劝谏止恶，绝不会收到点石成金的效果。事实正是如此，正是在太宗的溺爱下，不但太子承乾的恶迹与日俱增，而且也使魏王李泰产生了夺嫡的欲望，且日益强烈。于是，昔日高祖武德年间秦王世民和太子建成之间的明争暗斗，正在重演，且呈愈演愈烈之势。

太子承乾自知恶迹多端，唯恐太宗知晓，储君地位难保，便一方面招募壮士封师进及刺客张师政、纥干承基等，企图伺机刺杀四弟李泰，另一方面交结叔父汉王元昌、左屯卫中郎将李安俨、洋州刺史赵节、驸马都督杜荷以及吏部尚书侯君集等朝廷权贵，企图纵兵入宫，抢班夺权。

汉王元昌为太宗异母弟，在担任刺史期间，多为不法，受到过太宗多次谴责，心怀怨恨。贞观十六年，回到长安，多次被承乾召入东宫，结为党羽，图谋不轨。左屯卫中郎将李安俨原为太子李建成僚属，忠于其主，后被太宗任以宿卫之职。洋州刺史赵节为唐初功臣赵慈景之子，尚高祖之女、太宗之妹长广公主。驸马都尉杜荷为贞观名相杜如晦之子，尚太宗之女城阳公主。这几个人都和太子关系密切，“预其反谋”。吏部尚书侯君集曾于贞观十四年（640 年）率兵挺进西域，一举灭亡了高昌。但因兵入高昌以后，“曾未奏请，辄配没无罪人，又私取宝物”，被人告发，被捕入狱。后在大臣岑文本“以功臣大将不可轻加屈辱”为由进谏，太宗将君集释放。从此，君集自以为功高未赏，“志殊泱泱”①。这时，侯君集之女婿贺兰楚石正好担任东宫卫士，太子承乾知道侯君集心怀愤懑，便通过楚

① 《旧唐书》卷六十九《侯君集传》。

石将君集召入东宫，询问自安之术。君集便劝太子谋反，并高举双手，对太子说："此好手，当为殿下用之。"又说："魏王为上所爱，恐殿下有庶人勇（即被隋文帝所废的太子杨勇——引者注）之祸。若有敕召，宜密为之备。"于是太子便让君集和安俨二人密切注视太宗消息，"动静相语"①。

魏王李泰认为太子承乾患有足疾，不便行走，而父皇又对自己宠爱有加，遂产生了"夺嫡之意"。先后将驸马都尉柴令武、房遗爱等二十多位纨绔子弟结为知己，视为腹心。又令在魏王府中供职的朝臣黄门侍郎韦挺和工部尚书杜楚客"要结朝臣，津通赂遗。"②

贞观十七年（643 年）年初，太子承乾和魏王李泰的夺嫡之争已愈演愈烈，但唐太宗对此却熟视无睹，只是对大臣们说："闻外间士人以太子有足疾，魏王颖悟，多从游幸，遽生异议，徼幸之徒已有附会者。太子虽病足，不废步履。且《礼》，嫡子死，立嫡孙。太子男已五岁，朕终不以孽代宗，启觊觎之源也。"③ 这段话的意思就是唐太宗向大臣明确表示，自己并无废立之心，大臣们都不要妄自附会。同时也告知太子承乾不必加害魏王李泰，李泰也不要有觊觎太子之心。

但是时隔月余，由于发生了齐王李祐的叛乱事件，才使太宗不得不考虑废立之事。

原来齐王李祐为唐太宗的妃子阴氏所生之子，排行第五，贞观十年（636 年）被封齐王和齐州（治今山东济南）都督。李祐在任齐州都督期间，"溺情群小，尤好弋猎"，唐太宗以此将齐州长史薛大鼎罢职免官，又将原吴王李恪的长史权万纪调

① 《资治通鉴》卷一百九十六，太宗贞观十七年三月。

② 《旧唐书》卷七十六《太宗诸子·濮王泰传》。

③ 《资治通鉴》卷一百九十六，太宗贞观十七年正月。

任齐州长史。万纪由于生性“褊急”，教育严厉，遂使齐王李祐恼羞成怒，便与心腹昝君謩和柴猛彪等人密谋，企图暗杀万纪。由于事机泄露，万纪将君謩等全部逮捕入狱，并派人入京奏闻。

贞观十七年（643年）三月，唐太宗派刑部尚书刘德威急赴齐州，审理此案，结果与万纪所奏不异。太宗当即诏令万纪与李祐俱赴长安。万纪奉诏先行，而李祐却派人在途中追杀了万纪，据城叛乱。是年三月，太宗派兵部尚书李世勣率兵征讨。不久，齐王李祐被部下擒获，押送至京，被赐死于太极宫内侍省。接着，唐太宗又派人审理齐王叛乱之事。结果，事连太子承乾心腹纥干承基，承基遂被捕入大理寺狱中，定为死罪，不日问斩。同年四月，承基在临刑前夕，又供出了太子承乾谋反之事：即太子听到齐王李祐在齐州叛乱之事后，曾对承基等人说：“我宫西墙，去大内正可二十步耳，与卿为大事，岂比齐王乎？”[1] 意思是说，东宫西墙和太宗所居太极宫近在咫尺，如果造反，越墙即可到达太宗身边，和齐王叛乱于千里之外，结果绝不相同。太宗闻讯，大惊不已，立即派长孙无忌、房玄龄等执政大臣和大理寺、中书省、门下省官员共同审理此事。结果，承乾在多人的指证下，只得招认。这时，唐太宗只得召集大臣，商议“将何以处承乾？”大臣们都觉得事关重大，不敢作答，只有通事舍人来济进前说道：“陛下不失为慈父，太子得尽天年，则善矣。”此话正中太宗下怀，遂将太子承乾废为庶人，后流于黔州。两年以后，承乾死于贬所。唐太宗还想将汉王元昌之罪予以赦免，只是在大臣的固争之下，只得将其赐死于家。而参加谋反的侯君集、李安俨、赵节和杜荷等太子党羽，则一律处斩。

---

① 《资治通鉴》卷一百九十六，太宗贞观十七年三月。

太子承乾被贬废以后，按照唐太宗原来所说“嫡子死，立嫡孙”之意，当将承乾之子立为皇太孙，以为储君。但在贞观十七年四月，承乾被废不久，李泰“侍奉”之时，太宗却对李泰“面许立为太子”，而且这一决定还得到了宰相岑文本和刘洎等人的赞同。但位高权重的长孙无忌却坚持要立晋王李治为太子，遂使太宗陷入了两难之中。因为晋王李治时年十五，生性“懦弱”，和太宗的英烈果断绝不相类。因此，太宗仍然偏向李泰。为了征得大臣认可，他又召集宰相和中书、门下两省官商议，并首先说道：“昨青雀投我怀云：‘臣今日始得为陛下子，乃更生之日也。臣有一子，臣死之日，当为陛下杀之，传位晋王。’人谁不爱其子，朕见其如此，甚怜之。”话中“青雀”为李泰小名，这说明太宗当时很想将李泰立为太子。但不料谏议大夫褚遂良当即反驳说：“陛下言大失，愿审思，勿误也。安有陛下万岁后，魏王据天下，肯杀其爱子，传位晋王者乎？”意思是说如果李泰升储登极，及至晚年，杀其爱子而传位晋王的话，完全是骗人的谎言，不可相信。接着，他又批评太宗说：“陛下日者既立承乾为太子，复宠魏王，礼秩过于承乾，以成今日祸。”最后，又建议说：“前事不远，足以为鉴。陛下今立魏王，愿先措置晋王，始得安全耳。”意思是说，如要将李泰立以为嗣，并想避免将来兄弟阋墙、同室操戈的悲剧重演，就要忍痛割爱，将晋王李治除爵削封，置身于政局之外，才能达到家国无误的目的。否则，兄弟相残之事，就又会重演。但太宗听后，却痛苦地泪流满面说：“我不能尔。”表示绝不能对晋王李治作出如此处理。

魏王李泰自以为凭借父皇宠爱，被立以为嗣是毫无疑义的。但册立太子的诏令迟迟不下，他就又心生疑虑，便将晋王李治视为政敌，并私下威胁李治说：“汝与元昌善，元昌今败，得无忧乎？”企图逼迫李治引咎自退。年纪尚幼的李治听到这些话后，便计无所出，“由是忧形于色”，终日惶恐不安，面有惧色。太宗看到李治神色失常，便询问原因，李治如实相告，太宗“抚然，始悔立泰之言矣。”不久，太宗又召见承乾，面责其谋反之事，承乾也委屈地说：“臣为太子，复何所求？但为泰所图，时与朝臣谋自安之术，不逞之人遂教臣为不轨耳。今若泰为太子，所谓落其度中。”意思是说，我已被册立为嗣，还会有何奢望？只不过是为求自安而已，而且都是李泰逼迫的结果。如果陛下真要将李泰立为太子，正好满足了他的夺嫡之意。这时唐太宗才彻底打消了立李泰为太子的念头，决定册立李治。

唐太宗立嗣的主意决定以后，便在两仪殿常朝结束以后，独留长孙无忌、房玄龄、李世勣、褚遂良和李治等6人，迫不及待地说：“我三子一弟，所为如是，我心诚无聊赖。”意思是说，我的长子承乾被废，四子李泰身处嫌隙之地，五子李祐因谋反被杀，异母弟汉王元昌也被赐死，心中实在烦闷不已。说罢，便“自投于床”，“又抽佩刀欲自刺”，实在尴尬异常，不可名状。当大臣们得知太宗欲立李治为太子的心意后，便纷纷表示：“晋王仁孝，天下属心久矣。”①

贞观十七年（643年）四月二十七日，唐太宗终于下诏将晋王李治立为皇太子，并对大臣们说：“我若立泰，则是太子之位可经营而得。自今太子失道，藩王窥视者，皆两弃之。传诸子孙，永为后法。”据此，《资治通鉴》一书的作者司马光便对此评论说：“唐太宗不以天下大器私其所爱，以杜祸乱之原，可谓能远谋矣。”② 意思是说唐太宗所做上述决定，是冲破了个人的感情束缚，完全以国家和社稷利益为重而作出的具有深

① 《资治通鉴》卷一百九十七，太宗贞观十七年四月。
② 《资治通鉴》卷一百九十七，太宗贞观十七年四月“臣光曰”。

远意义的英明决策。其实这也是溢美之词，并不可信。因为唐太宗在作出上述决定以后，还说了以下几句话："且立泰，承乾与治皆不全；治立，则承乾与泰皆无恙矣。"其实这才是唐太宗最后决定册立李治和下此诏令的最终目的。且不说这场废立太子风波，其主要原因应是唐太宗溺爱诸子的恶果自食而已，至于李治被立为太子及后来登极称帝以后，唐朝廷的政治形势究竟如何，学者们仁智互见，不敢妄下结论。但从此以后唐王朝争夺皇位的宫廷政变多有发生这一事实来看，唐太宗的这一诏令并未能"杜祸乱之原"，何以能称为"远谋"呢？

三、东征高丽

唐朝初年，朝鲜半岛上仍是维持着高丽、百济和新罗三国鼎立的局面，高丽占据朝鲜半岛北部和辽水以东广大地区，都城平壤，在三国中面积最大，国力也最强盛。百济国占据朝鲜半岛西南部，都城泗沘（今韩国全罗北道扶余）。新罗国占据朝鲜半岛东南部，都城金城（今韩国庆尚北道庆州）。新罗和百济两国由于受到高丽南侵的威胁，故先后归附唐朝，企图依靠大国调停，保持三国间的平安无事。后来，由于高丽改变策略，转而联合百济，共同攻击新罗。因而新罗国便更加依赖唐朝，多次遣使入唐求援。

唐初和唐太宗贞观初年，鉴于唐室初建，国力虚弱，并汲取了隋文帝和隋炀帝父子曾四次出兵辽东，均以失败告终的历史教训，对朝鲜半岛三国采取和平友好的对外政策，积极居间调停，化解纠纷，并在一定程度上抑制了三国矛盾的激化，促进了朝鲜半岛的政局稳定，同时也保持了东北边境的安宁。

但从贞观十五年（641 年）唐灭高昌以后，唐太宗遂滋生了好大喜功的欲望，企图对高丽用兵。就在这年八月，太宗所遣出使高丽的使者陈大德回到长安以后，上奏说："其国闻高昌亡，大惧，馆候之勤，加于常数。”太宗当即含怒说道：“高丽本四郡地耳，吾发卒数万攻辽东，彼必倾国救之，别遣舟师出东莱，自海道趋平壤，水陆合进，取之不难。”但鉴于“山东州县凋瘵未复，吾不欲劳之耳！”①

贞观十六年（642年）十一月五日，唐营州（治今辽宁朝阳）都督张俭奏告高丽东部大人泉盖苏文弑其王高建武，立建武之侄高藏为王，自立为莫离支（相当于唐朝的兵部尚书兼中书令之职），专制国政。不久，亳州（治今安徽亳州）刺史裴行俭上表，奏请讨伐高丽。唐太宗接表后，即欲发兵辽东，亦因“山东凋敝”，只得忍而待之。

贞观十七年（643年）七月，唐太宗在处理完废立太子事件以后，即欲乘盖苏文篡权之机，派兵对高丽动武，但因长孙无忌固谏，遂“为之隐忍”。同年九月，新罗遣使来到长安，奏言百济国攻取其国40余城，并与高丽连兵，断绝新罗朝贡唐朝的交通道路，请求发兵援救。唐太宗当即派遣司农丞相里玄奖，携带玺书，出使高丽，书中警告高丽说：“尔与百济各宜戢兵，若更攻之，明年发兵击尔国矣。”②

贞观十八年（644年）二月，相里玄奖从平壤返回长安后，将高丽莫离支泉盖苏文不肯罢兵的消息上奏后，太宗大怒，当即决定对高丽用兵，并表示要御驾亲征。谏议大夫褚遂良和工部尚书李大亮相继上疏谏止，奏“请停辽东之役”，“深以关中为念”③，但太宗均拒而不纳。

同年七月，唐太宗一面派将作大匠阎立德在洪州（治今江西南昌）一带制作船舰400艘，用以运输粮饷，以太常卿韦

① 《资治通鉴》卷一百九十六，太宗贞观十五年八月。

② 《资治通鉴》卷一百九十六，太宗贞观十七年九月。

③ 《旧唐书》卷六十二《李大亮传》。

挺、民部侍郎崔仁师和太仆少卿萧锐为馈运使，专责河北、河南诸州粮草运输；另一方面，又以现有府兵数量不足，下诏在全国招募兵士，前后共募得天下甲士10万。同年十月，太宗乘车驾东行，留宰相房玄龄和李大亮守卫京师长安，自己亲至洛阳。十一月，诏令刑部尚书张亮和泸州都督左难当为平壤道正副行军大总管，率江淮诸州和东西两京3000募兵，战舰500艘，从莱州（今属山东）渡海趋平壤；又令李世勣和江夏王李道宗为辽东道正副行军大总管，率步骑6万及兰（州治今甘肃兰州）、河（州治今甘肃临夏）二州胡兵趋辽东。然后，两军合势并进，在幽州（治今北京西南）会合。接着，下诏布告天下，陈述了这次东征高丽的五条必胜之道："一曰以大击小，二曰以顺讨逆，三曰以治乘乱，四曰以逸待劳，五曰以悦当怨。"① 用以动员军民，鼓舞士气。

贞观十九年（645年）二月，唐太宗亲率唐军主力从洛阳北上。三月，抵达定州（治今河北定县），留太子在此监国，令房玄龄、高士廉、刘洎、马周等辅政。接着，太宗率部从定州出发，向辽东挺进。

同年五月，李世勣和李道宗所率唐军渡过辽水以后，以优势兵力接连攻占了新城（今辽宁沈阳东）、盖牟（今辽宁抚顺）等城，顺利抵达辽东城（今辽宁辽阳）下。高丽执政盖苏文当即派步骑4万援救辽东。李世勣和李道宗率部击退高丽援军后，遂指挥唐军将士"负土填堑"，准备向辽东城发动进攻。唐太宗也在马上负土递送，不几日，城下沟堑俱被填平。唐军遂向辽东城发起进攻。经过二十多天的昼夜攻战，高丽守军抵挡不住，弃城逃走，唐军顺利进入辽东城中。

唐军在辽东城稍事休整以后，又向白岩城（今辽宁辽阳

① 《资治通鉴》卷一百九十七，太宗贞观十八年十一月。

东）挺进。同年六月，唐军主力抵达白岩城下，唐太宗一面指挥唐军猛烈攻城，一面遣使招抚。左卫大将军李思摩在攻城中被流矢射中，唐太宗亲自为其吮血，唐军将士无不感动，故人百其勇。但白岩城依山临水，四面险绝，易守难攻。高丽城主孙代音却胆小如鼠，不敢组织守军抵抗，最终率部归降。在此期间，唐军平壤道行军大总管张亮所率水军亦攻拔了卑沙城（今辽宁普兰店西南），抵达建安城（今辽宁营口东）下，并耀兵于鸭绿水北。

唐军主力占领白岩以后，太宗又麾军抵达安市（今辽宁盖州东北）城北，并下令攻城。由于安市城是高丽设在辽东地区最后一个军事重镇，故盖苏文不但令守军拼死抵抗，还派高延寿和高惠贞统全国 15 万之众援救安市，并在城南 4 公里处，依山而阵。这时，江夏王李道宗认为高丽倾全国兵力援救安市，都城平壤必然空虚，因此自请率精兵五千，直取平壤。但太宗却拒不答应，只是在西岭和山北狭谷之中设置伏兵，引诱高丽援军离阵出战。高丽援军果然中计，出阵迎战，遂被唐军包围。高延寿和高惠贞在走投无路之际，只得率众投降。消息传到平壤，高丽举国震惊，后黄城（今辽宁沈阳南）和银城（今辽宁铁岭南）等城的高丽守军都相继逃遁，数百里内无复人烟。

经此大捷以后，唐太宗渐生骄色，在向定州高士廉等人的报捷信中自豪地说："朕自将若此，云何！"①

贞观十九年八月，唐太宗将军营由安市城北移向城东，并与李世勣等人商议攻城方略。太宗首先提出，舍安市而南攻建安。理由是"安市城险而兵精，其城主材勇"，而"建安兵弱而粮少，若出其不意，攻之必克"。因此，要李世勣率部"先

① 《新唐书》卷二百二十《东夷·高丽传》。

攻建安，建安下，则安市在吾腹中，此法所谓‘城有所不攻’者也。”但李世勣却担心如果建安久攻不克，自己将会招来杀身之祸，便提出了相反意见：“建安在南，安市在北，吾军粮皆在辽东。今踰安市而攻建安，若贼断吾运道，将若之何？不如先攻安市，安市下，则鼓行而取建安耳。”唐太宗最终接受了李世勣的建议，并说：“以汝为将，安得不用公策。勿误吾事。”①

接着，李世勣遂麾军进攻安市。但由于高丽守军拼死抵抗，唐军久攻不克。这时，高丽降将高延寿和高惠贞向太宗献计说，应释放所俘高丽降将，让他们与妻子团聚，以动摇安市守军之心。接着移兵进攻乌骨城（今辽宁凤城），该城守军弱少，可朝至夕克，“然后收其资粮，鼓行而前，平壤必不守矣。”多数唐将也都认为应与张亮所率水军会合，并力攻拔乌骨，然后“渡鸭绿水，直取平壤，在此举矣。”但无作战经验的长孙无忌却认为如移兵乌骨，则建安、新城等处高丽守军必然“蹑后”，我军就有腹背受敌之虑。因此，他仍然坚持先破安市，再取建安，最后再长驱而进，“此万全之策”②。唐太宗最终又接受了无忌意见，仍命唐军急攻安市。

这时，由于辽东地区寒霜早降，草枯水冻，军粮殆尽，士马难以久留，加之安市城池坚固，久攻不克。太宗遂于是年九月十九日，下诏班师，围攻安市之战至此结束。

综上所述，唐太宗这次亲征高丽，历时半年之久，虽先后攻占了辽东、白岩、盖牟、新城等多座城池，但却兵败于安市城下，并没有达到“攻无所守，战无所拒”③的目的，这与唐

---

① 《资治通鉴》卷一百九十八，太宗贞观十九年八月。

② 《资治通鉴》卷一百九十九，太宗贞观十九年八月。

③ 唐太宗：《亲征高丽手诏》，载《唐大诏令集》卷一百三十。

太宗的诸多失误，不无关系。

首先，唐太宗对战前敌我双方的形势缺乏全面而又准确的分析。

早在贞观十六年（642年）十一月，泉盖苏文弑杀高丽国王，专制国政之时，唐太宗即欲对高丽动武，但鉴于“山东凋敝”，仍心有疑虑。但仅仅过去了不到两年时间，唐太宗就在《亲征高丽手诏》中说道：“今丰稔多年，家给人足，余粮栖亩，积粟红仓”云云，当显然是夸大其词，是为他的亲征高丽所作粉饰而已，与当时社会经济的实际状况相去甚远。况且，此时对高丽用兵，也和太宗在贞观初年所说“自古以来穷兵极武，未有不亡者也”，“前代帝王，大有务广土地，以求身后之虚名，无益于身，其民甚困。假令于身有益，于百姓有损，朕必不为”[①] 等话语，也是大相径庭。

其次，唐太宗战前对这次东征高丽的困难估计不足，因而缺少周密细致的战前准备，而是仅凭意气出发，仓促出兵，因而骄兵必败的结局是不可避免的。

例如：贞观十九年（645年）正月，唐军主力已经北进，而馈运使韦挺因为没有事先观察漕渠，运送600多艘粮饷到达卢思台（今天津宁河）侧，因渠水浅塞不通，运粮漕船无法行进，只得卸船载车，转为陆运，只能贻误军期[②]。另外，早在贞观十八年（644年）十月，唐太宗虽然召见了隋炀帝时曾参加辽东之役的郑元寿，元寿也已向太宗说出了“辽东道远，粮运艰阻；东夷善守城，攻之不可猝下”的情况，但唐太宗对此都置若罔闻，只是敷衍道：“今日非隋之比，公但听之。”[③]得

① 《贞观政要》卷九《征伐》。

② 参看《旧唐书》卷七十七《韦挺传》。

③ 《资治通鉴》卷一百九十七，太宗贞观十八年十月。

意之形，溢于言表。后来，唐军在安市城下果然久攻不克，气候骤冷，加之粮草不继，只能重蹈炀帝覆辙，大败而归。

最后，当唐军兵临安市城下，久攻不克，战事进入关键时刻，唐太宗又失去了当年英烈果敢的决断精神，拒绝接收江夏王李道宗和多数士臣关于南下建安和直趋平壤的建议，违心地接受了长孙无忌等人关于先破安市再取建安的所谓“万全之策”，终于使唐军受挫于安市城下，只得以“班师”而结束这场战事。

第十章

唐太宗的晚年生活与长眠昭陵

第一节　唐太宗的晚年生活

一、服食丹药

唐太宗李世民由于从 18 岁时便开始了戎马生涯，身历雁门勤王、晋阳起兵，直到攻克长安和创建唐室，已身经百战。此后，又统率大军，西征东讨，身不离鞍，手不释兵，转战数载，天下大定。加之年轻气盛，经常冲锋陷阵，白刃相接，刀箭之伤，当更迭不断，元气已伤。后又经诛兄杀弟，夺得储君之位。登极称帝以后，又殚精竭虑，操劳国事，略无休息，加之一生共育有 35 位龙子龙女，其中生子 14、育女 21[①]，精气虚耗，体力严重透支。故从贞观十六年（642 年）太宗 45 岁开始，即“已觉衰怠”[②]。贞观十七年，又接连发生了齐王李祐的叛乱和废立太子风波，也肯定会给太宗的精神带来极大的刺激，甚至还一度产生了轻生的念头，严重地影响了他的身体

① 参看《旧唐书》卷七十三《太宗诸子传》和《新唐书》卷八十三《诸帝公主·太宗二十一女传》。

② 《贞观政要》卷四《太子诸王定分》。

健康。贞观十九年（645 年），唐太宗年届五旬，又亲征高丽，历时半载，鞍马劳顿，风霜之苦，更使精力严重耗损，故在班师返回途中，已身患“痈”病，不胜鞍马，只得“御步辇而行”①。更为严重的是，太宗此时已患失“忆”之症，即记忆力严重消退。贞观二十年（646 年）三月，车驾回到长安后，他曾向李靖和李道宗询问辽东之役“受困于小夷”的原因时，道宗“具陈在驻跸时乘虚取平壤之言”，唐太宗竟怅然说道：“当时匆匆，吾不忆也。”所以从这时开始，直到贞观二十三年五月病逝以前，唐太宗均因“疾未全平，欲专保养”，故“诏军国机务并委皇太子处决”②。

如前所述，唐太宗在青年时代，不大相信鬼神和灾祥之说，因此也曾对一些陈规陋俗进行大胆改革。但到身体虚弱和疾病缠身之时，便难免重蹈封建帝王的愚蠢覆辙，企求长生不老，因而自觉或不自觉地迷恋上了道士方术的金石丹药。

贞观二十一年（647 年）正月，唐太宗的妻舅高士廉病逝，太宗悲痛不已，决定亲自吊唁。宰相房玄龄“以上饵药石，不宜吊丧，抗表切谏”，长孙无忌也遮马挡驾说：“（陛下）饵石临丧，经方明忌。陛下含育黎元，须为宗社珍爱。”③ 这说明了唐太宗最迟已从贞观二十一年开始，染上了服食丹药之癖。因为按照当时的禁忌，服食丹药者不能临丧吊唁，否则，就会有不测之祸，故房玄龄和长孙无忌才有这番谏言。

贞观二十二年（648 年），奉命出使天竺的使者王玄策途经中天竺时，正值该国大臣阿罗那顺聚众叛乱，玄策一行被劫，从骑放俘，玄策突围而出，发吐蕃和泥婆罗之兵，大败叛

---

① 《资治通鉴》卷一百九十八，太宗贞观十九年二月。

② 《资治通鉴》卷一百九十八，太宗贞观二十年三月。

③ 《旧唐书》卷六十五《高士廉传》。

众，并擒获了阿罗那顺和方士那罗迩娑婆寐，押回长安。这位方士自称已二百岁，有长生之术。太宗大喜，遂在太极宫金掖门内设馆，令这位方士在馆内造延年之药，“延历岁月，药成，服竟不效。”[①] 由于这些金石丹药一般都具有壮阳功能，虽可使精力暂时亢奋，但由此引发纵欲过度，反而会使精气两亏，对身体损害更大。另外，服食过量，还会引起中毒现象。因此，后来就有太宗因服食丹药致死之说。如唐宪宗时大臣李藩就曾说过：“文皇帝（唐太宗谥号——引者注）服胡僧长生药，遂致暴疾不救。”[②]清代史学家赵翼也说：“太宗之崩，实由于服食丹药也。“[③]

二、准备再征高丽

唐太宗对贞观十九年九月的兵败安市城下，一直耿耿于怀。故在车驾返回长安后不到一年时间，即贞观二十一年二月，又“将复伐高丽”。但大臣们认为“高丽依山为城，攻之不可猝拔。前大驾亲征，国人不得耕种，所克之城，悉收其谷，继以旱灾，民太半乏食”，因此建议“数遣偏师，更迭扰其疆场，使彼疲于奔命，释耒人堡，数年之间，千里萧条，则人心自离，鸭绿之北，可不战而取矣。”[④] 唐太宗当即接受了这一建议，并派将军牛进达和李世勣分统水陆两军，对高丽进行为期两个多月的骚扰之战。

贞观二十二年九月，唐太宗又遣使者在剑南道征发民夫，伐木造船，打算乘高丽“困弊”之时，于“明年发三十万众，

① 《旧唐书》卷一百九十八《西戎·天竺传》。

② 《旧唐书》卷十五《宪宗本纪》。

③ 《二十二史劄记》卷十九。

④ 《资治通鉴》卷一百九十九，太宗贞观二十二年九月。

一举灭之。”由于诏令严急，所遣使者督役紧迫，又大肆驱使山獠，致使雅（州治今四川雅安）、眉（州治今四川眉山）、邛（州治今四川邛崃）三州獠聚众叛乱，进而引起“剑外骚然”[1]。唐太宗不得不改雇潭州（治今湖南长沙）人造船，而官给船庸。直到唐太宗病逝以后，再征高丽之举才暂告停息。

三、病逝翠微宫

贞观二十三年（649年）四月二十五日，唐太宗带病行幸新建成不久的翠微宫，自知已病入膏肓，不久人世，便对侍奉身边的太子李治说：“李世勣才智有余，然汝与之无恩，恐不能怀服。我今黜之，若其即行，俟我死，汝于后用为仆射，亲任之；若徘徊顾望，当杀之耳。”五月十五日，诏令以同中书门下三品李世勣为叠州（治今甘肃迭部）都督。世勣接到诏令后，当即赴任。这时，太宗又患痢疾，腹泻不止，苦不堪言。太子李治昼夜侍奉，不离左右。太宗见状，深受感动，不觉老泪纵横地说：“你能孝爱如此，我死无所恨。”五月二十六日，唐太宗在弥留之际，将宰相长孙无忌和褚遂良召入翠微宫含风殿，诚恳托孤，君臣握手话别，悲不自胜。不大功夫，太宗驾崩，享年五十二岁。八月四日，群臣上谥号文皇帝，庙号太宗。八月十八日，葬于昭陵。贞观盛世遂在朝野上下的一片痛哭声中，落下帷幕。

① 《资治通鉴》卷一百九十九，太宗贞观二十二年九月。

第二节　唐太宗与昭陵

一、昭陵的选址与营建

昭陵是唐太宗与文德皇后长孙氏的合葬陵墓，也是有唐一代19位皇帝在关中地区所葬的18座唐陵中第一座“以山为陵”的唐王陵墓。昭陵位于今陕西礼泉县城东北22.5公里的九嵕山，距唐都长安约60公里。

昭陵陵址是唐太宗生前亲自选定的，选择该陵陵址的时间最早可上溯到贞观九年（635年）高祖李渊驾崩，唐太宗召集大臣讨论山陵制度之时。当时，唐太宗已下令高祖献陵当“依汉长陵故事，务在崇厚。”但秘书监虞世南却以“时限既促，功役劳弊”为由，故在上封事的奏书中提议“薄葬”，并说：“汉文帝霸陵，既因山势，虽不起坟，自然高敞”① 云云。这当是有关史书关于“因山为陵”之说的最早记录。这个建议虽然未被太宗采纳，但肯定会对太宗后来考虑自己陵址的选择产生一定影响。

贞观十年六月二十一日，长孙皇后在病重弥留，与太宗诀别时曾说过如下一段话：“妾生既无益于时，今死不可厚葬。且葬者藏也，欲人不见。自古圣贤，皆崇俭薄，惟无道之世，大起山陵，劳费天下，为有识者笑。但请因山而葬，不须起坟，无用棺椁，所须器服，皆以木瓦，俭薄送终，则是不忘妾也。”说完这段话后，长孙皇后不久即逝，其年十一月四日，“葬于昭陵”②。长孙皇后对太宗的这段诀别话语中所说“因山

---

① 《唐会要》卷二十《陵议》。

② 《旧唐书》卷五十一《后妃上·太宗文德顺圣皇后长孙氏传》。

而葬，不须起坟”云云，当是长孙氏和唐太宗早已论及之事，才有将皇后“葬于昭陵”之举。

贞观十年十一月，即长孙皇后葬于昭陵以后不久，唐太宗在其撰写的《为长孙皇后文》中又说：“今因九嵕山为陵，凿石之工才百余人，数十日而毕，不藏金玉、人马、器皿，皆用土木，形具而已，庶几奸盗息心，存没无累。当使百世子孙奉以为法。”①

贞观十一年二月二日，即长孙皇后葬于昭陵后的两个多月，唐太宗正式决定将昭陵作为自己死后的栖身之地，并颁布了《九嵕山卜陵诏》②，其中有云：

> 有隋之季，海内横流，豺狼肆暴，吞噬黔首。朕投袂发愤，情深拯溺，扶翼义师，济斯涂炭。赖苍昊降鉴，股肱宣力，提剑指麾，天下大定。此朕之宿志，于斯已毕。犹恐身后之日，子子孙孙，习于流俗，犹循常礼，加四重之榇，伐百祀之木，劳扰百姓，崇厚园陵。今预为此制，务从俭约，于九嵕之山，足容棺而已。积以岁月，渐而备之。木马涂车，土桴苇籥，事合古典，不为时用。

直到贞观十八年，太宗还对大臣强调说：“昔汉家皆先造山陵，既达始终，身复亲见，又省子孙经营，不烦人功，我深以此为是。古者因山为坟，此诚便事。我爱九嵕山孤耸回绕，因而傍凿，可置山陵处，朕实有终焉之理。”③

由此可知，唐太宗将昭陵选为自己死后的栖身之地，始于

① 《资治通鉴》卷一百九十四，太宗贞观十年十一月。

② 《旧唐书》卷三《太宗本纪下》。

③ 《唐会要》卷二十《陵议》。

贞观九年，而最终决定于贞观十一年。而且从长孙皇后的死前诀别之语、唐太宗所撰《为长孙皇后文》《九嵕山卜陵诏》以及对大臣的谈话中，可以看出，唐太宗其所以把昭陵选为自己的陵寝之地，原因有三：一是“务从俭约”，二是“庶几奸盗息心”，三是因为“我爱九嵕山孤耸回绕”。

关于“务从俭约”这一目的，从实际情况来看，只不过是冠冕堂皇之词而已。因为从修建昭陵的时间及用功和汉高祖长陵的“堆土成坟”相比，不但未能“俭约”，而且费时更长，费功更多，何“俭”之有！正如宋代史学家范祖禹所说：“太宗虽为终制戒子孙，而昭陵之葬，亦不为俭。”[①]当然，综理丧事的高宗李治固然也难辞其咎，但太宗后来的由俭变奢、大兴土木和轻用民力，因而“劳扰百姓，崇厚园陵”，也就在所难免。

正因为昭陵的营建并未“俭约”，故“奸盗息心”的目的也未能达到。史载昭陵建成以后，即屡遭盗掘。其中遭遇最大规模的盗掘之事发生在五代后梁时期，时任静胜军（治今陕西铜川东南）节度使的温韬将关中唐代诸陵发掘殆尽，昭陵更是在所难免，以致地宫之内“悉藏前世图书，钟、王笔迹，纸墨如新，韬悉取之，遂传人间，惟乾陵风雨不可发。”致使编撰《新五代史》的宋代史家欧阳修不无感慨地说：“呜呼！厚葬之弊，自秦汉以来，率多聪明英伟之主，虽有高谈善说之士，极陈其祸福，有不能开其惑者矣！”[②]

其实，唐太宗选择昭陵的真正目的还在于他对“九嵕山孤耸回绕”等独特地理形势的钟爱。这是因为早在高祖武德年间李世民为秦王之时，曾两次统军在浅水源和薛举父子作战时，

① 《唐鉴》卷4。

② 《新五代史》卷40《温韬传》。

均途经九嵕山下。登极称帝以后，又多次在九嵕山逐兽畋猎。天气晴朗时，登临太极宫北禁苑的高观之上，向北远望，九嵕山清晰可见[①]。因此，唐太宗选择昭陵，作为陵址，是他经过多次实地考察以后才决定的，并非出于臆测想象。

事实正是如此。九嵕山位于关中平原北部北山山脉中段，由九道山梁汇聚而成。由于古人把数峰并峙称“嵕”，九嵕山之名由此而来。九嵕山山势突兀，主峰高耸，又有两峰东西排列，与之相望而立，远远望去，犹若笔架，故当地百姓又称其为“笔架山”。其余诸峰亦各具雄姿，蜿蜒起伏，层峦叠嶂，再加之当时山体上下，植被丰茂，松柏成林，虎豹熊罴，出没其间，更增添了几分神秘和幽远之感。山北又有泾水穿行而过，山南有广袤的关中平原，渭水贯通其间，又与横亘于关中平原南部的秦岭主峰太白、终南，遥相对峙。真可谓依山傍水，虎踞龙盘，和唐太宗“提剑指麾，天下大定，氛祲清殄，区宇平一”的磅礴气势及天子情怀，正相符合。

从贞观十年六月长孙皇后死后，唐太宗即开始营建昭陵，只是当时“凿石之工才百余人，数十日而毕”。贞观十一年二月，唐太宗颁布了《九嵕山卜陵诏》以后，遂开始了大规模的营陵工程，直到贞观二十三年八月，唐太宗入葬昭陵为止，大规模的营陵工程始告结束，前后历时13年。其费时费功之大，可以想见。

昭陵陵名选取《逸周书·谥法》中对“昭”的释义：“圣文周达曰昭，昭德有功曰昭。”显然有颂扬太宗文治武功之意。

二、昭陵陵园形制及其特点

昭陵陵园规模宏大，南北长约15公里，东西宽约10公

---

① 参看《资治通鉴》卷一百九十四，太宗贞观十年十一月。

里，周长约60公里，是中国古代帝陵中占地面积最大的一座帝王陵园。陵山四周有垣墙围绕，城四隅建有角楼，其外又筑双阙。垣墙南北建有两司马门。

昭陵陵园的建筑主要集中于朱雀门献殿、墓道地宫和北司马门等三个建筑群体，其余为宗室诸王、妃、主以及文武大臣的陪葬墓区。

朱雀门献殿位于陵山主峰正南的一道山梁上，坐北向南，是进入南司马门后北行至墓道地宫的必经之地。献殿位于朱雀门内，是唐代诸帝及其王公大臣祭陵时举行祭祀活动的场所。安史乱后，由于屡经战火和人为破坏，故朱雀门和献殿建筑早已荡然无存，仅存有献殿基址约40平方米。上世纪80年代，考古工作者曾在献殿遗址采集到一件建筑材料，即陶鸱尾，高150厘米，重达150公斤。由此可见献殿的高大宏伟。

昭陵地宫亦称“玄宫”、“寝宫”，是安放唐太宗和长孙皇后棺椁之处，也是陵园建筑最为关键的部位。位于九嵕山主峰山腰之间，坐北向南，由墓道和墓室组成。从墓道口至墓室深达七十五丈，中间有五重石门，东西两侧有许多大型壁龛，壁龛内放置着珍贵的陪葬器物。墓室当为方弧形穹窿顶式，规模宏大，“制度宏丽，不异人间。”中间为正寝，东西厢有石床，床上有石函，石函中有铁匣，匣内藏有“前世图书，钟、玉笔迹，纸墨如新。”墓道口两侧“缘山傍岩，架为浅道”。栈道共两条，一条缘山而造，“绕山二百三十步，始达玄宫门”，是人们从山下攀登地宫的必经之处。另一条是由墓道口通向山顶的栈道，山顶建有房舍、游殿，供守陵宫女居住，并可缘栈道下至地宫，“供养如平常”。贞观二十三年八月，唐太宗入葬地宫以后，山陵使阎立德以使地宫“固同山岳”为由，奏请废除栈道。但高宗李治“呜咽不许”，但在长孙无忌的坚执进谏下，高宗始“乃依奏”[①]。从此，昭陵地宫才和山下及陵顶房舍、游殿分离，孤悬山腰。

北司马门位于陵山正北的一道山梁上，坐南向北。门内两侧建有东西长廊，廊下设有祭坛，祭坛之内凿有两组精美绝伦的唐代石刻，即“昭陵六骏”和“十四国酋长像”。

昭陵南司马门以北直到朱雀门献殿以南的广袤陵园则是庞大的陪葬墓区。这是根据唐太宗在贞观十一年二月颁布的《九嵕山卜陵诏》中所说“自今以后，功臣密戚及德业佐时者，如有薨亡，宜赐茔地一所，及以秘器，使窀穸之时，丧事无阙”的旨意，专门设计的。从贞观十一年（637 年）大臣温彦博死后陪葬昭陵开始，到唐玄宗开元十六年（728 年）将李承乾迁葬昭陵为止，陪葬墓修建时间跨度将近百年之久，先后有 150 多位陪葬者，多为宗室诸王、嫔妃、公主及文武大臣，现在可以确定墓主姓名的有 70 多座，先后清理发掘的有 40 多座。其中最为著名的陪葬者有李勣、尉迟敬德、程知节、张士贵、郑仁泰、杨恭仁、牛进达、李思摩等。

由于昭陵陵园营建于唐太宗贞观盛世时，营陵时间长达 13 年之久，规模宏大，形制独特，结构完整，故具有以下显著特点：

首先，昭陵开创了“以山为陵”的帝陵制度，在中国古代帝陵制度上独树一帜，并对唐以及后代帝陵制度发生了重大影响。如前所述，以山为陵的帝王陵墓虽然自汉代就已有之，如汉文帝刘恒的霸陵、中山靖王刘胜的满城墓和鲁王的曲阜九龙山墓等，但这些陵墓都因规模较小，设计不够完整，在当时未成定制，故对后代未能起到很大影响。而昭陵的修建，由于规模宏伟，体制完整，遂使以山为陵的帝陵制度更趋完善和成

① 《唐会要》卷二十《陵议》

熟，并对唐和后代帝陵产生了深远影响。位于关中地区的唐18陵中，除高祖李渊的献陵、敬宗李湛的庄陵、武宗李炎的端陵和僖宗李儇的靖陵仿照汉代帝陵，为堆土成坟以外，其余14座唐陵如高宗和武则天的乾陵、中宗定陵、睿宗桥陵、玄宗泰陵、肃宗建陵、代宗元陵、德宗崇陵、顺宗丰陵、宪宗景陵、穆宗光陵、文宗章陵、宣宗贞陵和懿宗简陵，都依照昭陵，因山起陵。

其次，从昭陵陵园的布局来看，体现了陵园设计者阎立德独特的设计思想。昭陵地宫不仅“制度宏丽，不异人间”，而且居于陵园北端最为险峻的主峰之上，体现了皇权至高无上的中心地位。朱雀门和献殿位于地宫之南，150多座陪葬墓以陵山主峰为轴心，呈扇形分布在陵山南面和东西两侧，犹如群星拱卫北辰一样拱卫着太宗陵寝。这种布局又同唐都长安的宫城居于北边正中，皇城位于宫城之南，宫城和皇城的东、西、南三面均为文武百官及其市民的私人宅第等形制，完全符合。这种陵园设计，不仅体现了唐太宗君臣“同济艰危，克成鸿业，追念先昔，何日忘之”的鱼水之情，而且也是唐太宗君臣创造贞观盛世所建丰功伟业的生动写照。

第三，昭陵陵园的地上地下保存了无数价值连城和珍贵无比的唐代文物，其中以“昭陵六骏”、“十四国酋长石刻像”和古代书圣王羲之、钟繇以及初唐著名书画家虞世南、褚遂良、欧阳询、阎立本等书画真迹等尤为著称。

昭陵六骏是位于昭陵北司马门内东西两廊的六块浮雕石刻，所雕六骏是唐太宗李世民在唐初统一战争中所乘的六匹骏马，每座石马上方刻有唐太宗亲自所题赞语，由欧阳询书写，匠工采用高肉浮雕之法镌刻而成。经千余年风雨侵蚀，现在马旁的字迹早已剥落，《全唐文》录有六骏赞语全文。六骏石雕分东西两组排列：东面第一匹为“特勤骠”，是李世民和宋金刚作战时所乘；第二匹为“青骓”，是征讨窦建德时所乘，马身前中五箭；第三匹为“什伐赤”，是和王世充作战时所乘，前中四箭，背中一箭；西面第一匹为“飒露紫”，是平王世充时所乘，前中一箭，马前刻一石人，作拔箭状，实为援救世民突出重围的唐将丘行恭，前文已经述及；第二匹为“拳毛騧”，是与刘武周作战时所乘，前中六箭，背中三箭；第三匹为“白蹄乌”，是征讨薛仁杲时所乘。这组石刻作品集中反映了当时唐代石刻艺术的最高水平，而且又生动地反映了李世民在唐初统一战争中所建立的丰功伟绩，故历史价值和艺术价值都是无与伦比的。所以千百年来，都是我们中华民族引以自豪的国宝重器，亦为中外世人所瞩目，成为誉满中外的经典文物。1941年，在我国内忧外患纷至沓来之际，美国人毕士博从昭陵盗走了“飒露紫”和“拳毛騧”两座石刻，现藏美国费城宾夕法尼亚大学博物馆，其余四座现藏陕西省西安碑林博物馆。

“十四国酋长石刻像”是立于昭陵北司马门内祭坛两廊的又一组精美的石刻珍品。是唐高宗李治在埋藏唐太宗时，诏令把贞观时期和唐建立友好关系的中外11国和少数民族政权的14位国王、酋长的人像雕刻而成的石刻形象，他们所代表的国王、酋长分别是于阗国王伏阇信、薛延陀汗国夷男可汗、焉耆国王龙突骑支、吐蕃赞普松赞干布、高昌王麹智盛、龟兹王诃黎布失毕、吐谷浑慕容诺曷钵可汗、突厥汗国阿史那思摩、阿史那社尔以及颉利、突利可汗、新罗国王金贞德、林邑王范头黎、中天竺帝那伏帝国王阿罗那顺。这组石刻雕像刀法娴熟，惟妙惟肖，是贞观盛世时期唐代石刻艺术的精品。可惜这些石刻早年已遭破坏，今可见者只有七个题名像座和几件残头像块。

昭陵地宫所藏钟、王墨宝真迹，可谓我国古代书法作品中的顶级珍品。特别是书圣王羲之于东晋穆帝永和九年（353

年）所书之《兰亭序》，更是我国古代一件地位崇高的法帖，价值连城。这些书法精品连同“前世图书”一起陪葬昭陵地宫。虽然有史记载这些珍贵文物在五代后梁军阀温韬盗掘昭陵时，“悉取之”，但这些无价之宝，特别是《兰亭序》等法帖真迹，至今却无人觅得。故有人推测，钟、王真迹仍有可能保存于昭陵地宫之中。

另外，昭陵地宫中还应保留有初唐书法大家虞世南所书《文德皇后哀册文》和褚遂良所书《唐太宗文皇帝哀册文》二件书法真迹，昭陵地宫墓道两侧还当留有初唐绘画大师阎立本的许多墓室壁画。昭陵陪葬区众多陪葬墓中也保存有数以千计的碑石墓志和墓道壁画。所有这些，都说明昭陵应是我国古代文物的珍贵宝库，具有不可估量的历史价值和艺术价值。

今天，当我们游览昭陵陵园之时，不仅会为一代名君唐太宗所开创的前无古人的贞观盛世而深感自豪，而且也当为昭陵所保存的数量众多的珍贵文物而拍手叫绝。

后　记

本书完稿以后，作者还想回答很多读者可能都会提出的一个问题：即唐太宗君臣在唐都长安开创的贞观盛世，何以能在千百年以后，始终受到中外世人的瞩目，歌功颂德之声不绝于耳，专著、论文之述积案盈箱，致使唐太宗成了我国古代无与伦比的英主明君？其中原因大致有二：

一是因为唐太宗对每日进行的常朝"廷议"之制进行改革以后，不仅留中书、门下两省和三品以上官在太极宫两仪殿"廷议"国事，而且还允许谏官和史官同时参加，"有失则匡正，美恶皆记之"，"由是贞观记注政事，称为毕备。"后来，根据史官所录贞观政事的原始资料所编《贞观实录》，亦当内容详尽，完整无缺。唐玄宗开元年间，史官吴兢根据《贞观实录》及史馆所藏大量文献，经过精心整饬梳理，编辑了一部体例独特的《贞观政要》（以下简称《政要》），全面记录了唐太宗君臣开创贞观盛世的各类业绩。北宋以后，贞观史臣所编《贞观实录》及记载贞观政事的原始资料散佚殆尽，只有《政要》一书流传至今，这就为后来人们学习和研究这段历史提供了最为重要的参考资料。翻检史部文献，能像《政要》这样用言简意赅的文字全面记录一代帝王的为政业绩，这在我国古代历史上是十分罕见的。

二是因为《政要》一书内容丰富，不但全面记录了唐太宗君臣在政治、经济、民族和中外关系以及思想文化等方面的辉煌业绩，而且还包含了修身、齐家、治国、平天下的人生哲理，特别为统治者提供了丰富的治国安邦的统治经验。所以，书成以后，就当即受到唐代诸帝和历代最高统治者的重视和关注。唐宪宗、唐文宗和唐宣宗等都把此书奉为经典，潜心研讨，并列为宫廷皇子皇孙的必读之书。唐朝以后，历代帝王也都对此书推崇备至。宋仁宗赵祯曾聘请当代儒臣为自己宣讲此书。明朝诸帝除过上朝以外，每天中午都要让侍臣讲授《政要》，明宪宗还亲自为此书作序，予以隆重刊行。清朝的康熙、乾隆诸帝都曾熟读此书，并十分仰慕"贞观之治"。乾隆帝曾说："余尝读其书，想其时，未尝不三复而叹曰：'贞观之治盛矣'"（《乐善堂集》卷7）。

约在9世纪前后，《政要》一书又流传日本，并立即引起日本最高统治者的重视，并纷纷摹仿中国，把此书定为皇室和幕府的政治教材。镰仓时代，博士菅原为长专任讲官，为幕府讲解《政要》。江户时代，德川幕府在1611年颁布的《禁中并公家法度》17条中，第一条就规定了必读《贞观政要》，以"明古道"（藤木邦：《日本》，东京大学1956年版，第226页）。

在中外最高统治者的倡导下，学习和研究《政要》，赞扬和歌颂唐太宗与"贞观之治"的热潮迅速传播到了朝野上下，并波及到了世界各地，遂使唐太宗成了家喻户晓的一代名君，"贞观之治"也成了人们津津乐道的人间盛事。

但是，应该特别指出的是，《政要》一书的作者吴兢是一位封建时代的史学家，他在该书的序言中曾对自己编辑此书的目的作了如下叙述："庶乎有国有家者克遵前轨，择善而从，则可见之业益彰矣，可大之功尤著矣，岂必祖述尧、舜，宪章文、武而已哉！"在这里，吴兢把唐太宗和"贞观之治"说成是“振古而来，未之有也”的太平盛世和至圣名君，这显然属于溢美之辞。由此可见，《政要》一书所载唐太宗君臣的所谓“善言嘉行”，未必完全可信。另外，作者所用隐恶扬善的春秋笔法，也必然会对唐太宗的劣迹和贞观时期的弊政弃而不录。所以，要想全面评价唐太宗的功过是非，准确理解这段历史留给人们的经验教训，不但要对《政要》一书所载事迹进行一番去伪存真的科学分析，而且还要参考新旧《唐书》《资治通鉴》等有关史书。因为只有全面认识了历史的真实面目，才能为人们提供准确可靠的历史借鉴。

本书在吸收前人研究成果的基础上，力求在全面客观评价唐太宗和贞观盛世时，进行一些新的尝试。但由于水平所限，疏误之处在所难免，敬请广大读者不吝赐教。

本书在策划和撰写过程中，曾得到本丛书编委会副主任之一的朱士光教授的热情支持和极大关注，西安出版社李宗保先生也给本书提出了不少宝贵意见。在此一并致谢。

作者

2008 年 2 月 16 日